베이비붐 세대의
노후준비와
삶의 질

김미령 · 김주현 · 김정근 · 양흥권 · 이현기 · 이기영 · 조선영 · 홍승연 · 서혜경 · 김유진 · 박영란 공저
한국노년학포럼 엮음

학지사

저자 서문

한국은 세계에서 유래없는 가장 빠른 속도로 고령화가 진행되고 있다. 2000년을 기점으로 65세 이상 인구는 전체 인구의 7%를 넘어 고령화 사회에 진입하였고 2018년이면 65세 이상 인구가 전체 인구의 14%를 넘어 고령사회, 2026년이면 20%를 넘어 초고령 사회가 된다. 베이비붐 세대는 인구 712만을 넘어 전체 인구의 14.6%로 2014년 11.3%를 차지하고 있는 65세 이상의 노인 인구보다 많은 숫자다. 이들은 곧 노년기에 진입할 것이며 한국의 고령화의 주역을 담당할 것이라 해도 과언이 아니다.

2010년에 시작된 베이비붐 세대의 맏형 격인 1955년생의 공직 은퇴와 더불어 베이비붐 세대에 대한 사회의 관심이 증가하기 시작하였다. 평균 수명의 증가로 길어진 이들의 노년기를 대비하기 위해 경제적인 영역뿐 아니라 신체, 심리, 사회적인 영역의 노후준비를 생각하고, 시작하며, 실천해야 할 시기가 되었다. 거대 인구 집단이라는 특성 외에도 베이비붐 세대는 지금까지의 노년기로 진입하는 인구 중 가장 교육수준이 높은 세대로, 한국의 고령화와 더불어 생산인구가 줄어드는 상황에서 인적 자원의 활용은 국가적으로도 생산인구의 감소로 인한 노후보장의 부담을 줄여 주게 될 것이다.

에릭슨(Erikson, 1982)에 의하면 인생발달 8단계의 정체성이 형성되는 시기인 청소년기에 어떠한 환경에서 어떠한 교육을 받았는지는 개인의 정체성과 성품을 형성하는 중요한 역할을 한다고 한다. 특정한 세대는 다른 세대와 구별되는 전체 세대의 특성을 갖고 있다. 특히 세대의 특성은 청소년기의 교육이나 자란 환경에 의해 많은 영향을 받는다고 할 수 있다. 한국의 베이비붐 세대는 다산의 특성으로 인한 치열한 생존경쟁뿐 아니라 한국의 근대화를 경험한 베이비붐 전기 세대의 특성, 한국의 민주화를 경험한 베이비붐 후기 세대의 특성을 가지기 때문에 근대화와 민주화로 대표되는 세대라고 할 수 있다.

브라운과 스위트(Brown & Sweet, 1983~1984)에 의하면 같은 사회에서 같은 시기에 성장한 사람들은 같은 태도를 공유하는데, 이러한 것은 청소년기에 형성되며 인생의 주기 동안 계속된다고 한다(함인희, 2002). 그러므로 베이비붐 세대는 한국이 근대화가 이루어지기 전에 태어난 세대로, 가난으로 대표되는 1950년대 휴전 협정 후에 태어나 사회경제적인 환경이나 교육환경이 열악한 상황에서 교육을 받았다. 또한 인구가 많기 때문에 어려서부터 치열한 경쟁 속에서 생존해야 했으며, 한국의 근대화 시기에 잘 살아 보자는 사회구호의 영향을 받은 '일 중독 세대'라고도 할 수 있다. 그간 관심의 대상에서 논외였던 베이비붐 세대는, 한국의 평균 수명의 증가로 인한 고령화의 핵심에 있으면서도 이들의 노후준비는 제대로 되어 있지 않아 베이비붐 세대의 은퇴와 더불어 이들의 노년을 대비한 노후준비는 특히 관심의 대상이 되고 있다.

베이비붐 세대는 부모들을 부양하는 마지막 세대이자, 자신들은 자녀의 부양을 받지 못하는 세대다. 이들의 노후준비는 베이비붐 세대 자신들뿐 아니라 국가적으로도 이들의 긴 노년기에 드는 부양부담을 줄이는 데 중요한 영역이 될 것이다. 이 책에서는 베이비붐 세대의 노년기를 대비하기 위해 베이비붐 세대의 인구학적, 경제적인 특성을 살펴보고 이들의 인적 자원 상태는 어떠한지 이들의 건강 상태 및 다양한 삶의 유형은 어떠한지를 살펴보고 인적 자원의 활용과 노후준비, 노후보장을 위한 방안 및 새로운 복지모델의 모형 등을 제시하고자 한다.

각 장의 내용을 요약하면 다음과 같다.

제1장은 베이비붐 세대의 인구학적인 특성으로 한국과 일본, 미국을 비교하였다. 최근 세계적인 고령화 현상과 맞물려 시기적으로 베이비붐 세대가 노년기에 들어서면서 이들에 대한 사회적 관심이 집중되고 있다. 한국은 미국과 일본에 비교해서 베이비붐 세대에 대한 논의가 늦었지만 빠른 고령화 속도를 보면 이에 대한 사회적 대처가 빠르게 움직이지 않으면 안 되는 상황이다. 지금까지는 미국과 일본의 베이비붐 세대의 사례를 중요하게 참고하여 왔다. 하지만 각국 베이비붐 세대의 인구학적 특성은 차이가 크다. 따라서 이 차이를 분명히 알고, 향후 베이비붐 세대가 한국 사회에서 가지는 인구 집단으로서의 위치와 영향력을 탐색하여야 한다. 그리고 각국이 베이비붐 세대에 대처하는 양상을 살펴봄으로써 한국 사회 베이비붐 세대의 특성에 맞는 대응책을 제대로 세울 수 있다. 제1장에서는, 첫째, 베이비붐 세대의 정의에 따라 미국과 일본, 한국의 베이비붐 세대의 범위와 규모를 살펴보고, 둘째, 이들 각 국가의 베이비붐 세대의 인구학적 특성에 따라 사회적 영향이 어떻게 달라지는지 살펴보며, 셋째, 이에 대해 미국과 일본은 사회적 대응을 어떻게 하고 있으며 이것은 한국 사회의 베이비붐 세대 대응에 어떤 함의를 주는지 파악하고자 하였다.

베이비붐 세대라는 동일 용어로 통칭되는 인구 집단이 각 사회에 따라 어떠한 차이가 있는지에 주목한 결과, 미국과 일본에 비해서 한국의 베이비붐 세대의 등장은 좀 늦게 나타났지만, 베이비붐 세대가 매우 장기간 지속되어 나타났으며 고령화의 진전 정도나 이전 세대와 인구 규모의 차이가 큰 베이비부머의 특징을 보였다. 베이비붐 세대의 시기와 규모에 있어서 미국, 일본과의 차이를 통해 한국 베이비붐 세대의 특징을 분명하게 하고 이것을 바탕으로 향후 베이비부머 인구 집단의 사회적 영향을 살피고 대응책을 마련해야 한다.

제2장은 베이비붐 세대에 대한 경제적 특성으로 현재 우리나라 베이비붐 세대의 경제적 특징을 살펴보는 것은 2020년 65세에 진입하게 될 미래 한국노인 세대의 경제적 모습을 예측하여 노후빈곤 완화 방안을 준비할 수 있다는 점에서 매우 중요한 의미를 가지고 있다. 소득과 자산규모 분석에 의하면 베이비부머 세대의 소득과 자산수준은 현재 65세 이상의 고령층보다 상대적으로 높게 나타났다. 하지만, 베이비붐 세대의 '부동산 중심의 자산구성'은 낮은 유동성으로 인해 노후 경제적 어려움을 완화하는 데 위험으로 작용할 수 있다. 또한 미래노후소득보장을 위한 제도적 장치로 활용되는 사회보험의 경우 국민연금 가입 베이비부머 중 1/4이 실직 등의 이유로 국민연금을 납부하지 못하고 있어 국민연금의 실효성 문제가 제기되고 있다. 임금근로자를 대상으로 하고 있는 산재보험과 고용보험의 경우에는 베이비부머 임금근로자 열 명 중 여섯 명만이 가입한 상태였으며, 약 40%는 산업재해와 실업에 의한 위험으로부터 사회적 보호를 받고 있지 못하고 있는 것으로 조사되었다. 따라서 저소득층과 비정규직 베이비부머 근로자들이 노후를 준비할 수 있도록 국민연금, 건강보험, 산재보험 및 고용보험의 4대 보험 가입을 확대하는 동시에, 사회보험가입 저해 요소들을 제거하는 방안들이 요구된다.

제3장은 베이비붐 세대의 인적 자원 활용과 교육에 대한 것이다. 베이비

붐 세대의 퇴직은 한국 사회의 노동력과 인적 자원 활용에 있어서 매우 중요한 현안 과제가 되고 있다. 현재 베이비붐 세대의 퇴직이 본격적으로 전개되고 있는데 그들의 퇴직은 국가 전체적으로 경제활동인구의 감소와 노동력 감소 및 경제적 경쟁력의 약화를 의미하고 그들 개인적으로는 빈곤, 건강문제, 고독문제 등 다양한 노인문제의 심화를 유발할 수 있다. 이들은 취업형태에 따라 재직자, 퇴직자, 재취업자 등 다양한 형태가 존재하므로 이들에 대한 재교육을 통한 인적 자원개발이 중요하다. 베이비붐 세대의 교육은 이 같은 인적 자원개발과 활용의 측면에서뿐만 아니라 그들의 노년기를 성공적으로 준비하고 행복한 노년기를 보내기 위해서도 중요하다. 그러므로 베이비붐 세대의 평생교육과 평생학습에 대한 지원이 중요하다. 제3장에서는 베이비붐 세대의 노후준비에 있어서 어떤 내용의 교육이 필요한지, 현재 베이비붐 세대의 교육은 어떻게 이루어지고 있는지, 이 같은 교육의 문제점과 한계는 무엇인지를 살펴보고 향후 베이비붐 세대의 교육 활성화 방안을 모색해 보았다. 베이비붐 세대의 주요 교육내용으로는 건강관련교육, 직업능력개발교육, 여가취미교육, 사회적 참여와 인간관계에 관한 교육 등 다양한 교육이 필요하다. 베이비붐 세대를 대상으로 다양한 정책적 사업이 이루어질 수 있지만 그중에서 교육과 관련된 사업은 베이비붐 세대의 인적 자원의 재활용과 그들이 행복한 노년기를 준비하기 위하여 매우 긴요한 정책과제다.

제4장은 베이비붐 세대의 자원봉사 참여에 관한 것이다. 한국의 베이비붐 세대가 은퇴하기 시작하면서 이들의 자원봉사 참여가 어떻게 변할 것인지 학자들은 큰 관심을 갖고 있다. 제4장은 이 같은 사회적 배경하에서 베이비붐 세대의 자원봉사 참여와 참여 의사 실태를 파악하고 그 영향요인을 추정하여 베이비붐 세대의 고유한 영향요인을 식별하고자 하였다. 이 장의 분

석을 위해서 전국규모 사회의식조사 자료에서 베이비붐 세대 표본 6,903명을 추출하여 표본으로 사용했고, 영향요인 추정을 위해서는 이항 로지스틱 회귀분석과 순서형 다항로지스틱 회귀분석을 실시하였다. 그 결과 베이비붐 세대의 자원봉사활동 참여율은 18.2%, 현 노인 세대는 8.9%로 나타났고, 참여 의사는 베이비붐 세대 81.6%, 현 노인 세대는 49.6%로 나타났다. 베이비붐 세대의 높은 자원봉사 참여 및 참여 의사를 설명하는 특징적 영향요인으로 교육 수준, 사무직, 사회참여, 사회적 연결망, 계층의식 변수 등이 큰 효과를 갖고 있었다. 한편 현 노인 세대의 참여 및 참여 의사의 영향요인으로는 주관적 건강, 농어업직, 참여단체 수, 유배우, 종교 등의 변수가 큰 효과를 미치는 것으로 나타났고 이는 베이비붐 세대와 크게 다른 것이다. 생활환경 변수는 베이비붐 세대보다 현 노인 세대에게 상대적으로 더 큰 영향력을 미치고 있었다. 베이비붐 세대의 높은 참여는 그 세대의 좋은 속성변수에 기인하지만, 두 세대의 영향변수의 차이는 코호트 효과에 의한 것으로 해석하였다. 베이비붐 세대의 은퇴 후 또는 현재 참여를 위하여 그들의 자원봉사 욕구를 반영하는 신축적 프로그램의 필요성을 제안하였다.

제5장은 미국의 베이비붐 세대 중고령 은퇴자의 사회참여활동 현황과 사례들을 한국의 경우와 비교/논의하였다. 구체적으로 미국 은퇴자의 성공적인 사회참여활동의 배경과 원인을 모색하고 한국 베이비부머 은퇴자의 사회참여활성화를 위한 비교 분석을 수행한 뒤, 한국의 중장년 은퇴자의 사회(공헌)활동 활성화를 위한 정책이 나아가야 할 방향을 검토하였다. 제5장은 문헌연구, 비교연구, 사례연구 방법을 중심으로 이루어졌다. 미국에 비해 한국의 베이비부머에 해당하는 중고령 퇴직자들은 경제적으로 준비가 미흡하고, 이들의 노동력을 대안적으로 수용할 제3섹터의 노동시장도 협소하다. 그리고 한국은 은퇴자의 제3섹터 사회참여활동을 장려할 수 있는 법적

지원도 미약하다고 볼 수 있다. 한국은 미국에 비하여 은퇴자들의 사회참여 활동을 적극적이고 지속적으로 할 수 있는 여건이 충분하지 못한 반면에 기존의 사회조사를 통해 밝혀진 사회활동 및 자원봉사활동에 대한 욕구와 의사는 높다. 한국과 미국은 이러한 측면에서 차별성이 존재하므로 미국을 위시한 서구의 은퇴자 사회참여성공사례들이 곧바로 우리 한국의 현실이 될 수 있음을 기대하기 어렵다는 것을 시사한다. 따라서 이에 기반을 둔 정책대안을 제시하고자 하였다.

제6장은 베이비붐 세대의 건강에 관한 것으로 베이비붐 세대의 1, 2, 3차 예방을 통한 만성질환 중심의 관리를 통한 건강수명 연장에 필요한 근거 자료를 제공하기 위하여 국민건강영양조사를 분석하였다. 국민건강영양조사 제5기 1차 자료 중 만 연령 47세에서 55세의 베이비부머 자료를 추출하여 결측치를 제외한 최종 1,073명의 자료를 바탕으로 베이비붐 세대의 만성질환 이환률과 비만률을 조사하였고, 건강검진율, 흡연, 음주, 규칙적인 운동 수행과 같은 건강행태 실천율을 파악하였으며 각 주제에 따른 정책적 제언을 제시하였다.

분석결과 베이비붐 세대 중 적어도 한 개 이상의 만성질환 보유율은 47.2%이며, 고혈압-관절염-고지혈증, 당뇨병의 순서의 이환율로 나타났다. 베이비붐 세대의 남성이 여성보다 높은 비만율을 보였으며, 건강검진율은 차이가 없었다. 또한, 신체활동 실천율은 운동 강도에 따라 성별 차이가 나타났으며, 중등도 신체활동 실천율을 「국민건강증진 종합계획 2020」 목표치인 20%까지 높이기 위해서는 다각도의 노력이 요구된다. 베이비붐 세대의 스트레스 및 우울의 경우, 스트레스 인지율은 성별차이가 크지 않으나, 우울 및 자살에 대한 생각은 남성대비 여성이 비교적 높았다.

이상의 분석결과를 바탕으로 베이비붐 세대의 노령화와 더불어 나타날 여러 가지 기능제한 및 장애를 사전에 예방하기 위하여 포괄적인 지역사회 만성질환 관리중심의 건강증진프로그램 개발 및 적용이 요구된다.

　제7장은 베이비붐 세대가 정보화 시대라는 환경에 얼마나 잘 적응하는지의 적응역량을 살펴보았다. 부모를 부양하는 마지막 세대이며 자녀들을 부양하지만 자녀들의 부양을 기대하지 못하는 낀 세대, 샌드위치 세대라고 한다. 그러나 부양의 측면뿐 아니라 정보화 시대에 살고 있는 현대의 정보화의 측면에서는 아날로그 세대와 디지털 시대에 '낀 세대' '샌드위치 세대'라고 할 수 있을 것이다. 특히 정보화 측면에서 본다면 이들은 마지막 아날로그 세대이면서 디지털 시대에 속하는 세대라고 할 수 있다. 아날로그 세대이지만 디지털 시대의 경계에 살고 있는 인구 712만의 거대 집단인 베이비붐 세대의 적응역량이 디지털 기기를 활용하는 환경에 어떠한 영향을 미치는지를 살펴보았다. 이론적인 틀로는 로톤(Rawton, 1982)의 환경적응역량 모델(Competence-Environmental Press Model of Adaptation)이 사용되었다. 연구결과에 의하면 성별과 직업유무에 따라 적응역량인 자기효능감, 정보화에 대한 자신감, 정보화의 효과에 대한 인지는 유의한 차이를 보이고 있다. 또한 적응역량인 자기효능감, 정보화에 대한 자신감, 정보화의 효과 인지에 따른 디지털 기기 접근, 디지털 기기를 활용한 의사소통, 디지털 기기 활용능력에는 모두 유의한 차이가 있었다. 적응역량이 디지털 기기활용에 영향을 미치는 분석에서는 자기효능감, 정보화에 대한 자신감, 정보화의 효과 인지는 디지털 기기 접근에 모두 유의한 영향을 미쳤으며, 자기효능감과 정보화에 대한 자신감은 디지털 기기를 활용한 의사소통에 유의한 영향을 미쳤고 디지털 기기 활용능력에는 자기효능감만이 유의한 영향을 미쳤다. 환경적응역량으로는 자기효능감이 가장 중요한 영향요인으로 작용하였다.

제8장은 베이비붐 세대의 은퇴 후 부부관계 적응에 관한 연구다. 현재 베이비붐 세대로 대표되는 중년기는 성장한 자녀들을 떠나보내고 둘만의 관계를 재정립하는 시기로 각자의 역할을 다시 생각해 보고 노년기의 시기를 준비해야 하지만 예측할 수 없는 많은 변화가 일어나는 시기이기도 하다. 그러므로 베이비붐 세대는 신체적 · 정서적 · 심리적 · 사회적 변화를 동시에 겪어야 하는 세대로 부부관계 재정립과 역할변화에 대한 적응을 통해 성공적인 노후를 위한 작업이 충분히 이루어져야 할 것이다. 특히 가족구조 내에는 다양한 가족관계선이 존재하는데 가족관계의 변화는 베이비붐 세대에서는 퇴직 등으로 인하여 2차 집단과의 관계가 축소되면서 이들의 관심은 가족이나 자녀에게로 집중된다. 이 시기에 가족관계는 중요한 사회적 지지를 제공해 주고 안정감, 유대감, 소속감을 제공해 주는 가장 중요한 사회관계망이기 때문에 더욱 중요하다.

제9장은 베이비붐 세대의 노후준비에 관한 것으로 국내 노후준비 관련 학술 연구의 동향을 살펴봄으로써 향후 베이비부머 노후준비 연구의 발전방안을 모색하고자 하는 것이다. 다음과 같은 분석 틀을 바탕으로 총 100편의 노후준비 관련 논문을 살펴보았다. 노후준비 논문의 일반적 특성을 살펴보기 위하여, ① 연구시기, ② 연구자 소속을 분석하였고, 논문의 방법론적인 면을 분석하기 위하여, ③ 조사 대상, ④ 연구 유형을 살펴보았다. 그리고 연구 주제 동향을 살펴보기 위해, ⑤ 연구 목적과 연구의 개념적 틀 및 주요 변인을 정리하였다. 기존 노후준비 연구에 대한 분석 결과를 바탕으로 후속 연구를 위한 질문들을 제언하였다.

마지막으로 제10장은 베이비붐 세대의 노후보장을 위한 신복지 모형에 관한 것이다. 최근 노인복지정책 수립과 관련하여 베이비붐 세대에 대한 관심이 증가하고 있다. 아직 베이비붐 세대에 관한 심층적인 연구는 미흡하지만, 이들의 인구 규모나 특징을 고려하였을 때 기존의 사회제도나 사회복지 접근 방식으로는 양적으로나 질적으로 효과성이 미흡할 것이라는 문제의식이 확산되고 있다. 제10장에서는 베이비붐 세대의 특성을 고려한 정책 대안을 연구하여 베이비부머 노후생활 보장을 위한 신복지 모형 개발 방안을 제시하였다.

또한 제10장에서는 초고령 사회에서 노후를 보내게 될 베이비부머를 지원하기 위한 신복지 모형 개발과 관련하여 '활동적 노후보장을 위한 적극적 조치(Affirmative Actions for Active Ageing)'를 기본 방향으로 제시하였다. 이것은 베이비부머의 활동적 노화를 위한 '노후소득 보장' '건강한 노후생활' '돌봄 지원' '사회참여'의 4대 복지 영역을 중심으로 은퇴 준비기, 은퇴 직후 생애전환기 및 노년기의 3단계에 걸쳐, ① 노후생활설계 시스템을 확충하고, ② 위기개입·노후준비 시스템을 신설하며(은퇴 직후 노인복지 시스템 진입 이전 단계의 생애전환기 지원 인프라 신설), ③ 노인복지 시스템을 '활동적 노화'의 패러다임으로 재설계하는 추진전략 및 정책과제를 포함한다. 베이비부머의 노후생활 보장을 위한 정책 과제로 적극적 조치를 통한 베이비부머 은퇴 준비 및 생애전환기 지원 시스템 구축, 베이비부머의 활동적 노후생활 보장 인프라 확대, 베이비부머의 활동적 노후생활 보장을 위한 법적 근거 마련, 수요자 중심의 균형 잡힌 민관 파트너십 실현 등을 제안하였다.

각 장은 제1장 김주현, 제2장 김정근, 제3장 양홍권, 제4장 이현기, 제5장 이기영, 조선영, 제6장 홍승연, 제7장 김미령, 제8장 서혜경, 제9장 김유진, 제10장 박영란 교수님에 의해 이루어졌다. 이 책의 발간을 위하여 각자의 전문 영역에서 수고하신 박사님, 교수님들께 감사를 드린다. 이 책이 한국사회 고령화의 주역이 될 베이비붐 세대를 이해하고 이들의 성공적인 노

후준비와 삶의 질 향상을 통하여 한국의 초고령 사회를 대비하는 데 지침서
가 되기를 기대한다.

2015년 3월

대표저자 김미령

참고문헌

함인희(2002). 베이비붐 세대의 문화와 세대경험. 한국의 문화변동과 가치관, 임희섭 편
　　저, 경기: 나남출판사, 215-248.

Braun, P., & Sweet, (1983~1984). Passages: Facts or fiction? *International Jour-
　　nal of Aging and Human Development, 18,* 161-176.

Erikson, E. H. (1982). *The life cycle completed.* New York: Norton.

차 례

베이비붐 세대의 인구학적 특성

-한국과 일본, 미국 비교-

1. 서론

특정시기에 출산율이 급증하여 갑자기 늘어난 인구를 일컬어 베이비부머(Baby Boomer)라고 하고 출생아 수가 폭등하는 상황을 베이비붐이라고 정의한다(통계청 인구대사전, 2006). 제일 먼저 베이비부머의 용어를 사용한 것은 미국으로, 제2차 세계대전 직후 1946년부터 1964년까지 합계출산율(Total Fertility Rate: TFR)이 3.0 이상으로 폭등하였던 코호트 세대를 일컬었다. 미국의 베이비붐 현상은 대공황과 제2차 세계대전 동안 미루어졌던 장년 여성(older women) 출산으로 이루어졌다. 이에 더하여 젊은 여성(younger women)들은 여성 노동 동원에서 물러나 가정에 머물고 가족을 만들기 시작했다. 또한 전쟁 이후의 흥분(exhilaration)과 낙관이 전후 경제의 붐의 영향과 결합하여 베이비붐 현상으로 이어졌다(Macunovich, 2002). 이러한 현상은 미국에만 해당되는 것은 아니고 세계 여러 곳에서 나타났다. 가까운 일본의 경우는 단카이 세대(団塊の世代)[1]라는 표현을 사용하여 베이

비부머를 정의하였다. 일본도 전쟁 이후 인구증가현상을 겪는데, 일본에서 베이비붐 세대가 형성된 원인은 제2차 세계대전 이후 1945년에 시행된 해외 거주 일본인의 귀환(歸還) 정책에 의한 인구증가(사회적 요인)와 이들의 출산에 의한 자연증가(자연적 요인)에 의한 것이라는 지적이 있다. 해외거주 일본인의 귀환정책으로 1945년부터 1948년까지 해외에서 일본으로 전입한 순 전입자 수는 495만 명에 이른다(김명중, 2005).

한국도 이에 해당하는 인구 증가 현상이 나타났으며 미국과 같이 베이비부머라는 표현을 사용하고 있다. 한국의 베이비붐 세대는 한국전쟁 직후 출산장려정책에 의해 출산율이 급증한 시기에 태어난 인구 집단으로 일반적으로 1955년부터 1963년생을 베이비붐 세대로 정하고 있다.

최근 세계적인 고령화 현상과 맞물려 시기적으로 베이비붐 세대가 노년기에 들어서면서 이들 베이비부머에 대한 사회적 관심이 집중되고 있다. 한국은 미국과 일본에 비교해서 베이비붐 세대에 대한 논의가 늦었지만, 빠른 고령화 속도를 보면 이에 대한 사회적 대처가 빠르게 이루어져야 하는 상황이다.

지금까지는 미국과 일본의 베이비붐 세대의 사례를 중요하게 참고하여 왔다. 하지만 각국의 베이비붐 세대의 인구적 특성은 차이가 크다. 따라서 이것의 차이를 분명히 알고, 향후 베이비부머 세대가 한국 사회에서 가지는 인구 집단으로서의 위치와 영향력을 탐색하여야 한다. 각국이 베이비붐 세대에 대처하는 양상을 살펴봄으로써 한국 사회 베이비붐 세대의 특성에 맞는 대응책을 제대로 세울 수 있다.

---

1) 단카이 세대(団塊の世代)는 경제기획청 장관을 지낸 사카이야 다이이치(堺屋太一)의 소설 『団塊の世代』(1976, 講談社)에서 사용한 명칭으로 이후 일본의 베이비붐 세대를 일컫는 고유명사로 사용되고 있다.

제1장에서는 첫째, 베이비붐 세대의 정의에 따라 미국과 일본, 한국의 베이비붐 세대의 범위와 규모를 살펴본다. 둘째, 이들 각 국가의 베이비붐 세대의 인구학적 특성에 따라 사회적 영향이 어떻게 달라지는지 살펴본다. 셋째, 이에 대해 미국과 일본은 사회적 대응을 어떻게 하고 있으며 이것은 한국 사회의 베이비붐 세대 대응에 어떤 함의를 주는지 파악하고자 한다.

2. 베이비붐 세대의 시기와 규모

베이비붐 현상을 정의하는 데는 의견이 몇 가지 있다. 일반적으로는 출산율의 급등(합계출산율 3.0 이상)과 이로 인한 출생아 수의 증가로 정의한다. 베이비부머는 미국에서 1946년에서 1964년 사이에 태어난 이들을 말한다. 베이비붐이 20년 가까이 지속되었기 때문에, 많은 사람은 베이비부머들을 하나의(a single) 코호트로 다루어왔다. 붐 후반기에 태어난 세대를 'Generation X'라고 부르기도 했지만, 원래의 호명은 계속되어 왔다. 비슷한 베이비붐이 서구의 산업화된 국가들에서도 일어났다. 캐나다, 뉴질랜드, 아이슬란드에서는 최고점의 출산율은 미국보다 더 높았다. 그런데도 '베이비붐'이라는 용어는 미국에서의 현상을 가리키는 데 쓰이는 경향이 있다.

베이비붐을 야기한 원인에 대한 합의는 없다. 사회과학자들은 경제적, 사회적, 심리학적 요인들의 복잡한 혼합을 제기한다. 사회적 통념에 따르면 베이비붐은 대공황과 제2차 세계대전의 끝과 연관된다. 이 관점에 따르면 이러한 트라우마적 사건들이 출산율을 떨어뜨렸다는 것이다(Greenwood et al., 2005). 출산율 감소의 원인 중 일부는 새롭게 가족을 시작하는 사람들의 경제적 어려움 또는 미래에 대한 우울한 전망이다. 다른 부분적 원인은 전쟁으로 나가 젊은 남성 대다수가 없어진 것이다. 제2차 세계대전 이후 남성들이 돌아오고, 경제가 활성화되고, 낙관주의가 지배적이 되면서 출산율이 반등했다. 출산율은 대공황과 전쟁 기간 동안의 잃어버린 출산율을 보충하기 위해 평균보다 더 올랐다는 것이다.

베이비붐에 관한 가장 널리 알려진 설명 중 하나는 이스털린(Easterlin, 1961)의 상대소득가설이다. 출산결정은 커플의 실제수입과 기대 물질적 웰빙 간의 격차에 의해 추동된다고 이스털린은 가정한다. 이 이론을 미국의 베이비붐에 적용하면서 이스털린은 대공황 동안 자란 사람들이 낮은 물질적 열망을 가진다고 주장했다. 전후기간 동안의 번영에 압도당해 이 사람들은 그들의 아이들에 대한 수요를 키웠다.

한편 경제학자들은 붐과 버스트(Boom & bust) 모두를 설명하는 통합적인 이론을 시도하며 세 가지 요인[남성의 소득, 여성의 임금(wage), 희망하는 삶의 질 수준(material aspiration)]에 주목했다. 그들은 출산율은 남성의 소

표 1-1 각국의 베이비부머 시기

국가	시기	기간	국가	시기	기간
캐나다	1947~1966년	20	덴마크	1946~1950년	5
호주	1949~1965년	17	네덜란드	1946~1972년	27
뉴질랜드	1947~1965년	19	아이슬란드	1946~1969년	24
프랑스	1946~1974년	29	헝가리	1946~1957년	12
영국	1945~1963년	19	이탈리아	1946~1948년	3
핀란드	1945~1950년	6	미국	1946~1964년	19
독일	1955~1967년	13	일본	1947~1949년	3
스웨덴	1946~1952년	7			

출처: Wikipedia

득이 오를 때 증가하고, 여성의 임금과 희망하는 삶의 질 수준이 오를 때 감소할 것이라고 가정했다. 1950년대의 베이비붐은 남성 소득의 증가와 여성 임금의 감소[2]로 야기되었으며, 이후 시기의 남성 소득의 감소와 여성 임금의 증가는 베이비 버스트를 발생시켰다고 제안했다(Macunovich, 2002).

미국과 일본 그리고 한국의 합계출산율을 중심으로 한 베이비붐 시기를 보면 다음의 [그림 1-1]과 같다. 베이비붐 세대가 나타난 시기에 있어서는 미국과 일본은 제2차 세계대전 직후 나타남으로써(1946~1947년) 한국의 1955년 시작의 베이비부머보다 8~9년 일찍 시작되었다. 미국은 거의 20년

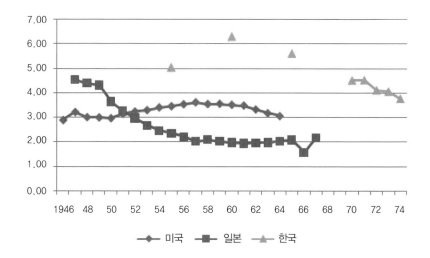

그림 1-1 한국, 미국, 일본의 베이비붐 시기 연도별 합계출산율(단위: 명)

출처: 합계출산율(TFR)을 기준으로 함. 미국(CDC/NCHS, National Vital Statistics System), 일본(후생노동성), 한국(통계청 국제통계연감)

---

2) 버츠와 워드(Butz & Ward, 1979)는 출산 결정의 정적 통계적 모델을 제시하고, 출산 반응이 남성과 여성의 상대적 임금에 대응한다고 주장한다. 특히 그들은 베이비붐 기간 동안 상대적인 여성 임금이 낮았으며, 이것이 아이를 가지는 것의 기회비용을 낮추고, 출산을 높였다고 주장한다.

간 베이비붐 세대가 형성되어 한국의 장기간 베이비붐 세대 형성시기와 유사한 측면이 있다. 한편 일본은 저출산·고령화 현상이 한국과 유사하게 진행되고 있다고 여겨졌으나, 베이비붐 세대의 단기간 형성과 시차가 있어서 베이비붐 세대의 범위와 규모가 한국과 꽤 차이를 보인다.

1) 미국 베이비붐 세대의 인구 변화

전후 미국의 일반출산율(General Fertility Rate: GFR)은 1936년 여성 1,000명당 아이 75.8명에서 1957년 아이 122.7명으로 최고점을 찍고, 1976년 65명으로 떨어졌다. 연당 총 출생(Total births per year)은 같은 시기 230만에서 430만까지 올랐다가 310만으로 떨어졌다. 베이비붐은 이 롤러코스터를 탄 기간 중 피크에 있었던 기간 동안 발생한 것으로 정의된다

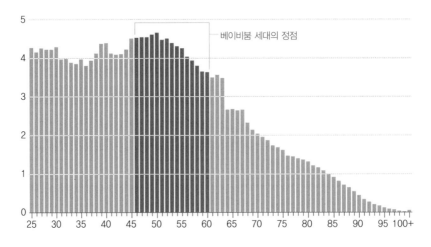

그림 1-2 미국의 성인인구분포 2010(백만 명)

출처: 2010 Census Credit: Alyson Hurt / NPR

(Macunovich, 2002).

　미국 인구 변화를 나타낸 인구 피라미드에 있어서도 베이비부머 인구 집단은 두드러진다. 베이비부머 인구 집단의 코호트 변화에 따라 달라지는 미국 인구 피라미드의 형태 변화를 통해 베이비부머의 인구 집단으로서의 영향이 클 것을 예상할 수 있다.

　좀 더 구체적으로 미국 센서스국의 자료에 따르면 이들의 인구 규모(2010년 기준)는 총 7,733만 명으로 전체 인구(309,330천 명)의 24.9%를 차지한다. 인구추계에 따르면 2030년에는 5,883만 명으로 베이비붐 세대의 노령화로 인하여 2010년 이후 이들의 총 인구수 및 비중은 크게 감소할 것으로 전망된다. 하지만 2050년까지 85세 이상의 노령으로 이들은 1,800만 명 정도가 살아남을 것으로 보이며, 이는 총 인구의 5%를 차지할

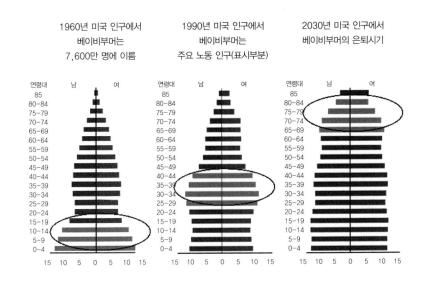

그림 1-3 베이비부머와 미국 인구 피라미드(1960, 1990, 2030)

출처: U.S. Census Bureau, Decennial Census 1970, 2000 U.S. Census Bureau, 2008

것으로 보인다. 그들이 은퇴함에 따라, 2030년에는 10명의 노동자당 3명의 은퇴한 베이비부머의 비율을 보일 것으로 보인다. 이들의 숫자가 줄어들어 감에도 그들은 평생 동안 연령구조에서 특징적인 볼록한 부분으로 남을 것이다.

표 1-2 미국 베이비부머 세대의 규모 변화(명)

	전체 인구	베이비부머	비율	남	여
1970(6~24세)	203,984,000	72,386,007	35.5	36,369,345	36,006,662
1990(26~44세)	249,622,814	76,928,780	30.8	38,238,212	38,690,568
2000(36~54세)	282,162,411	78,721,260	27.8	38,886,357	39,834,903
2010(46~64세)	309,330,219	77,328,865	24.9	37,678,517	39,650,348
2020(56~74세)	336,835,531	70,588,926	20.9	33,567,158	37,021,768
2030(66~84세)	365,683,198	58,827,072	16.1	26,880,401	31,946,671

출처: U.S. Census Bureau. http://www.census.gov/population/international/data 각 년도

2) 일본 베이비붐 세대의 인구 변화

일본의 인구 변화는 최근 인구 피라미드 형태를 통해 한눈에 살펴볼 수 있다. 규모에 있어서 눈에 띄는 시기는 1947년부터 1949년까지와 1971년부터 1974년까지다. 첫 번째 시기는 제2차 세계대전 직후 출산율이 폭등한 시기로 이후 단카이 세대로 불리게 되는 출생코호트이고, 두 번째 시기는 이들의 자녀 세대로, 이후 에코 세대로 불리는 출생코호트로서 다시 한 번 출생아 수가 증가한 시기다.

일본의 베이비붐 세대는 1947~1949년 출생자로 해당 시기는 짧지만,

다른 인구 코호트에 비해 절대적 규모가 커서 피라미드에서 눈에 띈다. 일본의 인구 피라미드의 전반적인 형태는 베이비붐 세대 이후 인구 규모가 급감하다가 베이비붐 에코 세대의 출생으로 다시 인구 규모가 증가하는 쌍봉(two-humped) 형태다. 또한 최근 소자화(少子化) 현상으로 유소년 인구의 절대수가 감소하고 있음을 알 수 있다.

일본의 베이비붐 세대는 '단카이 세대'로 불리며, 제2차 세계대전이 끝난 직후인 1947년부터 1949년까지 3년간 태어난 세대를 일컫는다. 일본에서는 제2차 세계대전 직후인 1940년대 후반에 출생아 수가 크게 증가하였다. 이 시기(1947~1949년) 출생아 수와 합계출산율을 살펴보면 1947년 268만 명(TFR: 4.54), 1948년 268만 명(TFR: 4.4), 270만 명(TFR: 4.32)으로 이 시기 합계출산율은 4.0 이상의 매우 높은 수준을 기록하였다. 높은 합계출산율로 인해 3년간 출생한 인구수는 805.7만 명으로 추산되었다. 그런데 일본의 단카이 세대는 다른 나라의 베이비붐 세대 시기와 비교하면 짧은 편에 속한다. 일본과 유사한 나라로는 영국, 이탈리아 등이 있으며 상대적으로 기간이 긴 나라는 미국과 한국 등이 있다(김명중, 2005). 이처럼 일본의 베이비붐 기간이 짧았던 이유는 1948년 성립된 우생보호법(優生保護法)에 의해 중절수술이 합법화된 점, 1949년에 정부가 피임기구 등의 판매를 장려한 점 그리고 가족계획의 사회적 여론이 확대된 점이 지적된다(김명중, 2005). 그런데 일본은 단카이 세대의 결혼과 출산에 의해 1970년대 초반에 합계출산율이 3.0이 넘는 제2의 베이비붐 세대가 나타난다. 1971년부터 1974년까지로 이들을 단카이 주니어 세대로 부르기도 한다. 이들은 전체 약 800만 명으로 추산되었다.

단카이 세대의 규모 변화를 보면, 이 시기 출생아 수는 1950년 734.8만 명으로 전체 인구의 8.8%였다가, 2000년 국세조사에 의하면 약 691만 명

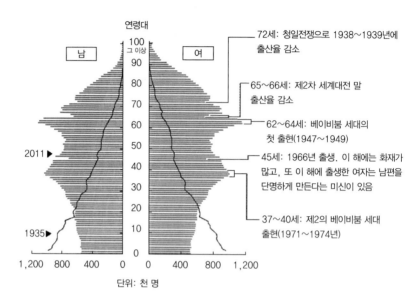

연령대

남   여

72세: 청일전쟁으로 1938~1939년에
출산율 감소

65~66세: 제2차 세계대전 말
출산율 감소

62~64세: 베이비붐 세대의
첫 출현(1947~1949)

45세: 1966년 출생. 이 해에는 화재가
많고, 또 이 해에 출생한 여자는 남편을
단명하게 만든다는 미신이 있음

37~40세: 제2의 베이비붐 세대
출현(1971~1974년)

1,200 800 400 0   0 400 800 1,200

단위: 천 명

그림 1-4 일본 인구 피라미드(2011)

출처: http://www.stat.go.jp/english/data/handbook/c02cont.htm. Statistics Bureau, MIC.

으로 전체 인구의 5.45%로 추계되었다. 2005년 일본의 인구센서스 자료에 의하면 베이비붐 세대의 총 인구수는 680만 명 이상으로 전체 인구의 5.33%를 차지한다.

그런데 전체 고령자 인구수로 보면 단카이 세대가 고령기에 접어들고 일본은 향후 약 30년간은 고령자 수의 계속적인 증가를 경험할 것으로 예상된다.[3] 고령자 인구는 단카이 세대(1947년부터 1949년에 태어난 사람)가 65세 이상이 되는 2015년에는 3,000만 명을 넘고 단카이 세대가 75세 이상이

---

3) 고령자 인구 가운데, 65~74세 인구는 단카이 세대가 고령기에 들어간 후에 평성 28(2016)년의 1,744만 명으로 피크를 맞이한다. 그 다음은, 평성 43(2032)년까지 감소하다가, 그 다음은 다시 증가로 변해 평성 53(2041)년에 1,669만 명에 이른 후, 감소로 변한다고 추계되고 있다.

되는 2025년에는 3,500만 명에 이른다고 전망되고 있다. 그 후에도 고령자 인구는 증가를 계속해 2042년에 3,863만 명으로 피크를 맞이해 그 다음은 감소로 변한다고 추계되고 있다. 일본의 총 인구가 감소하는 가운데 고령자 가 증가함으로써 고령화율은 상승을 계속해 2013년에는 고령화율이 25.2% 로 4명에게 1명이 되고, 2035년에는 33.7%로 3명에게 1명이 된다. 그리 고 2042년 이후는 고령자 인구가 감소로 변해도 고령화율은 상승을 계속해 2055년에는 40.5%에 이르고, 국민의 2.5명에게 1명이 65세 이상의 고령 자가 되는 사회가 도래한다고 추계되고 있다. 일본 총 인구 중 75세 이상 인 구의 비율도 상승을 계속해 이른바 '단카이 주니어(1971년부터 1974년에 태 어난 사람)'가 75세 이상이 된 후에, 2055년에는 26.5%되어, 4명에게 1명 이 75세 이상의 고령자가 된다고 추계되고 있다(일본 고령화 사회백서, 2011).

표 1-3 일본 단카이 세대의 규모 변화(2005, 2011년)   (단위: 천 명, %)

2000	베이비부머	남	여	2005	베이비부머	남	여	2010	베이비부머	남	여
51세 (1949년생)	2,352	1,175	1,177	56세 (1949년생)	2,318	1,150	1,168	61세 (1949년생)	2,279	1,121	1,157
52세 (1948년생)	2,340	1,168	1,172	57세 (1948년생)	2,302	1,141	1,161	62세 (1948년생)	2,261	1,110	1,151
53세 (1947년생)	2,227	1,113	1,115	58세 (1947년생)	2,189	1,084	1,104	63세 (1947년생)	2,149	1,053	1,095
계(%)	6,919 (5.45)	3,456	3,464	계(%)	6,809 (5.33)	3,375	3,433	계(%)	6,689 (5.22)	3,284	3,403
전체 인구수	126,926			전체 인구수	127,768			전체 인구수	128,057		

출처: 일본 통계청, 인구센서스(2005년, 2011년)

3) 한국 베이비붐 세대의 구분

한국의 베이비붐 세대의 시기(범위)는 지금까지 주로 한국전쟁이 종료되고 산아제한이 도입되기 이전인 1955년부터 1963년까지의 출생자로 규정하였다. 그런데 최근에는 이에 대한 여러 가지 논의가 나타났다. 한국의 베이비붐 세대의 시기에 대한 규정을 구분하여 보면, 첫째, 합계출산율을 기준으로 1955년부터 1963년까지로 가장 많은 베이비부머 논의에 적용되어 왔다. 현재 정부의 고령자 정책에서도 이 시기의 출생자를 베이비부머로 규정하고 있다. 둘째, 출생아 수를 기준으로 한 베이비붐 정의에 포함하여 1955년부터 1963년까지를 1차 베이비붐 시기로 규정하고, 이후 1965년부터 1974년까지(김태헌, 2010), 1969년부터 1975년까지(김영민, 2006)를 2차 베이비붐 시기로 구분하는 논의가 있다. 셋째, 1955년부터 1974년까지 20년간을 베이비붐 세대로 규정하여 총 인구의 34%(1,650만 명)에 이르는 거대한 인구 집단으로 정의하는 것이 현재 한국의 인구사회문제를 보다 정확하게 적용하는 것이라는 주장(김순옥, 2010; 김용하, 임성은, 2011)이 있다.

이렇듯 한국의 베이비붐 세대의 시기 구분에는 미국과 일본의 경우와 차이가 있다. 이것은 미국과 일본과 달리 한국은 출산율의 급등 시기와 출생아 수의 급증 시기가 일치하지 않는 데서 연유한다.

한국의 합계출산율은 1930년대 6.0명을 상회하였다가 1940년대와 1950년대 초 사회적 혼란과 한국전쟁 등으로 낮은 출산율을 보였다. 이후 1950년대 후반부터 합계출산율과 출생아 수가 급격히 높아진다. 1960년에 합계출산율이 6.1로 정점을 이르며 출생아 수가 100만 명에 달하였다. 그런데 이후 잠시 주춤하다가 1971년에는 합계출산율은 4.7명으로 낮아졌지만 출생아 수는 103만 명으로 이전 시기보다 더 많았다. 베이비붐의 정의에 따라 출산율의 급등에 따라 출생아 수가 급증한 측정 시기를 일컫는다면 서구 사회에서는 출산율의 급등과 출생아 수의 급증이 동일하여 베이비붐 시기를 정하는 데 혼란이 없으나, 한국은 합계출산율이 최고인 시기와 출생아 수가 최고로 급증한 시기가 일치하지 않아서 베이비붐 시기를 하나로 정하는 데 이론이 생길 수 있다(김태헌, 2010).

[그림 1-5]에서 보듯이 한국의 출생아 수는 1955년부터 1960년대 초반과 1971년을 정점으로 1974년까지의 두 시기에 집중적으로 급증한 것을 알 수 있다. 베이비붐 세대의 인구 변화에 의한 사회적 영향과 대응이 중요한 문제라고 한다면 한국은 기타 서구나 일본과 달리 두 시기(합계출산율이 최고인 1960년과 출생아 수가 정점인 1971년)를 중심으로 전후 10년씩 총 20년의 시기를 포괄적으로 고려해야 한다. 다만 앞에 소개한 베이비붐 시

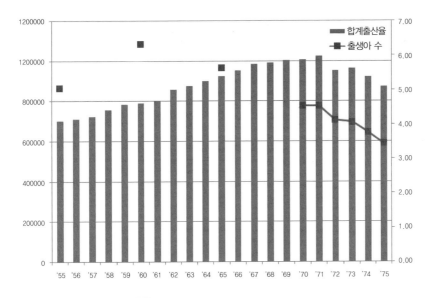

그림 1-5 한국 연도별 출생아 수 및 합계출산율

출처: 통계청 인구동태통계연보 각 년도(1970년 이전 자료는 근사치로 오류가 있을 수 있음)

기 구분에 대한 논의의 시시비비를 가리기보다는 베이비붐 세대가 인구 집단으로 사회에 미칠 영향에 대비하여 먼저 다가오는 1955년생부터 1963년생까지의 베이비붐 세대에 대한 사회적 대응에 집중하고, 이후 1965년생부터 1974년생까지를 베이비붐 세대의 인구 변화에 포함시켜 미리 고령화에 대비해야 할 것이다.

4) 한국 베이비붐 세대의 인구 변화

한국의 인구 피라미드 형태에서 베이비붐 세대의 인구 변화를 살펴보면, 1990년대 청년기를 맞이하는 베이비붐 세대가 인구 구조 내에서 두텁게 자리 잡고 있음을 알 수 있다. 이러한 베이비붐 세대의 인구 구조상 큰 비중은 2030년까지도 두드러지게 나타나고 있다. 이것은 앞의 미국 인구 피라미드의 베이비붐 세대의 형태([그림 1-6] 참조)와는 차이를 보인다. 미국 베이비붐 세대는 2030년에는 이전 1970년도에 비교하면 베이비붐 세대의 비중이 반으로 줄어드는 것에 비해(베이비붐 세대의 인구 비중 35.5% → 16.1%) 한국 베이비붐 세대는 곧 2차 베이비붐 세대가 이어져 전체로 보면 2030년이 되어도 베이비붐 세대의 인구가 전체 인구 구조 내에서 상당한 부분을 차지하는 것으로 인구 피라미드에서 찾아 볼 수 있다.

또한 한국의 베이비붐 세대는 미국과 일본에 비교하여, 1963년까지 1차 인구수 급증 이후 1974년까지 2차 급증 시기가 따라오며, 1979년부터 1982년까지 1차 베이비부머가 낳은 아이들로 인해 많은 출생아 수를 기록하며 인구 구조가 매우 두툼한 형태를 보인다(나일주, 임찬영, 박소화, 2008).

좀 더 구체적인 인구 규모의 변화를 인구수를 통해 확인할 수 있는데, 1980년부터 2030년까지 베이비붐 세대의 인구수 변화가 다음의 〈표 1-4〉

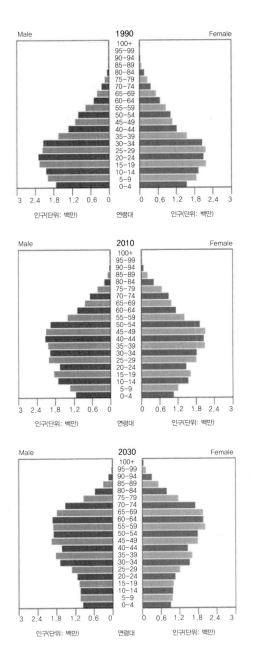

그림 1-6 한국의 인구 피라미드

출처: U.S. Census Bureau. http://www.census.gov/population/international/data

와 같다. 1980년대 1차 베이비부머의 인구수는 891만 2,815명으로 전체 인구 중 27.2%를 차지하다. 바로 이어지는 2차 베이비부머의 인구는 734만 9,401명으로 22.4%를 차지한다. 합하면 전체 베이비부머 인구는 1,626만 2,216명으로 49.6%에 달하였다. 앞의 미국과 일본과 비교하여 한국 인구 구조에서 월등하게 큰 부분을 차지했던 것을 알 수 있다. 이후 한국의 베이비부머 인구 집단도 미국, 일본의 베이비부머와 같이 점차 인구수가 줄어든다. 그렇지만 2030년에도 베이비부머는 전체 인구에서 28.1%에 해당하여 여전히 꽤 큰 인구 집단을 차지할 것으로 예상된다. 또한 이 시기 베이비부머 인구수는 전후 노년기에 들어서는 인구 집단과 합해져서 한국 사회의 고령자 집단을 형성하며 인구 구조의 중요한 영향력을 발휘할 것을 짐작할 수 있다.

3. 베이비부머 인구 집단의 사회적 영향

베이비부머가 인구 집단으로서 사회에 미치는 영향을 살펴볼 때 두 가지 점에서 주목해야 한다. 하나는 베이비부머 인구 집단이 전후 다른 세대와 규모면에서 어떠한 차이가 나는가 하는 것이다. 특정 연령집단이 다른 전후 세대에 비해서 집중적으로 차이를 보인다는 것은 이 집단의 변화에 따라 사회 경제적 충격이 상대적으로 크다는 것을 시사한다. 예를 들어, 1947~1949년 출생자인 일본의 단카이 세대의 규모는 이후 출생한 세대와 비교하여 규모 면에서 매우 큰 차이를 보인다. 따라서 이들 단카이 세대가 노년이 된다고 하는 것은 급격한 노동시장 퇴출을 의미하며 이후 세대는 적은 인구 규모로 이것에 대응하여야 한다는 뜻이다.

표 1-4 베이비붐 세대 인구 규모 변화 (명)

		전체	베이비부머	비율	남자	여자
1980	베이비부머(1) (6~15세)	32,812,062	8,912,815	27.2	4,603,786	4,309,029
	베이비부머(2) (17~25세)		7,349,401	22.4	3,742,469	3,606,932
2000	베이비부머(1) (26~35세)	42,168,811	8,238,447	19.5	4,150,351	4,088,096
	베이비부머(2) (37~45세)		7,325,851	17.4	3,712,313	3,613,538
2010	베이비부머(1) (36~45세)	47,990,761	8,317,478	17.3	4,174,552	4,142,926
	베이비부머(2) (47~55세)		6,949,972	14.5	3,462,076	3,487,896
2020	베이비부머(1) (46~55세)	49,361,803	8,098,259	16.4	4,011,717	4,086,542
	베이비부머(2) (57~65세)		6,779,576	13.7	3,332,288	3,447,288
2030	베이비부머(1) (56~65세)	49,002,913	7,745,082	15.8	3,771,990	3,973,092
	베이비부머(2) (67~75세)		6,032,104	12.3	2,845,834	3,186,270

자료: U.S. Census Bureau. http://www.census.gov/population/international/data
각년도

이에 반해 한국은 일본에 비해서, 1차 베이비부머 출생자들(1955~
1963년)의 규모가 이후 세대(1970년 대 초반)와 비교하여 압도할 정도로 크
지 않으며 전체 인구 규모는 비교적 비슷하다(김준영, 2011). 따라서 일본에
비해서 한국의 베이비부머 집단이 노년기에 접어들어 노동시장에서 은퇴함
으로써 나타나는 사회경제적 파장이 일본에 비해서 크지 않을 것이라는 예
상이 가능하다.

또 다른 측면은 베이비부머로 규정되는 인구 집단이 사회의 인구 변화
에서 얼마나 오랜 기간 지속되느냐 하는 것이다. 한국의 베이비부머 세대
의 인구 구조의 특성에 의하면 일시적인 노동시장 충격보다는, 20년 이상
지속되어 나타나는 베이비부머 인구 집단의 고령화는 대규모 인구 집단이
2010년에서 2039년[4]까지 거의 30년에 걸쳐서 중장기적으로 인구 고령화
에 대응하는 것이 한국 사회의 과제라고 할 수 있다.

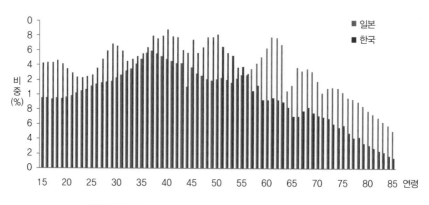

그림 1-7 한국과 일본의 연령별 인구 비중(2010년)

출처: 통계청, 인구주택총조사, 2010; 總務省統計局, 國勢調査, 2011.

---

4) 현재보다 정년이 65세로 늘어, 1974년생 베이비부머 집단이 은퇴할 시기

베이비붐 세대가 장기간 지속되었다는 점에서 한국과 유사한 미국의 베이비부머 인구 집단의 사회적 영향을 살펴볼 필요가 있다. 먼저 노동력 측면에서 보면, 다음 [그림 1-8]에서와 같이 미국 베이비부머 인구 집단은 1980년대 전체 노동 인구의 반 정도(49.3%)를 차지하였다. 1960년대 중반 이후부터 급속하게 미국 노동시장의 큰 부분을 차지하였는데 2000년 이후 점차 감소하여 2010년 현재 27.2%를 차지하는 것으로 보고된다.

그렇지만 베이비붐 세대는 이전 노인 세대보다는 노동 활동 참가율이 더 높다. 미국노동통계에 따르면, 2008년 45세 이상 노동자가 6,200만 명 이상에 이르러 노동자의 40%를 넘었는데, 이것은 1998년 37%였던 것에 비해 증가한 것이라고 한다(U.S. Department of Labor Employment and Training Administration, 2009).

또 다른 한편 은퇴 후 연금이나 저축액으로 생활이 어려운 일부 베이비부

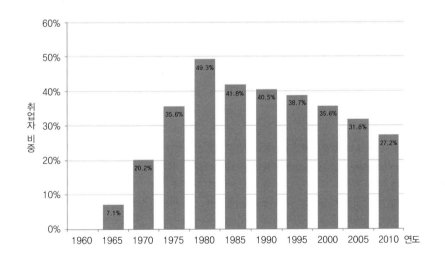

그림 1-8 미국 취업자 중 베이비붐 세대의 비중(1960~2010)

출처: Bureau of labor statistics

머들(특히 최근 경제혼란기에 자신의 은퇴 후 저축액에 타격을 받은)의 경우에는 퇴직을 연장한다고 보고되고 있다. 따라서 베이비부머들이 은퇴기를 맞아 노동시장으로부터의 거대한 이탈보다는 서서히 빠져나가는 형태일 것이라는 예측이 있다.

한편 일본의 베이비붐 세대는 미국이나 한국의 베이비붐 세대에 비해 3년으로 단기간이었으나 다른 연령층 대비 인구 규모의 크기가 크다는 인구학적 특징에 따라 사회적 영향에 대한 부정적인 영향이 더 많이 지적되었다. 일본 단카이 세대가 미치는 사회적 영향에 대한 기존 연구에 따르면, 경제활동 인구 감소의 가속화와 성장잠재력 저하, 생산현장에서의 기술 및 기능전승의 단절, 퇴직급여액 증가에 따른 기업의 재무 부담 증가, 저축률 감소에 따른 투자위축 등이 지적되었다(김준영, 2011).

2011년 국세조사에 따르면 단카이 세대의 취업자 수는 489만 명으로 전체 취업자 수의 8.0%를 차지하여 이들의 은퇴가 사회적 파급효과가 클 것으로 예상된다(일본국세조사, 2011). 실제로 일본의 경제활동 인구는 이미 1999년 이후부터 계속해서 감소하고 있다. 1999년에 6,793만 명으로 최고 수준에 달하였던 일본의 노동력 인구는 2004년에 6,642만 명까지 크게 감소하게 된다. 남녀별로는 남자의 감소가 두드러져 1997년 4,027만 명에서 2004년에는 3,905만 명까지 감소하였다(김명중, 2005).

베이비붐 세대가 본격적으로 노동시장에 참가하기 시작한 것은 1960년대 후반 이후로 고도 경제 성장기가 막바지에 접어들던 시기였다. 당시 노동시장은 심각한 인력난을 겪고 있던 시기로 이들 베이비붐 세대가 노동시장에 대량의 노동력을 제공하였고 일본경제성장의 발판이 되었다. 전후 일본을 세계 최고 수준의 경제대국으로 끌어올리는 데 가장 큰 공헌을 한 산업으로 제조업이 꼽히는데, 단카이 세대는 일본의 제조업을 계승, 발전시

키는 데에 있어서 중요한 역할을 했다. 그런데 1973년 제4차 중동전쟁 이후 석유위기를 거치며 1950년대 중반 이후 일본의 고도경제성장의 종식과 함께 기업 측의 채용감소가 불가피해졌다. 일본 단카이 세대는 조직 내에서 기능 및 기술의 주요 담당자로서의 역할을 계속 유지하였고 이것은 단카이 세대의 은퇴 후 기능 및 기술 전수의 공백이 우려되고 있다. 실제 내각부의 2005년의 '企業及びNPOに対するアンケート(기업과 NPO 대상 앙케이트)' 조사에 따르면 단카이 세대의 퇴직으로 기업 활동에 영향을 받는다고 응답한 경우가 49%였다. 특히 단카이 세대의 퇴직으로 인한 노동력 손실 중 기술 및 기능의 전수를 어렵게 한다고 응답한 경우가 전산업에서 46.1%, 제조업에서는 57.9%, 대기업에서는 66.7%의 기업이 있었다(내각부, 2005). 오사카 신용금고에서 중소기업을 대상으로 실시한 조사에서도 중소기업 1,173개사 중 72.1%의 기업이 베이비붐 퇴직으로 인한 어려움을 응답하였으며, 단카이 세대에 해당하는 인구 집단에게 중심 기술과 기능이 집중되었다고 응답한 기업이 87.0%에 달하였다(大阪市信用金庫, 2006).

단카이 세대 인구 집단의 사회적 영향력은 생산성 감소에 대한 위기의식으로 이어져 일본사회로 하여금 고령자 고용안정법의 개정과 함께 정년을 연장하거나 폐지하는 기업, 또는 계속고용제도를 실시하고 있는 기업이 확대되는 방향으로 대응하도록 하였다.

한편 단카이 세대로 인한 사회적 영향으로 주목받는 또 다른 측면은 사회보험, 의료비 등의 증가로 인한 사회보장재정의 악화다. 사회보장재정과 관련된 통계결과들을 살펴보면(第一生命經濟硏究所, 2010; 류애정, 2010 재인용) 단카이 세대의 연금수급이 본격화되는 2013~2015년에는 매년 2조 엔 이상의 추가적인 사회보장비의 증액이 요구되며, 이는 매년 소비세율 1%분에 가까운 재원이 필요하다는 의미라는 것이다. 연금재정 수입의 주요 부분을

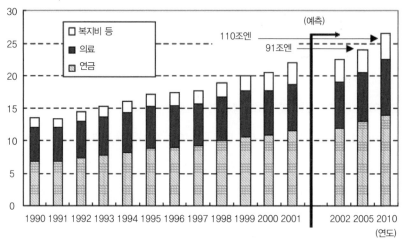

(국민소득 대비, %)

그림 1-9 일본 사회보장비 증가 추이

출처: 日本の將來推計人口, 日本社會保障 · 人口問題硏究所, 2002

차지하는 단카이 세대가 연금수령 세대로 전환되어 연금, 의료, 개호서비스 등 사회보장비의 증가가 불가피하다. 2005년 21조 엔(국민소득대비 24.0%)에서 2010년 110조 엔(국민소득대비 26.5%)이 증가하였으며 사회보장기금이 2.2조 엔, 중앙 및 지방 재정수지의 2.3조 엔 등 재정적자를 초래하였다는 분석이 있다(鈴木亘, 鈴木玲子, 八代尚宏, 2003). 일본 사회는 단카이 세대가 76세 이상이 되는 2025년에는 사회보장비가 125조 엔으로 증가할 것이 예상되며 이는 국민소득 대비 29.0%에 해당하는 금액이라고 한다(한국은행, 2005).

4. 미국과 일본의 베이비붐 세대에 대한 사회적 대응

인구 구조 변화에 대한 연구들에서 인구 고령화가 경제위기와 사회보장 제도의 재정 및 정당성의 위기를 초래한다는 고령화 위기론은 인구 고령화의 부정적 시나리오에 근거한다(김정석, 2007; Robert P. Hagemann & Giuseppe Nicoletti, 1989). 고령화 위기론에 의하면, 인구 고령화로 인한 생산가능인구의 감소는 성장잠재력의 저하, 사회적 부양비 증가, 국가재정부담(공적연금, 의료보험 등) 등을 경고한다. 인구 고령화를 먼저 경험한 선진국들은 1990년대 이후 고령자가 가능한 오랫동안 노동시장에 머물도록 지원하거나 노동시장 참가를 촉진하기 위한 국가적 차원의 정책이 고안되고 있다. 이런 가운데 베이비붐 세대의 고령화는 각 사회의 인구 구조의 고령화에 위기감을 가중시키는 매우 영향력 있는 현상으로 나타날 수 있다. 이에 베이비부머 인구 집단에 대한 사회적 대응 중 가장 먼저 중요하게 논의되고 있는 영역이 노동부문이다. 세계 인구 변화에서 저출산이 주요한 현상으로 나타남으로써 사회적 생산성의 확보가 각 사회의 이슈가 됨에 따라 베이비부머 인구 집단이 노년기에 접어들어 은퇴를 하는 경우 사회적 생산성 감소에 어떻게 대응해야 하는가는 향후 그 사회의 성장과 유지에 연결된 문제이므로 민감하게 부각되었던 것이다.

미국 사회에서 베이비붐 세대에 대한 사회적 대응으로 나타난 것은 베이비붐 세대의 생활보장과 노동이다. 베이비붐 세대가 점차 나이 들어감에 따라 2030년에는 65세 이상 인구가 거의 2배에 달할 것이 예상됨에 따라 이들의 은퇴 이후 연금, 의료 등 보장에 대한 사회적 대응을 어떻게 할 것인가를 고민해 왔다. 미국은 사회보장, 의료보험, (저소득) 의료보장 프로그램들을 주로 세금을 통한 부과식(pay as you go)으로 재원을 마련하여 왔다. 그런데 지난 40년부터 사회보장, 의료보험에 대한 공적지출이 증가하여 GDP가 2.5%에서 6.9%로 늘었다(CBO study, 2003). 이러한 추세에 따르면 베이비붐 인구 집단을 포함한 65세 이상 인구가 늘어나는 2030년에는 고령자에 대한 사회보장과 연금, 의료보장을 위한 재정지출은 더 큰 비중을 차지하게 되는 것이다.[5] 한편, 미국사회에서 지난 20~30년 동안 꾸준하게 개인저축률은 감소하고 있는 경향이 지적되고 있다. 이러한 저축률 하락은 베이비부머들에 있어서 나타나고 있으며, 연금과 함께 미국 고령자 생활보장에서 주목하여야 한다는 것이다(Attanasio & Paiella, 2001).

베이비붐 세대를 포함한 고령자 생활보장을, 미국은 노동력과 연관시켜 해결하려는 경향을 보인다. 고령화에 따른 재정부담을 완화하고 미래 노동력 부족에 대처하기 위해 연금제도를 개혁하고 있다는 것이 이것을 증명한다. 미국은 사회보장연금 수령연령을 65세에서 67세로 상향하였고 65세 이후에도 계속 일하는 고령자에게는 인센티브를 부여하도록 하였다. 미국이 정책적으로 고령자의 노후소득을 감소시키면서 노동시장의 고령화를 더욱 촉진시키고 있다는 분석이다(Whittaker, 2007). 실제로 미국 고령자들은 더욱 오래 일자리에 머물고 있으며 이와 같은 추세는 경기가 회복되더라고 지속될 것으로 전망되고 있다.[6]

---

5) 한 연구의 추산에 따르면, 2000년에 은퇴한 맞벌이 부부가 그들 생애에 걸쳐 사회보장과 의료보험 혜택으로 받는 금액이 57만 달러이고, 2030년 65세에 은퇴한 맞벌이부부의 경우에(2000년의 경우와 같은 정도의 소득수준이며, 현행법에 따른다는 가정하에서)는 96만 달러를 받을 것이라고 예측한다(Eugene Steuerle & Adam Carasso, 2003).

6) 미국 노동력 변화에 대한 조사 결과 미국에서 사회보장연금 수령이 가능한 62세 이상 고령자의 약 40%가 경제위기로 은퇴 시기를 늦추고 있으며, 50~61세 사이의 고령근로자 중 63%가 은퇴 시기를 늦출 것이라고 답하고 있다(Pew Research Center, 2009).

미국에서는 실제로 WIA[7]프로그램을 통해 저소득 고령 노동자에게 적극적인 지원을 하고 있다. 고령자들의 기술훈련뿐만 아니라, 고령자들이 고용주들의 노동수요와 고령자 자신의 소득 욕구를 모두 만족시키면서 노동현장에 남아있을 수 있도록 지원하고 있다. 베이비붐 세대의 증가로 고령 노동 참가율이 높아지는 경향에 효과적으로 대응하기 위하여, 노동력개발 시스템을 통해 고령자의 노동 공급 욕구와 기술적이고 구조적 혼란에 영향을 받을 수 있는 수요 측면의 요구에 반응하도록 현재 서비스 수준과 서비스 전달을 재점검하여야 하는 것이다.

한편 일본 사회에서는 단카이 세대가 일제히 퇴직할 경우 발생하는 노동력 부족 현상과 기능 및 기술 전수의 차질, 연금급부의 확대에 따른 연금재정의 압박 등이 정부의 고용정책 및 사회보장정책에 상당한 영향을 미칠 것으로 예상되었으며 이에 대한 대응이 발 빠르게 나타났다. 단카이 세대의 대규모 은퇴로 인한 사회 생산성 감소에 대비하여 일본에서는 2006년 4월부터 「고령자 고용확보 조치」가 실시되었다.[8] 이에 따라 고용주는 정년연장, 계속고용제도의 도입, 정년제 폐지 중 하나의 조치를 선택하여 2013년까지 단계적으로 고령자의 노동 활동을 보장해야 한다. 일본후생성의 「고용관리조사」에 따르면 일률정년제를 채용하고 있는 기업 가운데 60세를 정년으로 정하고 있는 기업비율이 90% 이상으로 60세 정년제도는 정착단계에

---

7) WIA(인력투자법): 일반적인 일자리 사업에 참여할 수 없는 실직자를 대상으로 원스톱센터를 통해 훈련 및 취업지원서비스 등 제공. 주정부 및 민간 협력을 통한 프로그램: (1) 교육·홍보 – 사업주를 대상으로 한 인식개선 등 홍보(AARP와 협력하여 고령근로자 활용 우수사업장 사례 발굴 및 홍보) (2) 전담창구 운영 – 원스톱센터에 고령근로자 전담자 또는 전담창구를 운영하여 전문화된 서비스 제공 (3) 맞춤형 지원 – 고령근로자의 구체적 욕구나 수요에 맞추어 서비스 제공(동료상담, 네트워킹, 노후계획 수립 세미나, 컴퓨터 훈련 등)
8) 개정고령자고용안정법(2004년 6월 개정)의 주요 내용 가)~라)

표 1-5 한국과 일본의 고령화 및 정년관련 지표 비교

	고령화 사회	고령 사회	초고령 사회	고령자고용 안정법 제정	60세 정년 노력의무연도	60세 정년 법제화연도	정년법제화 당시 60세 정년제 비중
일본	1970년	1994년	2006년	1971년[1]	1986년	1994년[2]	93.3%
한국	2000년	2018년	2026년	1991년[3]	1991년	-	16.5%[4]

주: [1] 최초의 법명은 「중고연령자 등의 고용의 촉진에 관한 특별조치법」, 1986년에 「고연령자등의 고용의 안정 등에 관한 법률」로 전면 개정
　　[2] 시행은 1998년 4월 1일부터
　　[3] 법 명칭은 「고령자고용촉진법」. 2008년 3월 「고용상 연령차별 금지 및 고령자고용촉진에관한 법률」로 개칭
　　[4] 2006년 12월 말 현재 기준으로 단일정년제를 채택한 사업장(300인 이상 대기업) 중 정년이 60세 이상인 기업의 비중

있다고 한다(정기룡, 2010). 또한 2010년 후생노동성에 의하면 51인 이상 기업 중에서 고용확보 조치가 도입 완료된 기업은 약 97%에 이른다고 한다 (후생노동성, 2010; 김준영, 2011 재인용).

　그런데 단카이 세대의 은퇴에 대비한 일본사회의 대응에는 특히 기업측의 변화가 주요한 역할을 하였다. 한국과 일본 사회의 고령화속도 차이는 기업내부인력 구성의 차이에서도 나타나는데, 임금근로자 중 50대 이상 중고령자의 비중을 2006년 현재 기준으로 보면 한국은 14.5%인 반면 일본은 32.7%로 3명 중 한 명이 50대 이상이다. 따라서 일본 사회가 전반적으로 고령근로자의 유효한 활용이 기업경쟁력 유지 및 제고에 필요하다는 사용자의 인식이 한국에 비해 강하게 나타나게 되는 것이다. 이것은 일본이 2006년 초고령 사회로 진입함과 베이비붐 세대의 2006년 60세 정년퇴직에 따른 노동력 부족현상으로 더욱 촉진되었다.

표 1-6	한국과 일본의 연령계층별 인력구성 추이									(단위: %)
	10대		20대		30대		40대		50대 이상	
	한국	일본	한국	일본	한국	일본	한국	일본	한국	일본
1992	4.6	2.4	36.0	25.1	32.0	20.0	17.0	25.2	10.4	27.3
1997	2.1	2.1	32.4	24.0	32.7	21.3	19.7	21.9	13.1	30.7
2004	0.7	1.8	26.8	21.2	33.1	23.9	24.4	21.1	15.0	32.1
2005	0.7	1.7	26.2	20.6	33.6	24.0	24.4	21.2	15.2	32.4
2006	0.7	1.7	26.4	20.1	34.1	24.3	24.5	21.1	14.5	32.7

주: * 한국은 1998년까지는 10인 이상 비농전산업, 1999년부터 5인 이상 전산업 근로자 대상
  ** 일본은 표본조사로서 세대원 중 15세 이상 근로자 대상
출처: 한국 노동부, 임금구조기본통계조사, 일본 總務省, 勞働力調査.
  노동부의 「임금피크제 실태 조사 보고서」 내용에서 발췌

　　고령 노동에 대한 정부와 기업 그리고 사회의 공통의 인식이 작용하여 일본의 경우, 1960년대 55세 정년제가 일반적이었지만 1998년 60세 정년의 의무화를 이루었고, 2013년 65세로 연장되었다. 후생노동성 발표[9]에 의하면, 「고령자 고용 확보 조치」를 실시 완료한 기업의 비율은 96.6%(전년대비 1.0포인트 상승)다. 기업 규모별로 보면, '31~300명' 규모의 중소기업은 96.3%, '301명 이상'의 대기업은 98.7%다. 그리고 희망자 전원이 65세 이상까지 일할 수 있는 기업의 비율은 46.2%(63,871사)다(〈표 1-7〉 참조). 기업 규모별로 보면, 중소기업에서는 48.8%(60,398사), 대기업에서는 24.0%(3,473사)로 특히 중소기업에서 더 많이 진행되고 있다.

---

9) 일본의 「고령자 등의 고용 안정 등에 관한 법률」에서는 기업에 「정년폐지」나 「정년연장」, 「계속 고용 제도의 도입」의 몇 개의 조치를 강구하도록 의무화해 매년 6월 1일 현재의 고령자고용 상황을 제출하는 것을 요구하고 있다. 31명 이상 규모의 기업 약 13만 8,000사의 상황을 집계한 2010년 결과다.

표 1-7 희망자 전원이 65세 이상까지 일할 수 있는 기업의 상황(일본 2010년)(社, %)

	정년폐지	65세 연장	희망자 전원 65세 이상 계속 고용	합계
전 기업	3,788(2.7%)	17,119(12.4%)	42,964(31.1%)	63,871(46.2%)
301인 이상	83(0.6%)	780(5.4%)	2,610(18.0%)	3,473(24.0%)
31~300인	3,705(3.0%)	16,339(13.2%)	40,354(32.6%)	60,398(48.8%)

출처: 후생노동성(2010)

조금 더 구체적인 사례로 도요타 자동차의 경우를 들 수 있다. 도요타 자동차는 전 종업원으로 적용대상을 확대한 정년퇴직 후의 재고용제도를 2006년 4월부터 도입하였다. 연령의 상한은 후생연금제도의 지급개시 연령의 연장에 대응하기 위해 현행의 63세에서 65세로 연장하였다. 기업 측의 이러한 대응은 도요타 자동차가 2007년 베이비붐 세대가 일제히 정년을 맞이하게 되면 인력부족 현상이 심각해지리라는 판단하에 정년퇴직자의 재고용정책을 확대 실시하여 노동력 확보에 힘을 쏟았던 것이다(김명중, 2005).

한편 단카이 세대 은퇴로 인한 노동력 감소에 대한 일본의 조치는 공적연금제도를 포함한 고령자 사회보장제도의 재정고갈이라는 위험에 대응한다는 측면으로서도 중요하다. 1994년과 2000년에 이루어진 「공적연금법」의 개정으로 노령기초연금과 노령후생연금의 수급개시연령이 2000년 이전의 60세에서 2001~2013년에 단계적으로 65세로 상향조정되면서 60~64세에 소득 공백에 처하는 사람들이 많을 것으로 예상된다. 이에 고령자들에게 계속고용기회를 제공함으로써 소득공백을 최소화하려는 의도인 것이다(김준영, 2011)

5. 결론

최근 몇 년 동안 베이비붐 세대에 대한 논의가 증가하고 있다. 학술적인 연구뿐만 아니라 정부 등 국가기관에서 향후 정책수립을 위하여 많은 연구들이 진행되고 있다. 그럼에도 미국이나 일본에서의 베이비붐 세대 연구에 비하면 이제 시작 단계다. 어느 한 세대의 인구 비중이 높다는 것은 그 세대가 사회에 미치는 영향력이 클 수 있음을 의미한다. 이미 한국 사회에는 베이비붐 세대가 출생하여 성장하며 진학, 취업, 결혼 등의 생애주기에 따라 입시, 노동시장, 부동산 시장 등이 큰 변화가 있어 왔다. 변미리(2010)의 연구에 의하면 성장기의 주역이었던 베이비붐 세대를 중심으로 도시문화가 성장을 하였으며, 이들의 결혼 이후 주택구입에 의해 부동산 시장의 호황이 나타났으며, 이 세대가 가정을 꾸린 1980년대에는 이들의 컬러 TV, 자동차 구매 등으로 내수산업이 활성화되었다고 한다. 이렇듯 한국 사회에서 베이비붐 세대가 갖는 의미는 매우 크며, 이들이 노년기에 들어서 고령자가 되는 현시점에서 향후 한국 사회에서 인구 사회적으로 베이비붐 세대가 차지하는 비중이나 영향력을 살펴보는 것은 매우 중요한 일이다.

이 장은 이러한 베이비붐 세대에 대한 다양하고 중요한 논의에 앞서 이들의 등장(출생)으로부터 현재에 이르기까지 인구 집단으로서의 상황이 어떠한지를 살펴보았다. 베이비붐 세대라는 동일 용어로 통칭되는 인구 집단이 각 사회에 따라 어떠한 차이가 있는지에 주목하였다. 한국의 베이비붐 세대는 미국과 일본과 비교한다면, 등장시기와 규모에 있어서 상당한 차이를 보인다. 미국과 일본에 비해서 한국의 베이비붐 세대의 등장은 좀 늦게 나타났지만, 베이비붐 세대가 매우 장기간 지속되어 나타났다는 점에서는 미국

제1장 베이비붐 세대의 인구학적 특성

48

과 유사하고 비교적 단기간에 나타난 인구 집단이라는 점에서는 일본의 단
카이 세대와는 차이를 보인다. 한편 고령화의 진전 정도나 이전 세대와 인
구 규모의 차이가 큰 베이비부머의 특징은 일본의 단카이 세대와 유사성이
있다. 즉, 베이비붐 세대의 시기와 규모에 있어서 미국, 일본과의 차이를 통
해 한국 베이비붐 세대의 특징을 분명하게 하고 이것을 바탕으로 향후 베이
비부머 인구 집단의 사회적 영향을 살피고 대응책을 마련해야 한다.

나아가 미국과 일본의 베이비붐 세대에 비해 늦게 형성된 한국 베이비붐
세대에 대한 연구와 대책을 이들 두 나라의 경우로부터 참고하여, 미국형
베이비붐 세대와 일본형 베이비붐 세대의 형성과 파급효과를 장기/단기 그
리고 사회문화적, 정책적 특징에 따라 구분하여 볼 필요가 있다.

■ 참고문헌

김명중(2005). 일본의 베이비붐 세대의 퇴직이 노동시장에 미치는 영향. 국제노동브리프, 3(9), 65-78.

김상철(2008). 일본 고령친화적 기업경영정책의 최근 동향. 국제사회보장동향, 봄호, 2-18.

김순옥(2010). 베이비붐 세대의 은퇴와 국민연금재정, 연금포럼, 봄호, 20-27.

김영민(2006). 베이비붐 세대의 인구학적 특징. 석사학위논문, 한국교원대학교 대학원.

김용하, 임성은(2011). 베이비붐 세대의 규모, 노동시장 충격, 세대 간 이전에 대한 고찰. 보건사회연구, 31(2), 36-59.

김정석(2007). 고령화의 주요 사회이론과 담론. 한국노년학, 27(3), 667-690.

김준영(2011). 일본의 베이비붐 세대의 은퇴와 고령자 고용확보 조치에 관한 연구: 한국에의 시사점. 한일경상논집, 50, 3-35.

김태헌(2010). 우리나라 인구전개에서 베이비붐 세대의 의미. 연금포럼, 봄호, 4-11.

나일주, 임찬영, 박소화(2008). 한국 베이비붐 세대의 은퇴 대비를 위한 정책 방향: 국가인적개발측면에서. 노인복지연구, 42, 151-174.

류애정(2010). 베이비붐 세대 지원을 위한 사회보장적 방향성 모색: 일본사례검토를 통해. 한국 사회보장학회 추계정기학술대회 및 복지재정 DB 학술대회 자료집, 75-101.

변미리(2010). 서울의 베이비비 붐 세대, 도시의 미래를 변화시킨다. 서울시정개발연구원 정책리포트, 71, 1-19.

선우덕(2006). 일본의 고령화 사회대책. 국제사회보장동향, 여름호, 86-98.

이재흥(2010). 미국의 고령자 고용 동향과 고용정책. 국제노동브리프, 8(3), 42-56.

정기룡(2010). 일본의 고령화 사회와 베이비붐 세대에 관한 문화적 분석. 日本硏究, 43, 36-60.

정호성(2010). 단카이 세대 은퇴에 따른 일본 부동산시장의 변화와 전망. 한국주택학회 학술대회 발표논문집, 23-41.

정후식(2005). 일본 베이비붐 세대 퇴직의 영향과 정책대응. 서울: 한국은행.

통계청(2009). 경제활동인구연보. 대전: 통계청.

통계청(2010). 통계로 본 베이비붐 세대의 어제, 오늘 그리고 내일. 대전: 통계청.

통계청(2010). 2010 고령자 통계. 대전: 통계청.

鈴木亘, 鈴木玲子, & 八代尙宏 (2003). 日本の医療制度をどう改革するか－2003年度健康保険法改正案の批判的展望. In 八代尙宏編・日本経済研究センタ―, 社会保障改革の経済学. 東洋経済新報社.

大阪市信用金庫 (2006). アンケ―ト調査: 中小企業における中小企業における「2007年問題」への対応等. Retrieved from http://www.osaka-city-shinkin.co.jp/

houjin/keiei/pdf/2006/2006-08-09.pdf

国立社会保障・人口問題研究所 (2002). 日本の將來推計人口. Retrieved from http://www.ipss.go.jp/pp-newest/j/newest03/newest03.asp

總務省統計局 (2011). 國勢調査. Retrieved from: http://www.stat.go.jp/data/kokusei/2010/

厚生労働省(2010). 平成22年高年齡者の雇用状況集計結果. Retrieved from: http://www.mhlw.go.jp/stf/houdou/2r9852000000uosd.html

Attanasio, O. P., & Paiella, M. (2001). Household Savings in the U.S.A. *Research in Economics, 55*(1), 109-132.

Butz, William P., & Michael, P. W. (1979). The Emergence of Countercyclical U. S. Fertility. *American Economic Review, 69*(3), 318-328.

CBO(United States Congressional Budget Office) Study. (2003). Baby Boomers' Retirement Prospects: an overview. Retrieved from http://www.cbo.gov/sites/default/files/cbofiles/ftpdocs/48xx/doc4863/11-26-babyboomers.pdf

Easterlin, R. A. (1961). The American Baby Boom in Historical Perspective. *American Economic Review, 51*(5), 869-911.

Easterlin, R. A. (1968). The American Baby Boom in Historical Perspective. In Easterlin, R. A., *Population, Labor Force, and Long Swings in Economic Growth: The American Experience*(pp. 76-110). National Bureau of Economic Research.

Eugene, S., & Adam, C. (2003, March 31). Lifetime Social Security and Medicare Benefits[Web log post]. Retrieved from http://www.urban.org/publications/310667.html

Fredrica D. K., & Demetra S. N. (2001). Aging baby boomers in a new workforce development system. U.S. Department of Labor Employment and Training Administration. Retrieved from www.doleta.gov/Seniors/other_docs/AgingBoomers.pdf

Jeremy, G., Ananth, S., & Guillaume, V. (2005). The Baby Boom and Baby Bust. *The American Economic Review, 95*(1), 183-207.

Julie, M. W. (2007). Unemployment and Older Workers. *Congressional Research Service Report.*

Macunovich, D. J. (2002). The Baby Boomers. in David Ekerdt (ed.), *Encyclopedia of Aging*, New York: Macmillan Reference, Webpage: http://www.whitehair365.com/support-files/baby_boomers.pdf

Matthias, D., Moshe, H., & Yishay, M. (2007). The Baby Boom and World War II: A Macroeconomic Analysis(NBER Working Paper No. 13707). Retrieved from National Bureau of Ecomonic Research Website: http://www.nber.org/papers/w13707

Robert, H., & Giuseppe, N. (1989). Population Ageing: Economic Effects and Some Policy Implications for Financing Public Pensions, *OECD Journal: Economic Studies, 12,* 51-96.

베이비부머의 경제적 특징

1. 서 론

　우리나라 인구의 14.6%를 차지하고 있는 베이비부머 세대(1955~1963년
생)는 유년기부터 현시점까지 다양한 경제적 · 사회적 변화를 경험한 세대
라고 할 수 있다. 이들은 1950년대 한국전쟁 이후 절대적 빈곤국가에서
태어나, 압축적 경제성장과 급격한 사회변화를 경험한 세대다. 1960년에
태어난 베이비부머 세대는 1인당 국민소득이 79달러였던 시대에 태어나
2010년 50세가 되면서 1인당 국민소득이 20,562달러에 이르는 경제적 변
화를 체험하였다. 사회적으로는 1961년 5.16 군사혁명과 1972년 새마을
운동을 경험하였고, 1988년 국민연금도입과 1989년 전국민 의료보험도입
을 통해 노후소득과 의료보장이라는 사회안전망을 준비하기도 하였다. 하
지만, 급격한 경제성장과 더불어 1998년 IMF 외환위기와 1998년 리먼브
라더스 도산으로 비롯된 글로벌 금융위기를 겪으면서 고용시장의 불안정과
소득의 감소를 경험한 세대이기도 하다.

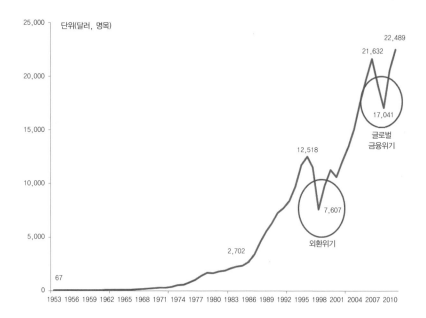

그림 2-1 베이비부머 세대의 생애별 1인당 국민소득 변화

출처: KOSIS (www.kosis.kr)

베이비부머 세대가 전 생애를 통해 경험한 다양한 사회·경제적 변화는 이들이 2010년 55세에 도달하게 되고 노후를 맞이하게 되면서 이들의 경제적 특징에 그대로 반영되었다. 따라서 이 장에서 살펴볼 베이비부머의 경제적 특징과 도출될 대응과제들은 베이비부머 세대의 현재 상황이 아닌 이들의 성장과정에 나타난 사회·경제적 배경을 기반으로 이해하고 해석되는 것이 필요하다. 이 장에서 언급되는 베이비부머의 경제적 특징은 통계청의 「2006년 가계자산조사(2007)」「2010년 가계금융조사(2011)」「2011년 가계금융조사(2012)」, 한국보건사회연구원·서울대학교의 「제7차 한국복지패널(2013)」 등에 기반을 두고 소득, 자산 및 부채 그리고 빈곤을 중심으로 살펴보았다.

2. 베이비부머의 소득현황

 통계청의 2006년 가계자산조사와 2011년 가계금융조사결과에 의하면 베이비부머 세대는 노동시장에서 생산활동을 가장 활발히 하고 있는 세대로 연평균 가계 소득이 다른 연령대 가구주의 연평균 처분가능 소득에 비해 높은 것으로 나타났다. 베이비부머 세대의 연평균 소득은 2006년에는 3,954만 원, 2011년에는 5,067만 원으로 증가하였으며, 연평균 소득 증가율은 28.2%로 높게 나타났다. 하지만, 같은 기간에 65세 이상 가구주의 처분가능 소득은 1,897만 원(2006년)에서 1,720(2011년)으로 9.3% 감소하였고, 전체 인구는 3,421만 원(2006년)에서 4,012만 원(2011년)으로 17.3% 증가하였다. 이는 전체 인구의 소득증가율보다 10.9% 포인트 높고, 65세 이상의 고령층에 비해서는 무려 37.5%포인트 높아 2006~2011년 사이에 베이비부머 세대의 소득이 다른 세대에 비해 빠르게 증가하였음을 보여 주고 있다.

표 2-1 가구주 연령별 소득변화
(단위: 만 원, %)

구분	전체	베이비부머 이후 세대 (1968~1974년생)	베이비부머 세대 (1955~1963년생)	65세 이상
2006년	3,421	3,691	3,954	1,897
2011년	4,012	4,902	5,067	1,720
증가율	17.3	32.8	28.2	-9.3

주: 베이비부머 이후 세대는 1968~1974년생을 기준
출처: 통계청(2007). 2006년 가계자산조사; 통계청(2012) 2011년 가계금융조사

베이비부머 세대의 출생연도별 소득 수준(경상소득기준)을 살펴보면 가장 나이가 적은 1963년은 4,279만 원으로 베이비부머 세대 중 가장 낮은 소득수준을 보였고 연령이 증가할수록 소득도 함께 증가하는 경향을 보이다가 1958년을 정점으로 다시 감소하는 역 U자 형태를 취하고 있다. 이는 임금곡선이 연령이 증가하면 우상향하다가 어느 시점에 상승정도가 점차 감소하여 역 U자 곡선 형태를 띄고 있어 기존 연구와 유사한 결과를 보여 주고 있다(최강식, 김민준, 2011).

표 2-2 **출생연도별 베이비부머의 경상소득 현황(2010년 기준)** (단위: 만 원)

1955 (55세)	1956 (54세)	1957 (53세)	1958 (52세)	1959 (51세)	1960 (50세)	1961 (49세)	1962 (48세)	1963 (47세)
4,488	4,935	4,874	5,023	4,824	4,890	4,458	5,021	4,279

출처: 통계청(2011). 2010년 가계금융조사

지니(GINI)계수를 활용한 출생코호트별 소득 불평등도를 살펴보면 일반적으로 55세 이하의 연령집단의 소득불평등정도가 56세 이상 중·고령층의 소득불평등에 비해 상대적으로 낮은 것으로 나타나, 연령이 증가하면 소득불평등을 나타내는 지니계수도 함께 상승하는 경향을 보였다. 하지만, 〈표 2-3〉에서 나타난 것처럼 베이비부머 세대의 경우 지니계수가 28세에서 45세까지 증가한 후 51~55세에 이르기까지 다소 감소하고 있어 이전 출생코호트와는 다른 경향을 보이고 있다.

표 2-3 출생집단별 지니계수비교

출생년도 / 연령	베이비부머	1951~1954	1946~1950	1941~1945	1936~1940	1931~1935	1926~1930	1925 이전
28~35	0.2945							
36~40	0.3185	0.2931						
41~45	0.3404	0.3134	0.3285					
46~50	0.3253	0.3221	0.3146	0.3165				
51~55	0.2963	0.3346	0.3369	0.3076	0.3133			
56~60		0.2941	0.3459	0.5057	0.3334	0.3328		
61~65			0.3255	0.3699	0.3667	0.3744	0.3509	
66+				0.2957	0.3792	0.4162	0.5315	0.2833

주: 지니계수는 가계동향조사를 이용한 것으로 1991년부터 1996년, 2001년, 2006년까지 매 5년 간격으로 총 20년의 가구소득변화를 조사
출처: 정경희(2011). 베이비붐 세대 은퇴 및 고령화에 따른 정책수립 방향연구

3. 자산 현황

베이비붐 세대 가구의 총 자산 규모는 1955년생이 55세가 되고, 1963년생이 47세가 되는 2010년 기준으로 3억 4천만 원인 것으로 조사되었으며, '부동산자산'과 '금융자산 등'의 비중은 8:2로 부동산 자산의 비중이 상대적으로 매우 높게 나타났다. 세대별 자산규모를 비교해 보면 베이비부머 세대가 가장 높아 베이비부머 이전 세대의 총 자산 평균 3.1억 원 (2010년 기준)과 베이비부머 이후 세대의 총 자산 평균 2.1억 원(2010년 기준) 보다 높은 수준이다. 총 자산에서 부동산을 제외한 '금융자산분야(금융자산, 전월세

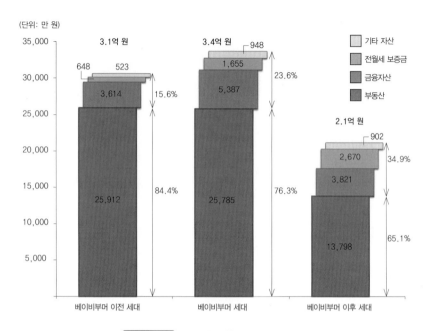

그림 2-2 세대별의 총 자산 규모 변화

주: 기타자산에는 자동차, 회원권, 예술품, 귀금속 등 포함
출처: 통계청 (2011). 2010년 가계금융조사

보증금, 기타자산)'를 살펴보면 베이비부머 세대의 경우 약 8천만 원을 소유
하고 있어 이전 세대(5,785만 원)와 이후 세대(7,393만 원)보다 높았다. 특히
베이비부머가 소유하고 있는 '금융자산분야' 중에서 전월세 보증금이 전체
'금융자산분야'의 20.7%를 차지하고 있었는데, 이는 이후 세대의 36.1%보
다는 낮고 이전 세대의 13.5%보다는 높은 수준을 보였다. 베이비부머의 총
금융자산 중 유동성이 상대적으로 높은 '금융자산'과 '기타자산'의 비중은
전체 '금융자산분야'의 79.3%를 차지하고 있는 것으로 조사되었다.

　일반적으로 총 자산에서 부동산은 유동성이 낮아 안정적인 수입원이 되
는데 한계가 있기 때문에, 베이비부머의 임금소득이 감소하는 경우 노후소
득 안정에 어려움을 줄 가능성이 크다고 할 수 있다. 안정적인 노후소득 보

장을 위해서는 유동성이 상대적으로 높은 금융자산을 확보하는 등 자산보유 패턴을 다양화하는 것이 요구되며, 부동산이 주요 은퇴자산인 노인들을 위해서는 주택연금제도 등을 활성화하는 방안도 모색하는 것이 필요하다.

실제적으로 우리나라에서는 다음 〈표 2-4〉에서 보는 바와 같이 생애주기 동안 연령과 금융자산보유액 간에 역U자형 관계가 나타나고 있을 뿐만 아니라, 연령대가 높아질수록 금융자산의 비중이 감소하는 현상이 심화되고 있다. 베이비부머 이전 세대(1954년 이전 출생 세대)인 고령층들의 경우 총 자산에서 차지하는 금융자산 부문은 15.6%에 불과한 실정이며, 베이비

표 2-4 베이비부머 출생연도별 총 자산 및 부동산 보유현황(2010년 기준)

(단위: 만 원)

출생년도	총 자산(C)	구분		
		부동산(A)	금융자산(B)	B/C
1955	35,450	28,184	7,266	20.5
1956	34,446	27,181	7,265	21.1
1957	33,928	26,597	7,331	21.6
1958	39,367	30,572	8,795	22.3
1959	33,516	24,725	8,791	26.2
1960	36,243	28,373	7,870	21.7
1961	32,202	24,463	7,739	24.0
1962	32,138	23,199	8,939	27.8
1963	26,602	19,121	7,481	28.1
베이비부머(1955~1963 평균)	33,775	25,785	7,990	23.7
베이비부머 이전(1954 이전 평균)	30,697	25,913	4,784	15.6
베이비부머 이후(1964 이후 평균)	21,191	13,798	7,393	34.9

주: '금융자산 등'은 총 자산에서 부동산을 제외한 금융자산, 전월세 보증금, 기타자산을 포함
출처: 통계청(2011). 2010년 가계금융조사

부머 세대는 23.7%로 8.1% 포인트 높으며, 베이비부머 이후 세대(1964년 이후 출생 세대)는 34.9%로 고령층에 비해 19.3% 포인트 높은 것으로 나타났다. 따라서 베이비부머 세대의 고령화가 더욱 심화될수록 유동성이 강한 금융자산보다는 부동산에 집중하는 형태를 취할 것으로 예측된다.

베이비부머 세대가 소유한 자산 중 많은 비중을 차지하고 있는 부동산을 세부적으로 살펴보면 '거주주택' 비중은 53.3%, '거주주택 이외' 비중은 46.7%를 차지하고 있었다. 부동산 자산을 보유하고 있는 베이비부머를 대상으로 총 자산규모 기준 5분위별 분석을 하면 총 자산을 많이 소유하고 있는 경우 거주주택보다는 토지 주택, 건물 등 다양한 부동산을 보유하고 있는 것으로 조사되었다. 특히 총 자산규모가 가장 높은 5분위 베이비부머 세

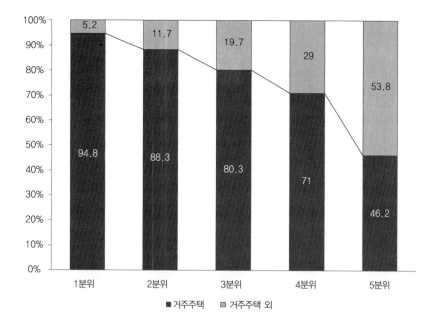

그림 2-3 베이비부머 총 자산 5분위별 부동산 자산 구성

출처: 통계청(2011). 2010년 가계금융조사; KB금융지주 경영연구소(2011). 베이비부머 세대의 은퇴 이후 자산여력 진단

대는 '거주주택 외' 부동산 규모가 3.7억으로 4분위의 0.6억보다 무려 약 6배, 1분위의 70만 원보다 500배가량 높은 것으로 나타났다. 이는 총 자산 규모가 낮은 베이비부머 세대는 자신이 거주하고 있는 거주주택이 총 자산 의 대부분을 차지하고 있으나, 총 자산규모가 높은 베이비부머 세대의 경우 거주주택 외 자산비중이 점차 증가하고 있으며, 특히 주택보다는 토지부분 이 많은 비중을 차지하고 있는 것으로 조사되었다.

표 2-5 베이비부머 총 자산 5분위별 거주 주택 부동산 보유 현황

구분		1분위	2분위	3분위	4분위	5분위	전체
규모(백만 원)		0.7	6.3	20.4	59.6	373.5	164.2
보유 비중 (%)	토지	89.4	58.0	54.7	52.4	43.7	44.9
	주택	10.6	42.0	42.2	38.4	33.1	33.9
	건물	0.0	0.0	3.2	8.4	22.3	20.2
	기타	0.0	0.0	0.0	0.8	1.0	0.9
계		100.0	100.0	100.0	100.0	100.0	100.0

출처: 통계청(2011). 2010년 가계금융조사; KB금융지주 경영연구소(2011). 베이비부머 세대의 은퇴 이후 자산여력 진단

4. 부채 및 순 자산 현황

2010년 가계금융조사에 의하면 베이비부머 세대의 부채규모는 이전 세 대(1954년 이전)와 이후 세대(1964년 이후)에 비해 높게 나타났다. 베이비 부머 세대의 총 부채규모는 5,761만 원으로 1954년 이전 출생한 세대의 3,506만 원보다 1.6배, 1964년 이후 출생한 세대의 4,124만 원보다 1.4배

높은 수준을 유지하였다. 이는 개인들이 주택담보대출을 통해 주택을 구입하는 우리나라의 특수한 환경과 조기퇴직 후 자영업 등으로 전업하면서 부채가 증가하는 최근 경향을 나타내고 있는 것으로 보인다. 또한 베이비부머 세대가 50대 초반에 이르면서 자녀들의 학자금 또는 결혼 비용까지도 상당 부분 감당하는 현실을 반영한다고 볼 수 있다.

표 2-6 **세대별 부채 보유현황**

(단위: 만 원)

구분	전체	세대별		
		이전 세대 (1954년 이전)	베이비부머 세대 (1955~1963년)	이후 세대 (1964년 이후)
부채총액	4,263	3,506	5,761	4,124

출처: 통계청(2011). 2010년 가계금융조사.

베이비부머 세대의 소득분위별 총 부채 규모를 보면 소득이 높을수록 부채규모도 증가하고 있는 것으로 나타났다. 예를 들면, 소득수준이 높은 5분위의 총 부채규모는 소득수준이 낮은 1분위에 비해 8.5배 높았다. 하지만, 총 저축과 총 자산을 동시에 감안한 순 자산규모를 보면 소득수준이 높을수록 총 저축과 총 자산규모가 증가하여 총 자산에서 부채규모를 제외한 순 자산규모는 오히려 고소득층이 저소득층보다 높게 조사되었다. 즉, 소득수준이 높은 집단은 소득수준이 낮은 집단에 비해 부채 규모와 더불어 총 저축과 총 자산규모도 상대적으로 높아 순 자산규모도 높게 나타났다. 특히, 소득이 가장 높은 5분위의 순 자산 규모는 5억 2,917만 원으로 소득이 가장 낮은 1분위의 순 자산 규모 4,558만 원보다 약 12배 높은 것으로 조사되었다. 이는 총 자산에서 총 부채가 차지하는 비율이 소득수준이 낮을수록 높아 저소득 베이비부머가 고소득 베이비부머보다 부채에 대한 부담이 높기 때문이다.

표 2-7 베이비부머 세대의 소득분위별 순 자산 현황　　(단위: 만 원, %)

구분	총 자산(A)	총 저축(B)	총 부채(C)	총 자산대비 부채비율 (C/A×100)	순 자산(A-C)
전체	33,775	7,042	5,761	17.1	28,015
1분위	5,852	1,767	1,294	22.1	4,558
2분위	12,675	3,236	2,310	18.2	10,366
3분위	20,035	4,646	3,480	17.4	16,556
4분위	32,918	6,687	5,230	15.9	27,688
5분위	63,922	12,665	11,005	17.2	52,917

출처: 통계청(2011). 2010년 가계금융조사.

　　혼인상태별 순 자산 현황을 보면 베이비부머 세대 중 유배우자의 경우 다른 혼인상태인 사별, 이혼, 미혼보다 총 자산 및 순 자산이 높은 것으로 나타났다. 특히 배우자 사별의 경우, 총 자산 및 순 자산의 규모가 다른 혼인상태보다 상대적으로 낮아 배우자 사별과 베이비부머의 자산규모 간에 관계가 있는 것으로 보인다(김정근, 2014). 총 자산 대비 부채 비율은 이혼 및 미혼의 경우 가장 낮게 나타났으며, 사별의 경우 가장 높은 수치를 기록하고 있다.

표 2-8 베이비부머 세대의 혼인상태별 순 자산 현황　　(단위: 만 원, %)

구분	전체	유배우자	사별	이혼	미혼
총 자산(A)	33,775	37,171	9,121	18,207	13,114
총 부채(B)	5,761	6,714	1,897	2,206	1,631
순 자산(C)	28,015	32,457	7,224	16,000	11,483
총 자산대비 부채비율 (B/A×100)	17.06	18.06	20.80	12.12	12.44

출처: 통계청(2011). 2010년 가계금융조사

베이비부머의 교육수준에 따른 자산 및 부채 현황을 살펴보면 일반적인 예상처럼 교육수준이 높을수록 자산규모와 부채규모도 증가하고 있는 것으로 나타났다. 대졸인 경우 총 자산규모는 5억 4천만 원으로 초등학교 이하의 학력을 가진 베이비부머 세대가 가지고 있는 총 자산규모 1억 5천만 원보다 3.6배 높은 수준을 보였다. 총 자산대비 부채 비율은 학력에 따라 V자 형태를 보이고 있는데 초등학교 학력이하의 경우 16.6%, 중학교 졸업의 학력을 가진 경우에는 16.1%로 가장 낮았으며 고졸 및 대졸학력의 경우에는 다시 증가하여 각각 17.1%, 17.3%를 기록하고 있다.

베이비부머의 고용형태별 자산 및 부채현황을 살펴보면 자영업자의 경우 총 자산과 총 부채 그리고 총 자산대비 부채 비율에서 가장 높은 수치를 기

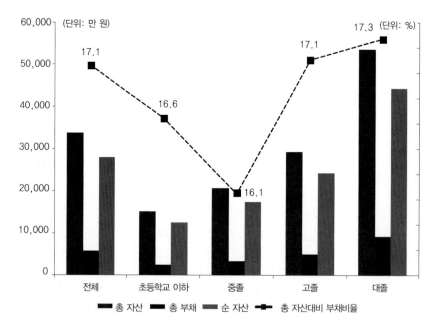

그림 2-4 베이비부머 세대의 교육수준별 순 자산 현황

출처: 통계청(2011). 2010년 가계금융조사

록하고 있었다. 자영업에 종사하는 베이비부머들은 총 자산이 약 4억 4천만 원으로 임시 및 일용직 종사자의 총 자산 약 1억 2천만 원에 비해 약 4배가량 높았으며, 상용직 종사자의 자산 3억 7천만 원에 비해서도 약 1.2배 높은 수준을 보이고 있다. 하지만, 총 부채 규모에 있어서도 자영업에 종사하는 베이비부머들이 가장 높은 약 9천만 원을 가지고 있어, 상용직 종사자들의 부채규모 5천만 원보다도 약 4천만 원 가량 많은 것으로 조사되었다. 따라서, 총 부채가 총 자산에서 차지하고 있는 비율도 자영업에 종사하는 베이비부머가 가장 높은 20.2%를 보이고 있으며, 임시·일용직 17.8%, 무급 및 기타 18.1%, 상용직 13.8% 순으로 나타났다.

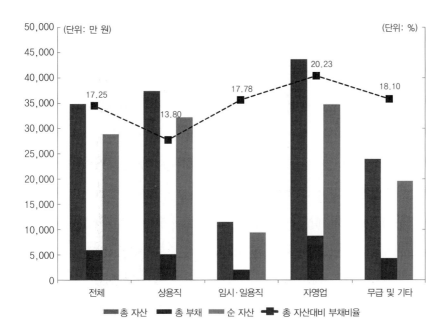

그림 2-5 베이비부머 세대의 고용형태별 순 자산 현황

출처: 통계청(2011). 2010년 가계금융조사

5. 베이비부머의 빈곤율 실태

제7차 한국 복지패널 원자료를 분석한 결과에 의하면 베이비부머 중 기초
생활보장급여를 받고 있는 비율은 우리나라 전체 인구의 기초생활보장급여
수급률보다 높은 수준을 보이고 있다. 베이비부머의 기초생활수급 비율은
5.4%로 전체 인구의 수급비율인 2.7%보다 2.7%포인트 높았으나, 65세
이상 고령층의 수급비율 6.6%에 비해 1.2%포인트 낮았다.

표 2-9 **연령별 국민기초생활수급비율**

구분	전체 인구	65세 이상 고령층	베이비부머
수급비율(%)	2.7	6.6	5.4

출처: 보건복지부(2012) 2011년 국민기초생활보장 수급자 현황; 한국보건사회연구원 · 서울대학교
(2013) 제7차 한국 복지패널 원자료

베이비부머 세대가 국민기초생활급여를 받게 된 원인을 살펴보면 '소득
이 발생하였던 일을 그만 두게 되어서'가 가장 높은 비율(37.9%)을 차지하
고 있어 일의 중단이 베이비부머의 가장 큰 빈곤 원인으로 지적되었다. 그
외 원인들은 '일은 하고 있었지만 수입이 줄어서(18.1%)' '의료비 지출이
커져서(17.8%)' 순으로 나타나 근로소득의 감소와 과도한 의료비 지출 등
도 베이비부머의 경제적 빈곤을 야기하는 원인으로 조사되었다. 무엇보다
도 국민기초생활급여를 받는 베이비부머 중 73.8%는 빈곤을 탈피하는 것
이 앞으로도 불가능할 것이라고 생각하고 있어 고령화가 진행되면서 이들
의 빈곤상태는 지속 또는 심화될 것으로 예상된다.

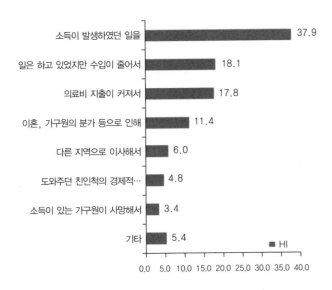

소득이 발생하였던 일을 ████████████████ 37.9

일은 하고 있었지만 수입이 줄어서 ████████ 18.1

의료비 지출이 커져서 ████████ 17.8

이혼, 가구원의 분가 등으로 인해 ██████ 11.4

다른 지역으로 이사해서 ███ 6.0

도와주던 친인척의 경제적… ██ 4.8

소득이 있는 가구원이 사망해서 █ 3.4

기타 ██ 5.4

■ HI

0.0 5.0 10.0 15.0 20.0 25.0 30.0 35.0 40.0

그림 2-6 베이비부머가 국민기초생활급여를 받게 된 이유

주: 모수 추정 가중치를 사용한 수치

출처: 한국보건사회연구원 · 서울대학교(2013). 제7차 한국 복지패널 원자료

6. 사회 안전망 실태: 4대 사회보험 가입현황

　사회안전망은 질병, 노령, 장애, 실업 등 예기치 않은 어려움이 발생하는 경우 빈곤이라는 경제적 위험으로부터 개인을 보호하기 위한 사회적 · 제도적 예방활동이다. 따라서 베이비부머 세대의 사회안전망 실태를 살펴보는 것은 이들의 경제적 특성이 미래에도 지속될 수 있는지를 결정하는 중요한 요소들이며, 우리 사회가 베이비부머의 고령화를 제도적으로 얼마나 준비하고 있는가를 보여 주는 지표가 될 수 있다.

1) 공적연금 가입실태

제7차 한국복지패널 원자료를 분석한 결과에 의하면 우리나라 베이비 부머들의 약 70%가 공적연금에 가입 또는 수급 상태인 것으로 나타났으 며, 국민연금이 베이비부머들이 가입한 공적연금들(국민연금, 공무원연금, 사학연금, 군인연금) 중 가장 보편적인 공적연금으로의 역할을 수행하고 있었 다. 공적연금 종류별 가입현황을 보면 국민연금이 베이비부머 세대가 가 입한 공적연금의 91.3%를 차지하고 있었으며, 공무원연금 7.2%, 사학연 금 1.3%, 군인연금 0.2% 순으로 나타났다. 중위가구 소득 60% 기준에 의 한 소득계층별 공적연금 가입률을 보면 저소득가구에 거주하는 베이비부머 의 가입률(50.8%)이 일반가구 베이비부머의 가입률(68.7%)에 비해 낮은 것 으로 조사되었다. 특히, 공적연금 가입자 및 수급자의 무소득 배우자 및 국 민기초생활보장제도의 수급자들을 포함하는 공적연금 '비 해당' 비율이 일 반가구에 비해 저소득가구가 약 2배가량 높아 저소득 베이비부머의 경제적

표 2-10 **베이비부머 세대의 공적연금 가입 및 수급률(%) 현황[1]**

구분		전체	일반가구 (중위소득 60%이상)	저소득가구 (중위소득 60%이하)
해당	소계	68.7	71.2	53.4
	연금수급	2.3	2.3	2.0
	연금가입	66.3	68.8	50.8
	미가입	0.1	0.1	0.6
비해당[2]		31.3	28.8	46.6

주: 1) 모수추정 가중치를 사용한 수치
　　2) 비해당은 공적연금가입자 및 수급자의 무소득배우자, 국민기초생활보장제도 수급자를 포함
출처: 한국보건사회연구원 · 서울대학교(2013). 제7차 한국 복지패널 원자료

어려움이 고령화 진전에 따라 지속 또는 심화될 것으로 예상된다.

또한 베이비부머 세대 중 약 70%가 국민연금에 가입되어 있지만, 가입한 베이비부머 중 1/4이 국민연금을 납부하지 않고 있어서 국민연금의 실효성 문제가 제기될 수 있다. 특히, 소득계층별로 보면 국민연금에 가입한 베이비부머 중 저소득가구의 미납률(56%)은 일반가구의 미납률(21.5%)의 2배를 상회하고 있어, 저소득 베이비부머의 실질적인 국민연금가입 상태는 일반가구 베이비부머에 비해 상대적으로 열악하다고 볼 수 있다. 베이비부머들이 국민연금을 미납한 대표적인 이유는 '생활곤란(59.6%)'과 '실직, 휴직, 사업 중단(36.1%)' 등 경제적 이유가 가장 높게 나타나, 국민연금납입을 하지 못하는 저소득 납부예외자에 대한 대책이 요구된다.

현재 국민연금을 받고 있는 베이비부머의 경우에는 수급액 수준이 낮아 국민연금의 본래 기능인 노후소득보장이라는 역할을 수행하는 데 어려움이 있는 것으로 보인다. 전체 베이비부머 중 2012년 현재 국민연금을 받고 있는 베이비부머의 월 평균 수급액은 27.5만 원 수준이며, 이를 소득계층으로 구분하면 중위소득 60% 이상인 일반가구에 속하는 베이비부머는 월 평균 28.7만 원을, 중위소득 60% 미만인 저소득가구 베이비부머는 평균 약 21.8만 원을 국민연금으로부터 받고 있는 것으로 조사되었다.

2) 건강보험, 산재보험, 고용보험 가입현황

베이비부머 세대의 건강보험가입률은 95%로 대부분이 건강보험제도에 의해 보호를 받고 있다고 할 수 있다. 특히, 중위 소득 60% 이하에 속하는 저소득가구 거주 베이비부머들은 의료급여로 인해 건강보험 미가입률이 0.6%로 매우 낮은 수준을 보이고 있다.

건강보험의 종류에 있어서는 중위 소득 60%이상에 속하는 일반가구의 경우 직장가입자 비율이 상대적으로 높았으며, 저소득가구의 경우에는 이와 반대로 지역가입자인 경우가 높은 것으로 조사되었다. 일반가구 거주 베이비부머의 직장가입자 비율은 66%, 저소득가구 거주 베이비부머의 지역가입자 비율은 46%를 기록하고 있다.

표 2-11 베이비부머 세대의 건강보험가입률 현황
(단위: %)

구분		전체	일반가구 (중위소득 60%이상)	저소득가구 (중위소득 60%이하)
가입자 및 피부양자	소계	95.1	99.2	70.7
	직장 건강보험	60.1	65.9	25.1
	지역 건강보험	35.0	33.3	45.6
의료급여		4.8	0.8	28.7
미가입		0.1	0.04	0.6

주: 모수 추정 가중치를 사용한 수치
출처: 한국보건사회연구원 · 서울대학교(2013). 제7차 한국 복지패널 원자료

　　건강보험을 미납한 경험은 저소득가구 거주 베이비부머들이 일반가구 거주 베이비부머에 비해 상대적으로 높게 나타났다. 일반가구 거주 베이비부머의 0.64%가 건강보험을 미납한 경험이 있는 것에 비해 저소득가구 거주 베이비부머는 5.25%로 8배가량 높은 비율을 보였다.

　　임금근로자를 대상으로 하고 있는 산재보험과 고용보험의 경우에는 베이비부머 임금근로자 열 명 중 여섯 명만이 가입한 상태였으며, 약 40%는 산업재해와 실업에 의한 위험으로부터 사회적 보호를 받고 있지 못하고 있는 것으로 조사되었다. 특히, 소득 수준이 낮은 저소득가구 거주 베이비부머

임금근로자의 경우 산재보험과 고용보험에 가입하지 않은 비율이 높아, 저소득 임금근로자를 보호하기 위한 사회보험의 근본적 취지와는 다른 결과를 보이고 있다.

저소득가구 거주 베이비부머 임금근로자의 경우 산재보험 및 고용보험 미가입율이 각각 65.5%, 57.8%로 일반가구 거주 베이비부머 임금근로자의 미가입율 38.2%, 38.3%보다 높은 수준을 보이고 있었다. 이는 저소득가구의 경우 산재보험과 고용보험을 제공하는 상용직 임금근로자 비율이 일반가구에 비해 낮기 때문으로 추정된다. 제7차 한국 복지패널 원자료에 의하면 일반가구 거주 베이비부머 임금근로자 중 상용직 근로에 종사하는 비율은 30.7%인데 비해 저소득가구 거주 베이비부머의 경우에는 상용직 근로자 비율이 6.9%로 일반가구에 비해 무려 23.8% 포인트 낮은 수준을 기록하였다.

표 2-12 베이비부머 임금근로자의 산재보험 및 고용보험가입률

(단위: %)

구분	산재보험			고용보험		
	전체	일반가구	저소득가구	전체	일반가구	저소득가구
소계	100.0	100.0	100.0	100.0	100.0	100.0
가입	60.2	61.8	44.5	59.7	61.7	42.2
미가입	39.8	38.2	65.5	40.3	38.3	57.8

주: 모수 추정 가중치를 사용한 수치
출처: 한국보건사회연구원 · 서울대학교(2013). 제7차 한국 복지패널 원자료

베이비부머 임금근로자의 직종과 규모에 따른 산재보험과 고용보험 가입률 차이 분석에서도, 상용직에 근무하고 대규모 사업장에 근무하는 베이비부머 세대일수록 산재보험과 고용보험 가입률이 높은 것으로 조사되었다.

[그림 2-7]에서 제시한 것처럼 상용직 베이비부머 임금근로자의 산재보험과 고용보험 가입률은 각각 86.6%, 85%를 보이고 있으나, 임시직 및 일용직 베이비부머는 각각 37.5%, 35%로 낮은 수준을 보였다. 또한 300인 이상 규모의 사업장에 종사하는 베이비부머 임금근로자의 산재보험과 고용보험 가입률은 각각 87.9%, 87.7%, 5인 미만 사업장 종사자 베이비부머의 가입률은 각각 24.3%, 24.6%로 매우 큰 차이를 보이고 있다.

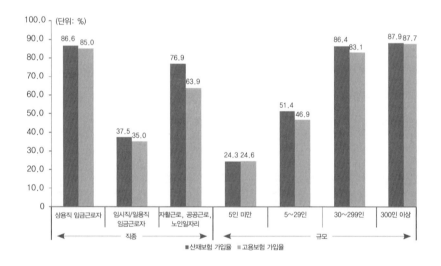

그림 2-7 베이비부머 임금근로자의 직종 및 규모별 산재보험과 고용보험가입률

주: 1) 모수추정가중치를 사용한 수치
  2) 산재보험과 고용보험의 적용을 받는 사업장에 소속되지 않은 자영자 및 농어민, 비경제활동 인구, 특수지역연금 가입자 등은 제외

출처: 한국보건사회연구원·서울대학교(2013). 제7차 한국 복지패널 원자료.

7. 결론

　OECD 국가 중 최고치를 기록하고 있는 우리나라의 노인 빈곤률이 미래에는 개선될 수 있을까?(OECD, 2012) 현재 우리나라 베이비부머 세대의 경제적 특징을 살펴보는 것은 2020년 65세에 진입하게 될 미래 한국노인 세대의 경제적 모습을 예측하여 노후빈곤 완화 방안들을 현재부터 준비할 수 있다는 점에서 매우 중요한 의미를 가지고 있다.

　결론적으로 경제적 수준의 관점에서 베이비부머 세대의 소득과 자산수준은 현재 65세 이상의 고령층보다 상대적으로 높다고 할 수 있다. 한국 경제의 발전과 성장을 몸소 경험하여 소득이나 자산 형성에 있어서 과거 고령층 세대보다는 사회적·경제적으로 준비할 여유가 있었던 세대였기 때문으로 추정된다. 하지만, 우리나라 자산구성의 기본적인 특징인 '부동산 중심의 자산구성'은 베이비부머 세대에도 나타나고 있음을 알 수 있다. 유동성이 높은 금융자산보다도 유동성이 낮은 부동산 비율이 상대적으로 높아 고령시기에 직면하게 될 질병, 실직, 장애 등 위험에 대처할 여력이 부족하여 노후의 경제적 위험을 증가시키는 요인으로 작용할 수 있다.

　베이비부머의 자산 규모를 결혼형태로 구분하여 보면 사별을 경험한 베이비부머의 총 자산규모는 다른 집단에 비해 낮고, 총 자산 대비 부채 규모는 가장 높게 나타나 사별집단에 대한 정책적 관심이 요구되고 있다. 특히 배우자 사별 후 혼자 사는 여성 노인의 경우 소득 감소를 경험하는 경향이 높아 '여성 노인 1인 가구'를 노인 복지정책의 표적 집단으로 설정해야 한다는 필요성이 증가하고 있다(김정근, 2011, 2014). 국민기초생활수급비율 측면에서는 베이비부머의 수급률이 65세 이상 고령층의 수급률보다는 낮지만, 국민전체의 수급률보다는 높아 연령 증가와 빈곤 위험의 상관관계가 여전히 존재하고 있음을 보여 주고 있다. 이를 위해서는 노후소득보장방안들이 근로능력이 왕성한 젊은 시기 때부터 이루어질 수 있도록 사회안전망의 조속한 확충이 요구되고 있다. 즉, 저소득층과 비정규직 근로자들이 노후를 준비할 수 있도록 국민연금, 건강보험, 산재보험 및 고용보험 등의 4대 보험 가입 확대방안들을 지속적으로 실행하고, 이들의 사회보험가입을 저해하는 요소들을 제거하여 정책의 실효성을 확대하는 것이 동시에 필요하다. 예를 들면, 사회보험료 부담이 기초생활보장수급자의 탈수급을 저해하지 않고, 근로참여의욕을 촉진시킬 수 있도록 현재 진행되고 있는 두루누리 사회보험지원사업의 확대도 검토해 볼 수 있다. 또한 임금근로자 중 고용보험에 가입하지 않은 베이비부머 규모가 예상보다 높아 저임금근로자를 대상으로 '실업부조' 등과 같은 기초적인 사회안전망을 확대하는 것도 고려해 볼 수 있다. 이미 영국, 독일, 프랑스, 스웨덴, 핀란드, 스페인 등은 실업부조를 실시하여 실직과 빈곤위험의 구조화를 개선하고 있어 고령층의 빈곤 감소를 위해서는 우리나라 실정에 맞는 실업부조를 검토하는 것도 바람직할 것으로 보인다(OECD, 2012).

본 내용은 저자의 의견이며, 저자가 속한 기관의 공식입장이 아님을 밝힘.

▐ 참고문헌

김정근(2011). 고령화시대의 노인 1인 가구: 소득변화의 특징과 시사점, 경제포커스 No. 357, 삼성경제연구소.

김정근(2014). 배우자 사별과 중·고령층의 소득수준. **한국노년학**, **34**(3), 649-664

보건복지부(2012). 2011년 국민기초생활보장 수급자 현황. 서울: 보건복지부.

정경희(2011). 베이비붐 세대 은퇴 및 고령화에 따른 정책수립 방향연구. 서울: 보건사회연구원.

최강식, 김민준(2011). 고령자 고용과 임금체계, **직업능력개발연구** 12, 127-154

통계청(2007). 2006년 가계자산조사. 대전: 통계청.

통계청(2011). 2010년 가계금융조사. 대전: 통계청.

통계청(2012). 2011년 가계금융조사. 대전: 통계청.

한국보건사회연구원, 서울대학교(2013). 제7차 한국복지패널.

KB금융지주 경영연구소(2011) 베이비부머 세대의 은퇴이후 자산여력 진단, CEO Report 2011-17

KOSIS (www.kosis.kr)

OECD (2012). *Employment outlook 2012*, Paris: OECD

OECD (2012). *Pensions at a glance 2012*, Paris: OECD

베이비붐 세대의 인적 자원 활용과 교육

1. 평생학습사회와 베이비붐 세대의 교육

한국 사회의 고령화가 세계 어느 나라보다도 급속히 진행됨에 따라 고령화 대책이 거의 마련되지 못하고 있는 현실에서 베이비붐 세대의 고령화에 대비한 교육의 필요성이 어느 때보다도 강조되고 있다. 이는 베이비붐 세대의 노후준비가 매우 취약하고 그들의 노후준비에 있어서 경제적 이유, 시간부족, 관심부족, 방법 모름 등의 어려움을 겪고 있기 때문이다(이소정, 2011). 그러므로 교육을 통하여 그들의 노후준비를 적극적으로 지원할 필요성이 높다.

더구나 베이비붐 세대는 2015년 현재 50대에 해당하는 이들로, 직장에서 퇴직준비 시기에 해당하거나 이미 퇴직하여 노동시장에 새롭게 진입해야 하는 사람들이다. 2010년부터 베이비붐 세대의 본격적 은퇴가 진행되고 있으며 이들의 은퇴는 노동력 부족, 생산력 약화로 인한 경쟁력 약화, 고령화에 따른 사회 전반적 문제들이 발생할 개연성이 증가하고 있다(손유미,

2014; 이시균, 2013).

　그러므로 우리 사회의 인구구조가 점차 고령화되어가는 현 시점에서 볼 때 베이비붐 세대는 한국경제성장의 주역으로서 그들은 숙련되고 풍부한 직업능력을 지니고 있으므로 그들에 대한 재교육을 바탕으로 새로운 인적 자원으로 활용함으로써 국가의 경제·사회적 발전에 기여할 수 있다. 또한, 이들은 인생 발달의 측면에서 볼 때는 성공적인 노화를 준비해야 하는 시기이다. 그러므로 베이비붐 세대를 대상으로 하는 교육은 세 가지 측면에서 필요하다. 첫째, 퇴직준비교육 혹은 은퇴준비교육으로서의 측면, 둘째, 재취업을 위한 직업능력 향상교육, 셋째, 고령화 준비교육으로 노년시기를 행복하게 보내도록 하기 위한 웰에이징(wellaging) 준비교육의 차원에서 필요하다. 이와 같이 세 가지 차원에서의 교육은 모두 고령자를 대상으로 하는 기존 노인교육의 맥락에서 살펴볼 수 있다. 즉, 베이비붐 세대를 대상으로 하는 교육은 노인교육의 측면에서 생각해 볼 수 있는 것이다.

　베이비붐 세대는 연령상 고령자는 아니지만 예비 고령자이기 때문에 초기 노년으로서의 노인교육 대상자다. 그러므로 이 장에서는 베이비붐 세대의 교육을 노인교육의 넓은 범주에서 바라보고 그 현황과 문제점에 대하여 논의해 보고자 한다.

　베이비붐 세대의 행복한 노후와 삶을 보장하기 위해서는 다양한 접근이 필요한데 그중 한 가지 접근은 교육적 전략으로 접근하는 것이다. 그리고 베이비붐 세대는 다양한 교육기회를 경험한 세대로 이들은 정규학교 교육과 기타 평생교육 영역에 대한 교육요구에서 어느 세대보다 높은 요구를 보이고 있다(손유미, 이성, 2011). 이 장에서는 베이비붐 세대의 교육은 평생교육이라는 교육의 최상위 개념의 한 영역에 해당한다고 보고 이 같은 베이비붐 세대 평생교육이 고령화 사회에서 고령자들의 사회적 삶에 있어서 어떠한 기여를 할 수 있으며, 현재 우리나라의 베이비붐 세대 교육 현황과 실태는 어떠하며, 향후 고령화 사회에 대비하는 베이비붐 세대 교육의 발전방향을 제시하고자 한다.

그렇다면 베이비붐 세대 교육은 무엇인가? 베이비붐 세대 교육은 평생학습사회의 도래와 함께 활성화되는 평생영역의 한 영역으로 이해되어야 한다. 베이비붐 세대 교육을 논의하기에 앞서서 평생학습사회에 대한 개관이 필요하고 이 같은 평생학습사회의 맥락 속에서 활성화되는 평생교육의 영역 속에서 베이비붐의 세대의 교육이 어떤 위치를 점하고 있는가에 대한 이해가 필요하다.

오늘날 사회를 칭하는 개념 중의 하나가 평생학습사회다. 평생학습사회는 인류의 삶의 양태와 방식의 변화로 나타나는 교육실천과 제도의 제반 변화를 지칭하는 용어다. 즉, 평생학습사회란 인류가 실천하는 학습양상과 교육양상이 교육중심사회로부터 학습중심사회로 전환되고 있는 것을 거시적 패러다임 변화의 차원에서 지칭하는 것이다. 그러므로 이는 인류의 학습 양태와 교육양태의 변화를 함께 의미하는 용어이기도 하다. 그렇다면 평생학습사회가 도래한 배경은 무엇이며, 평생학습사회가 도래한 원인에 대하여 학자들은 다양한 주장을 하고 있지만 저자는 다음과 같이 평생학습사회의 도래 원인을 정리하고자 한다.

첫째, 평생학습사회 도래의 가장 큰 원인의 하나는 과학과 기술의 발달을 들 수 있고, 과학과 기술의 발달로 인하여 인류의 생산양식의 변화와 생산되는 제품의 특성변화를 들 수 있다. 생산양식의 변화란 인류가 상품을 생산하는 양식이 자연에서의 직접 채취하는 방식에서 손으로 생산하는 수공적 방식과 산업혁명 이후의 기계적 생산방식에서, 지식기반사회로 넘어오면서 자동화된 기술과 프로그램에 의한 생산방식으로 변화하고 있기 때문에 생산양식에 있어서도 지식집약적 요소가 많이 작용하게 된 것이다. 그리고 인류가 생산하는 제품에 있어서도 자연 상태 그대로의 자원에서 손으로 만든 수공 제품에서 자동화된 기계로 생산된 공산품으로부터 이제는 프로그램화된 생산설비를 통한 지식집약적 상품이 생산되고 있다. 즉, 생산되는 물품도 노동집약적 상품으로부터 지식집약적 상품으로 변화되고 있는 것이다. 이처럼 생산양식과 생산품의 성격이 지식집약적인 것으로 변화함에 따라 생산과정과 생산품에서 지식적 요소를 강화하는 것이 경제적 경쟁력의 중요한 부분을 차지함에 따라 경제적 영역의 경쟁력 제고와 신제품의 개발에 있어서 지속적인 학습의 요소는 매우 중요한 요소가 됨으로써 이를 뒷받침하기 위한 학습과 교육의 필요성이 그 어느 시대보다도 중요한 요소가 되고 있다. 즉, 평생학습사회의 도래는 경제적 생산영역에서 요구하는 인력이 육체적 노동 인력보다는 창의적으로 학습하는 지식인력을 요청하고 있기 때문이다.

둘째, 평생학습사회의 도래 원인의 하나는 정보화 사회의 도래를 들 수 있다. 정보화 사회에서는 사회구성원들의 학습의 필요성이 증대되고 동시에 사회구성원이 보다 편리하고 신속하고 빈번한 학습 가능성을 확산하고 있다. 즉, 다양한 형태의 정보통신망이 구축됨으로 인하여 이제 정보와 지식의 교류가 매우 원활하게 이루어질 수 있는 환경이 조성되고 있다. 이로 인하여 한 사회의 구성원이 획득하고 접할 수 있는 지식과 정보의 양이 무한대로 증가하고 있다. 즉, 학습해야 할 내용이 폭발적으로 늘어나고 있는 것이다. 이와 더불어 정보통신기술의 발달은 학습의 도구와 학습의 방법의 다양화와 편의성을 증진하고 있다. 즉, 방송매체를 통한 교육, 인터넷을 활용한 교육, 원격통신을 활용한 교육 등 교육의 형태가 전통적 교실수업의 형태를 탈피하고 있으므로 교육과 학습에 있어서 공간적, 시간적 장벽이 해체되고 있다. 이로 인하여 학습자가 능동적으로 학습에 참여할 경우에는 과거보다 더 편리하고, 신속하고, 다양하고, 용이한 방식으로의 학습이 가능하게 된 것이다. 이처럼 정보통신기술의 발달로 인하여 인간의 활발한 학습생활이 가능하게 됨으로써 평생학습사회가 도래한 것이다.

셋째, 평생학습사회의 도래원인의 하나는 교통수단의 발달과 세계화의 진행을 들 수 있다. 오늘날은 과학기술 발달에 힘입은 교통수단의 발달로 지구촌 시대가 도래하였다. 지구촌 시대는 세계 곳곳에 거주하는 사람들의 물리적 거리를 실제로 축소하는 효과를 산출하고 있다. 이로써 세계시민의 활발한 교류와 협력적인 업무와 활동이 가능하게 되었다. 이 같은 흐름 속에서 이질적 국적과 인종과 문화적 배경을 가진 이들이 상호작용하고 협력적으로 일하기 위하여 타 국가에 대한 이해, 타문화에 대한 이해, 언어학습과 문화학습 등 세계시민학습이 필요하다. 이 또한 평생학습사회 도래의 한 원인이라고 볼 수 있다.

끝으로 평생학습사회의 도래는 인간수명의 연장을 들 수 있다. 인류의 전반적인 생활환경의 개선, 보건과 위생의 개선, 식생활과 의료기술의 발달로 인하여 인간의 수명은 급속도로 증가하고 있다. 이 같은 인간수명의 연장은 고령화 사회의 한 원인이 되고 있으며 인간이 고령화 사회에 개인적으로 그리고 한 사회가 사회의 고령화에 사회구조적으로 적응하기 위해서는 전 생애 단계에 걸친 교육의 필요성이 증대되고 있으며, 특히 베이비붐 세대 교육의 필요성이 증대하고 있다. 즉, 과거의 교육은 성인시기의 삶을 위한 준비교육의 차원에 머물렀으며 실제로 학교교육은 그 같은 역할을 수행해 왔지만 이제 고령화 사회의 도래로 인하여 인간의 교육과 학습의 필요성이 전 생애단계로 늘어나게 되었다. 특히, 중장년층의 교육과 더불어 노년층의 교육이 실제로 필요하게 된 것이다. 고령화 사회의 도래로 인하여 교육과 학습이 인생의 초반기에 머물지 않고 중년기 노년기에도 대등하게 필요하게 된 것이다.

　이처럼 평생학습사회가 도래한 원인은 다양하지만 결국 인류는 과거보다 더 많이 교육받아야 하고 학습하여야 하는 사회가 된 것이다. 그리고 사회 전체의 작동에 있어서 교육과 학습의 중요성이 증대하게 된 것이다. 그리고 특히 이 장의 주제와 관련하여 고령화 사회에서는 베이비붐 세대의 교육의 필요성이 증대되고 있다.

2. 베이비붐 세대 교육

　베이비붐 세대 교육이란 무엇인가? 앞에서도 논의하였지만 베이비붐 세대 교육은 평생학습사회라는 보다 광의의 개념 틀 속에서 이해되어야 한다. 즉, 베이비붐 세대 교육은 평생교육의 한 영역이다. 교육의 영역과 종류를 구분하는 데 있어서 다양한 준거가 적용된다. 즉, 교육의 형식성을 근거로 할 때 형식교육, 비형식교육, 무형식학습으로 구분한다. 여기서 형식교육이란 교육의 제도성이 높은 교육을 말하며 대표적 형태가 학교교육이다. 비형식교육은 형식교육보다 제도성이 낮은 수준의 교육을 말하며 대표적인 교육이 학원과 같은 사회교육기관에서 이루어지는 형식성이 낮은 형태로 이루어지는 교육을 의미한다. 그리고 무형식학습이란 인간의 삶 속에서 무계획적, 비제도적, 우연적으로 이루어지는 일상에서의 학습을 의미한다.

　한편으로 교육을 교육이 이루어지는 장을 중심으로 구분할 수 있다. 교육이 이루어지는 장(場)이란 교육이 이루어지는 공간적 장소를 기준으로 하여 구분하는 것이다. 예컨대, 학교교육, 사회교육, 기업교육, 연수원교육, 지역사회교육, 가정교육, 사이버교육 등과 같은 구분이다. 즉, 교육이 학교에서 이루어지면 학교교육이고, 사회에서 이루어지면 사회교육이며, 기업체에서 이루어지면 기업교육이고, 연수원에서 이루어지면 연수원교육이며, 가정에서 이루어지면 가정교육이고, 사이버상(가상공간)에서 이루어지면 사이버교육이다.

그리고 교육은 교육하는 내용에 따라서도 구분된다. 이 같은 내용에 따른 구분은 인문교양교육, 직업교육, 문해교육, 시민교육, 인력양성교육, 문화교육, 스포츠 여가교육 등으로 구분할 수 있다. 인문교양교육은 인문학적 지식과 교양을 교육하는 것이고, 직업교육은 직업적 삶을 위한 역량을 기르는 교육이며, 문해교육은 비문해자의 문해능력을 기르는 교육이고, 시민교육은 민주주의의 이해와 민주시민으로서의 역량을 기르는 교육이며, 인력양성교육은 직업적인 인재를 양성하는 교육이고, 문화교육은 문화역량과 문화에 대한 이해를 위한 교육을 하는 것이다. 그리고 스포츠 여가교육은 스포츠와 여가생활을 즐길 수 있도록 하기 위한 목적의 교육이다.

한편으로 교육을 교육대상에 따라 구분할 수 있다. 교육의 대상도 여러 가지 기준으로 구분할 수 있는데, 교육하는 대상을 인간의 전 생애적 발달의 연령 시기에 따라 구분하는 방식이다. 즉, 영유아교육, 유아교육, 청소년교육, 중장년교육, 노인교육 등이 이 같은 연령대에 따른 구분이다. 그러므로 베이비붐 세대 교육이란 베이비붐 세대라는 현재 50대 연령층을 대상으로 하는 교육을 의미하는 것이다.

그런데 베이비붐 세대 교육은 일반적인 교육연령시기라고 볼 수는 없으므로 베이비붐 세대의 교육은 노인교육의 큰 틀 속에서 이해하는 것이 필요하다. 베이비붐 세대의 교육은 노인교육의 개념정의에 비추어 정의한다면 베이비붐 세대에 대한 이해교육과 더불어 베이비붐 세대를 대상으로 하는 교육, 베이비붐 세대가 교육주체가 되는 교육으로 구분할 수 있다.

베이비붐 세대를 위한 교육은 베이비붐 세대의 사람들이 자신의 인생과 업을 잘 수행하고 그들이 사회구성원으로서 참여할 수 있도록 돕는 교육을 말한다. 즉, 베이비붐 세대가 자신의 생애단계에서의 개인, 가정, 사회구성원으로서의 역할을 잘 수행할 수 있도록 하는 교육과 그들의 인생시기를 행복하게 보낼 수 있도록 돕는 교육을 말한다. 즉, 베이비붐 세대를 위한 교육은 베이비붐 세대의 개인적 생애과업의 수행, 사회적 참여, 직업생활의 영위, 행복한 삶을 위한 교육을 의미한다.

한편으로 베이비붐 세대에 대한 교육은 베이비붐 세대에 관한 이해교육이다. 즉, 베이비붐 세대를 포함하여 전 연령대의 사회구성원이 베이비붐 세대에 대한 이해를 높이기 위한 교육을 의미한다. 여기서 베이비붐 세대 대한 이해란 해당 연령시기의 인간의 특성에 대한 이해를 의미한다. 베이비붐 세대 시기의 인간특성이란 해당 연령기 인간의 다차원적 측면에서의 특성을 말한다. 즉, 그들의 신체적 특성, 심리적 특성, 사회적 특성, 의식적 특성을 의미한다. 이처럼 베이비붐 세대에 대한 이해교육은 베이비붐 세대와 더불어 다른 연령대의 사람들에게도 필요한데 특히, 베이비붐 세대 자신들의 그들에 대한 이해는 그들이 노년기를 성공적으로 준비하고 노년기를 행복하게 보내기 위해 필요하다.

한편으로 베이비붐 세대 교육은 베이비붐 세대에 의한 교육 즉, 베이비붐 세대가 교육자로 교수행위를 실천하는 교육을 의미한다. 즉, 베이비붐 세대가 교수자원의 한 요소인 교수자로 투입되는 교육을 의미한다. 베이비붐 세대는 자신들이 일생동안 종사한 직업영역의 전문성을 지니고 있으므로 이 같은 전문성을 활용하여 한 분야의 내용전문가로 교육에 참여할 수 있다. 특히, 베이비붐 세대는 사회생활의 경험과 직업경험이 풍부하므로 교육의 주체로 참여하여 그 같은 자원을 잘 활용할 수 있다.

이상과 같은 정의를 종합하는 베이비붐 세대 교육의 정의는 베이비붐 세대를 위한 교육, 베이비붐 세대에 관한 교육, 베이비붐 세대에 의한 교육을 의미한다. 베이비붐 세대를 위한 교육이란 베이비붐 세대를 대상으로 그들의 필요를 충족하는 내용의 교육이다. 베이비붐 세대에 관한 교육이란 사회의 모든 연령대를 대상으로 하는 베이비붐 세대에 관한 이해교육이다. 그리고 베이비붐 세대에 의한 교육이란 베이비붐 세대가 교수자로 참여하는 교육 활동을 의미한다. 그런데 이 장에서 의미하는 베이비붐 세대 교육이란 베이비붐 세대를 위한 교육 즉, 베이비붐 세대를 대상으로 그들의 개인적, 사회적, 직업적 필요를 충족하는 교육을 의미하는 용어로 주로 사용하고자 한다.

3. 베이비붐 세대 교육의 필요성

오늘날 시대에서 특히, 베이비붐 세대를 대상으로 하는 교육은 왜 필요한가? 이 같은 질문은 베이비붐 세대 교육이 그들의 삶에 어떤 기여를 할 수 있는가에 대한 질문에 대한 대답과 동일한 것이기도 하다. 즉, 베이비붐 세대 교육은 그들에게 왜 유용하고 좋은가? 하는 질문에 대한 대답이기도 하다.

이 같은 질문에 대한 대답은 베이비붐 세대가 직면하고 있는 어려움과 문제가 무엇인가를 살펴보고 이 같은 베이비붐 세대의 어려움과 문제를 해결하는 데 있어서 교육이 어떤 기능을 할 수 있는가에 대하여 살펴봄으로써 대답할 수 있다. 베이비붐 세대는 예비노년기에 해당하는 연령대의 사람들로서 그들의 문제는 한국 사회의 노인문제를 통해 유추해 볼 수 있다.

일반적으로 고령화 사회의 노인문제는 사회적 차원의 문제와 개인적 차원의 문제로 나누어 볼 수 있다. 그중에서 우선적으로 노인 자신 즉, 노인 개인 차원의 문제에 대하여 살펴볼 수 있다. 노인 자신의 문제는 노년기의 사회 구성원이 겪는 보편적인 네 가지 주요 문제를 중심으로 살펴볼 수 있다. 흔히, 노년기의 노인의 네 가지 문제는, 경제적 어려움, 건강상의 어려움, 고독으로 인한 어려움, 무위로 인한 어려움이다. 이를 구체적으로 살펴보면 다음과 같다.

첫째, 노인들이 직면하는 가장 큰 어려움의 하나는 경제적인 어려움이다. 노인들은 대부분 경제적 능력이 상실되고 수입이 없다. 이 같은 노인의 경제적 어려움은 두 가지 차원으로 해결할 수 있는데 이는 연금과 같이 사회 제도적으로 노인에게 경제적 지원을 제공하는 것과 노인들이 경제활동 능력을 길러서 공용되어 경제활동을 수행하여 수입을 창출할 수 있도록 하는 방법이 있다. 베이비붐 세대의 경제적인 어려움을 해결하는 방법으로도 그들에게 연금 등과 같은 금전적 도움을 제공하는 방법과 그들의 경제활동 능력을 육성하는 방법이 있다. 즉, 그들의 고용능력과 직업능력을 개발하는 것이다. 베이비붐 세대 중에 일부 퇴직자는 연금을 받을 수 있지만 충분한 연금을 받지 못하는 이들도 있으므로 이들을 대상으로 하는 고용력 함양교육이 필요하다. 베이비붐 세대 중 현직종사자들에게는 퇴직준비교육이 필요하고, 퇴직자를 대상으로 그들의 재취업을 위한 고용능력을 개발하거나 창업능력을 개발해 주는 교육이 필요하다.

둘째, 노년기의 어려움의 하나가 질병으로 인한 고통이듯 베이비붐 세대를 대상으로 하는 건강에 대한 대응이 필요하다. 그러므로 베이비붐 세대가 맞이하게 될 신체적 건강에 있어서의 어려움을 해결하고 그들이 신체적으로 건강한 생활을 영위할 수 있도록 하기 위하여 베이비붐 세대에 대한 건강교육이 필요하다. 즉, 베이비붐 세대를 대상으로 하는 보건과 의료교육을 통하여 그들이 자신의 지병을 잘 관리하고 질병에 걸리지 않도록 지원하는 교육이 필요하다. 최근에는 무병장수라는 용어 대신 유병장수라는 용어도 많이 사용되고 있는데 이는 인간은 노년기에는 여러 가지 질병을 앓을 수 있으나 그럼에도 불구하고 그 같은 질병을 잘 치유하고 관리하면서 장수하는 것이 필요하다는 것을 의미한다. 인생 100세 시대에 노인들의 건강관리와 질병에 대한 적극적인 대응을 위해서도 베이비붐 세대를 대상으로 하는 건강교육은 필요한 것이다. 흔히, 노인들을 대상으로 하는 교육요구조사에 의하면 노인들이 가장 선호하는 교육내용이 건강과 관련된 내용이라는 점이 이를 나타내 주는 것이다. 어떤 측면에서는 노년 후기의 노인들을 대상으로 하는 건강보다도 베이비붐 세대를 대상으로 하는 건강교육은 건강한 노년기를 준비하는 차원에서 더욱 중요한 교육과제라고 말할 수 있다.

셋째, 노년기의 고통의 하나는 고독과 외로움이다. 베이비붐 세대의 교육을 통하여 그들이 노년기에 겪는 어려움의 하나인 고독과 외로움에 대한 대책을 적극적으로 마련하는 것이 필요하다. 노년기가 되면 사회생활이 줄어들고 배우자나 친구 등 평소 친하게 지내던 사람이 사망함으로써 일상생활을 통해 함께 지내며 상호작용하는 사람들이 줄어들면서 노년기를 고독하게 보내게 된다. 특히, 노년기는 직업세계에서도 은퇴하기 때문에 은퇴 이후에는 노년기의 사회적 상호작용은 급격하게 줄어들게 되므로 노년기의 시간을 타인과의 상호작용을 하면서 보낼 수 있도록 하는 방안이 필요하다. 그러므로 베이비붐 세대의 중고령자에게도 노년기를 다양한 벗들과 상호작용하면서 외롭지 않게 지낼 수 있게 하는 취미, 여가, 사회활동 참여를 위한 교육의 제공이 필요하다. 즉, 노인들이 교육활동에 참여함으로써 교육활동을 매개로 다양한 타인과의 상호작용이 자연스럽게 이루어질 수 있는 것이다. 노인들을 대상으로 하는 평생교육기관의 사례에서 보면 교육과정을 수료한 노인들이 재등록하는 경우가 매우 많은데, 이는 노인들이 교육에 참여하는 이유가 단순히 교육내용을 이수하기 위한 목적이 아니라 그 같은 교육활동을 통하여 타인과의 만남과 상호작용을 원하기 때문이다.

넷째, 노년기의 어려움의 하나는 '무위(無爲)', 즉 '할 일'이 없는 어려움이다. 이는 노인들의 직업으로부터의 은퇴가 가장 직접적인 원인이다. 직업으로부터의 은퇴는 이전에 직업생활에 충실했던 사람일수록 무위에 대한 어려움이 매우 큰 어려움으로 다가온다. 노년기의 무위 문제는 사회구성원들이 퇴직 전에 다양한 사회참여활동을 마련하지 못한 것이 원인이기도 하고, 사회적으로 노인들에게 '할 일'을 제공하지 못한 사회구조적인 문제이기도 하다. 이 같은 문제를 해소하기 위해서는 베이비붐 세대에 대한 교육으로 베이비붐 세대가 향후 노년기에 사회생활을 적극적으로 할 수 있는 참여할 일거리를 제공하는 것이 필요하다. 베이비붐 세대를 대상으로 하는 평생교육활동은 자체가 그들의 사회참여활동거리이며, 베이비붐 세대를 대상으로 하는 교육을 통하여 그들의 사회참여 역량을 기를 수 있는 것이다. 즉, 베이비붐 세대가 은퇴 이후에 직업생활, 사회생활, 취미여가생활, 사회봉사활동을 할 수 있도록 베이비붐 세대 교육은 그들에게 은퇴 이후 시기에 사회적 참여활동을 할 일을 제공하는 기능을 할 수 있는 것이다.

이상과 같이 베이비붐 세대를 대상으로 하는 교육은 베이비붐 세대 개개인이 향후 직면하게 될 노년기의 가장 큰 문제인 경제적 어려움, 건강상의 어려움, 고독의 어려움, 할 일 없음으로 인한 어려움을 예방하고, 해결할 수 있는 가장 효과적 방안의 하나로서 필요하다.

베이비붐 세대의 교육에 대한 논의는 앞에서 살펴본 바와 같이 은퇴 이후의 삶에 대한 준비에 대한 관심으로 시작되지만 궁극적으로는 인생 전반에 걸쳐 그들이 자신의 생애를 설계하고 형성해 나가는 자기주도적인 학습과 정에 대한 사회적 정책적 지원의 차원에서 바라보는 것이 필요하다(노일경, 2011).

베이비붐 세대 교육은 베이비붐 세대의 개인적 문제를 해결하는 데 기여할 수 있을 뿐만 아니라 그들의 고령화로 인하여 사회전체가 직면하는 사회적 문제를 해결하는 데도 효과적으로 기능할 수 있다. 고령화로 인하여 사회가 직면하는 문제는 경제활동인구의 감소, 노년층에 대한 사회적 부양비 증가, 복지비 증가로 인한 사회적 비용의 증가 문제가 있다. 또한, 오늘날에는 세대 간 갈등 문제와 더불어 앞에서 살펴본 바 있는 노인문제는 사회 전체적으로도 추가적인 문제를 유발하고 있으며 이는 사회적 차원에서도 큰 부담이 되고 있다.

먼저, 사회가 고령화됨으로 인하여 경제활동인구가 감소함으로 국가 전체의 경제적 생산력과 경쟁력이 감소하게 된다. 그러므로 베이비붐 세대를 포함한 노인들에 대한 직업능력 향상과 관련된 교육을 통하여 그들이 퇴직 이후에도 직업생활을 할 수 있도록 재취업에 대한 능력개발이 이루어져야 한다. 오늘날에는 중고령층에 해당하는 사람들도 경제적인 직업 활동에 참여하고 있는 사람들이 다수다. 특히 우리나라의 중고령자의 취업률은 높다. 그러므로 이들을 위한 직업능력개발교육과 창업교육 등 경제적 목적을 위한 교육이 활성화되어야 한다. 노인들에 대한 직업과 경제생활을 위한 교육은 베이비붐 세대가 노령화되는 시기에 경제적인 부담과 부양비 증가의 문제를 일부 해소할 수 있을 것이다.

한편으로 오늘날 우리 사회의 문제의 하나는 세대 간 갈등의 문제가 증가하고 있다. 세대 간 갈등의 문제를 해결하기 위해서는 노인을 위한 교육과 노인에 대한 교육이 베이비붐 세대를 대상으로 제공하는 것이 필요하다. 그렇게 함으로써 베이비붐 세대가 노년층이 되었을 경우 베이비붐 세대는 자기 자신에 대하여 잘 이해하게 됨으로써 다른 세대와의 이해와 소통과 협력을 증진할 수 있을 것이다.

이처럼 베이비붐 세대를 대상으로 하는 교육은 장차 그들이 노년기가 되었을 때 그들이 직면하게 되는 경제적 문제, 건강의 문제, 고독의 문제, 무위의 문제를 사전에 예방하고 이에 대한 대책을 수립할 수 있게 한다. 그러므로 베이비붐 세대를 대상으로 하는 교육은 베이비붐 세대 개인적 차원에도 필요하고, 사회적 차원에서도 필요하다.

4. 베이비붐 세대의 교육현황

이상과 같은 점들을 고려할 때 베이비붐 세대 교육은 베이비붐 세대가 자신의 중년기를 잘 보내고 나아가 향후 진입하게 될 노년기를 잘 보내는 데 필요하다. 사회 전체적으로는 고령화 사회가 직면하고 있는 다양한 형태의 노인문제를 사전에 예방하고 극복하여 고령자들과 사회 전체 구성원이 행복한 사회를 만드는 데 있어 필수적이다. 즉, 베이비붐 세대 교육은 그들이 부딪히는 개인적 문제와 더불어 우리 사회 전체가 직면하고 있는 사회적 문제를 해결할 수 있는 합리적인 방법 중의 하나다.

그렇다면 우리나라의 베이비붐 세대 교육현황은 어떠한가? 우리나라의 베이비붐 세대의 교육현황은 한국교육개발원의 「한국성인의 평생학습실태(2010)」 통계에 의하면 베이비붐 세대의 평생학습참여율은 전체 참여율이 25.2%이고 이 중 비형식교육 참여율이 24.3%로 더 높은 것으로 나타나고 있다. 베이비붐 세대의 형식교육 참여율은 비형식교육 참여율보다 상대적으로 더 낮은데 반해 대학원 참여율은 높다. 일부 고학력자 중심으로 대학원 형태의 형식교육에 참여하고 있는 것으로 나타나고 있다. 그리고 베이비붐 세대는 형식교육보다는 비형식교육에 참여하는 비율이 높고 그 가운데 직업능력향상 교육, 스포츠·건강교육, 인문교양교육, 문화예술교육의 순으로 참여하고 있다.

한편으로 베이비붐 세대의 평생학습 참여 장애요인으로는 86.1%가 '시간부족'이라고 응답하고 있으며 그 다음으로 '학습비 문제'라고 응답하고 있다.

손진곤 등(2010)의 연구에 의하면, 베이비붐 세대의 형식교육에 대한 요구를 살펴보면, 이들은 40대 이전까지는 주로 직업역량 향상과 관련된 교육요구가 높은 것으로 나타나고 있으며 50대 이후에는 내재적 학습동기를 만족하는 교육에 대한 요구가 높아 서로 차이를 보인다(노일경, 2011, 재인용). 비형식학습에 대한 요구의 내용을 살펴보면, 직업능력향상교육, 문화예술교육, 인문교양교육 등 다양한 교육내용에 대한 교육요구를 표출하고 있다. 이상과 같이 베이비붐 세대의 교육요구는 연령별로 학습에 대한 요구가 형식교육과 비형식교육에서 다양한 차이를 보이면서 다층적 학습요구가 있음을 나타내고 있다. 이는 베이비붐 세대도 각 연령대별로 다양한 학습요구가 있음을 나타내는 것이다.

우리나라의 베이비붐 세대의 교육은 어떻게 이루어지고 있는가? 이는 다른 말로 표현하면 오늘날 50대에 해당하는 이들의 교육은 어디에서 어떤 양태로 이루어지고 있는가에 대한 물음이기도 하다. 앞에서 살펴본 바에 의하면, 베이비붐 세대의 평생학습 참여율은 25.2%인 것으로 나타나고 있는데 이는 100명 중 25명이 평생학습에 참여하고 있다는 것이다. 그렇다면 이들은 어디에서 교육받고 있는가? 그들이 참석하는 교육은 비형식교육인 것으로 나타났다. 50대에 해당하는 베이비붐 세대는 대부분 직장의 재직자이거나 일부는 퇴직자나 자영업자, 실업자, 가정주부일 것이다. 그렇다면 그들의 교육은 다양한 장면에서 이루어질 것으로 예상할 수 있다.

베이비붐 세대의 교육실태는 평생학습실태분석을 통해 추론할 수 있다. 베이비붐 세대는 대학과 대학원 진학 등과 같은 형식교육에도 참여하고 있고, 직장에서 이루어지는 직무교육과 직무연수 형태의 교육에도 참여하고 있으며, 평생학습관, 문화센터, 복지관, 주민센터, 문화시설, 스포츠시설 등 다양한 형태의 평생교육기관에서 평생학습에 참여하고 있다.

베이비붐 세대의 평생학습에 가장 많은 영향을 미치는 요소는 그들의 직업생활의 양태다. 그리고 성별 등 그들의 인구사회학적 배경에 따라서도 평생학습의 모습은 다를 것으로 짐작할 수 있다.

베이비붐 세대의 교육실태는 사회의 여러 영역에서 다양하게 이루어지고 있다. 베이비붐 세대의 교육현황은 우리나라의 평생교육기관의 평생교육 운영 현황을 살펴봄으로써 유추할 수 있다. 우리나라의 평생교육은 평생교육기관을 중심으로 이루어지고 있다. 그러므로 평생교육법에 규정된 평생교육기관을 살펴봄으로써 베이비붐 세대의 교육현황을 알 수 있다.

평생교육법 제2조는 평생교육의 대상을 모든 국민으로 하고 있으므로 베이비붐 세대도 국가 평생교육의 대상이다. 평생교육법에서 규정하고 있는 평생교육시설로는 학교부설 평생교육시설, 학교형태의 평생교육시설, 사내대학형태의 평생교육시설, 원격대학형태의 평생교육시설, 사업장부설 평생교육시설, 시민사회단체부설 평생교육시설, 언론기관부설 평생교육시설, 지식 · 인력개발관련 평생교육시설로 구분하고 있다.

우리나라의 대부분의 베이비붐 세대는 이 같은 다양한 형태의 평생교육시설에서 다양한 내용의 교육에 참여하고 있다. 그런데 각각의 평생교육 시설에 참여하는 주요 참여자들의 특성은 다를 것으로 짐작할 수 있다. 즉, 학교 부설 평생교육시설로는 대학의 평생교육원이나 초 · 중등학교 부설 학교평생 교육시설을 통하여 교육이 이루어질 것이다. 이 같은 시설에서는 주부를 중 심으로 다양한 사회계층의 베이비붐 세대가 평생학습에 참여하고 있다.

학교형태의 평생교육시설에서는 주로 학력보완교육이나 문해교육의 수 요가 필요한 형식교육에서 소외된 이들의 평생학습이 이루어지고 있다. 이 들이 이수하는 교육내용은 학력보완교육이나 성인기초교육이나 문해교육 이 주된 교육내용이다.

사내대학 형태의 평생교육시설은 회사 내에 설립한 학교형태의 평생교육 시설이다. 이 같은 시설에서는 재직자들을 중심으로 직장에서의 직무교육 과 직업능력향상 교육이 주된 교육내용이다.

원격대학 형태의 평생교육시설이란 사이버대학이나 디지털대학과 같은 온라인 기반의 인터넷망을 활용한 교육을 제공하는 시설이다. 이 같은 원격 대학에서는 베이비붐 세대가 학문적 목적이나 직업적 목적에 의해 교육에 참여한다. 이들의 주된 목적은 학위취득이나 직업능력 개발이다. 이 같은 원격대학형태의 평생교육시설은 형식교육기관형태의 교육기관이다.

사업장부설 평생교육시설의 대표적인 사례는 백화점 등과 같은 상업시 설에 설치된 평생교육기관이다. 구체적으로 백화점문화센터 같은 사업장에 설치된 평생교육시설을 의미한다. 이 같은 시설에서는 다양한 내용의 평생 교육이 이루어지지만 대부분의 경우는 취미 · 여가를 위한 목적으로 평생교 육이 이루어진다. 그리고 대부분의 참여자가 여성인 경우가 많다.

시민사회단체부설 평생교육시설이란 정치운동, 소비자운동, 환경운동 등 과 같이 다양한 형태의 사회운동을 지향하는 단체에 속한 평생교육시설이 다. 이 같은 시설에서의 평생교육의 목적은 주로 사회운동에 동참하는 이들을 육성하기 위한 목적의 교육이다. 그러므로 이 단체의 교육내용은 해당 단체가 추구하는 운동과 사회현실과 이의 개선을 위한 참여와 실천에 대한 시민운동가를 육성하는 목적의 교육이 이루어진다.

언론기관부설 평생교육시설이란 신문사나 방송국 등에 설치된 평생교육시설이다. 이 같은 기관에서는 언론기관이라는 특성을 반영하여 언론과 관련된 내용과 미디어 이해에 관련된 내용의 전문성 높은 교육이 이루어진다.

지식·인력개발관련 평생교육시설이란 구체적으로 학원과 같은 형태의 평생교육시설을 의미한다. 학원에서 제공되는 평생교육내용은 주로 취업과 직업능력개발, 자격증 취득, 학력보완을 목적으로 하는 교육내용이 많다. 즉, 직업, 자격, 학력과 관련된 평생교육이 이루어지고 있는 것이다.

베이비붐 세대는 성인 중기에 해당하는 인생시기를 살고 있는 이들로서 이들은 각기 다른 모습으로 살아간다. 어떤 이는 직장에서 중요한 위치를 점하고 전성기를 보내고 있고, 일부는 직장에서 퇴직을 준비하고 있으며, 어떤 이는 퇴직 후 노년기를 준비하는 이들로 구성되어 있다. 그러므로 이들의 교육요구는 매우 다양하다고 볼 수 있다. 즉, 베이비붐 세대의 생애단계나 고용형태 등에 따라 다양한 교육요구가 있는 시기가 베이비붐 세대다.

또한, 베이비붐 세대의 교육은 사회의 여러 영역에서 매우 다양한 형태로 이루어지고 있다. 그러므로 베이비붐 세대의 교육실태를 일률적으로 규정할 수는 없다. 베이비붐 세대의 교육실태는 우리나라의 평생교육형태나 평생교육기관의 종류만큼이나 다양하다고 볼 수 있다. 그러나 앞에서 살펴본 것처럼 다양한 기관을 통해 이루어지고 있지만 정책적 차원에 의해 베이비붐 세대의 필요에 기반을 둔 체계적 교육이 이루어지지 않고 있다. 그러므로 향후 베이비붐 세대를 대상으로 하는 체계적 교육계획의 수립과 실행이 필요하다.

5. 베이비붐 세대 교육의 문제점

앞에서 우리나라 베이비붐 세대의 교육현황을 개관하였다. 앞에서 살펴본 바와 같이 베이비붐 세대를 대상으로 하는 교육은 많은 문제점을 안고있다. 이 절에서는 우리나라 베이비붐 세대 교육의 문제점을 교육정책, 교육운영주체, 교육대상, 교육내용, 전문인력 등의 측면에서 보다 구체적으로 살펴보고자 한다.

1) 교육정책의 부재

베이비붐 세대의 교육에 있어서의 가장 큰 문제점은 국가차원의 교육정책이 확립되지 않고 있다는 점이다. 우리나라의 평생교육정책 중 제2차 평생교육진흥종합계획(2008~2012)에서는 생애단계별 창조적 학습자 육성정책을 추진하고 있다. 즉, 국가가 전 생애단계에 해당하는 모든 국민에 대한 평생학습을 지원하겠다는 정책의도를 담고 있는 정책이다. 이 중 베이비붐 세대는 성인 중기(45~54세, 현재 50~59세), 제2생애전환기(55~59세, 현재 60~64세)의 일부에 해당하는 연령기다. 그러므로 이처럼 두 가지 인생시기에 적합한 교육정책이 수립되어야 한다. 즉, 성인 중기에 해당하는 이들에 대한 교육계획과 제2생애전환기에 해당하는 이들에 대한 교육방향이 수립되어야 하는 것이다. 성인 중기에 해당하는 이들에게는 그들의 다양한 요구를 반영하는 교육이 이루어져야 한다. 이들이 직장에서 직업능력을 더욱 개발하여 자신의 직무를 잘 수행할 수 있도록 하는 교육과 직업에서 벗어나 여가와 취미를 누릴 수 있는 교육이 이루어져야 한다. 그리고 제2생애전환기, 즉 은퇴와 노년 초기를 맞고 있는 이들을 대상으로는 은퇴준비교육과 노년교육과 노년준비교육이 이루어져야 하는 것이다.

2) 교육 제공 주체의 비체계성

앞에서 살펴본 바와 같이 베이비붐 세대가 참여하는 교육기관과 교육내용은 매우 다양하다. 그들의 교육형태가 다양한 것처럼 교육 제공 주체도 다양하다. 교육 제공 주체가 다양하다는 것은 교육 제공이 비체계적으로 이루어지고 있음을 의미한다. 그러므로 다양한 교육 제공 주체 간의 연계와 협력과 기능과 역할 분담이 필요하다. 베이비붐 세대의 교육과 직접적인 관련을 갖는 정부부처로는 지자체 중심의 교육에서는 안전행정부가 관련된다. 그리고 학교부설시설이나 학교형태의 평생교육은 교육부가 관할하고 있다. 그리고 직업생활과 취업과 관련된 영역은 노동부가 관련되어 있으며, 복지기관에서 이루어지는 평생교육은 보건복지부가 관련되는 부서다. 그리고 시민사회단체의 평생교육은 시민사회단체가 제공 주체이고 사업장부설 시설에서는 업주가 교육제공주체에 해당한다. 그러므로 교육을 제공하는 주체에 따라 교육의 목적이 서로 다르므로 서로 다른 내용의 교육을 제공하는 경우도 있지만 유사한 내용을 다양한 주체가 운영하는 경우도 있다. 그러므로 향후 평생교육을 제공하는 정부 부처 간, 기타 제공 주체 간의 협력체제의 구축을 통하여 교육을 보다 체계적으로 제공하는 노력이 요청된다.

3) 교육대상의 다양성

베이비붐 세대의 교육의 문제점으로는 교육대상이 지나치게 다양하여 어느 한 집단을 대상으로 하는 교육정책과 교육내용의 설정이 어렵다는 것이다. 교육내용의 다양성의 한 측면은 고용형태에 따라 다양하고, 성별과 학력 차, 소득 차, 교육 참여동기 등에 따라 교육대상에 따라 다양하다. 그러므로 어느 한 대상에게 교육초점을 둘 수 없다는 측면이 있다. 이를 극복하고 모두에게 유용한 교육이 이루어지기 위해서는 베이비붐 세대 학습자들에 대한 체계적 분석을 토대로 대상의 특성에 맞는 맞춤형 교육이 제공되어야 한다.

베이비붐 세대의 교육대상이 다양하다는 것은 각 교육대상의 교육요구에 대한 맞춤형 교육이 이루어져야 한다는 것을 의미한다. 그들의 교육요구는 그들의 생애시기에 따라 각기 다르다. 즉, 중년 초기에 해당하는 사람들에게는 직장에서의 직업능력향상 교육, 사회참여교육, 여가활용교육 등의 교육을 제공하는 것이 필요하다. 중년 중기에 해당하는 이들에게는 은퇴준비를 위한 교육, 웰에이징에 대한 교육, 여가교육 등이 필요하다. 그리고 중년 후기에 해당하는 베이비붐 세대에게는 노년준비교육, 재취업을 위한 직업능력향상 교육, 사회적 봉사활동을 위한 봉사활동교육, 사회적 참여를 위한 사회참여교육이 제공되어야 할 것이다. 이처럼 교육대상이 다양하다는 것은 교육의 초점을 정하기가 어렵다는 점과 맥을 같이한다. 그러므로 교육대상자의 다양성에 따라 그들의 요구를 정확하게 파악하고 중요한 요구를 반영하는 교육이 이루어져야 할 것이다.

4) 교육내용의 다양성

베이비붐 세대의 교육대상이 다양하다는 것은 전술한 바와 같이 그들의 교육요구가 다양하다는 것을 의미한다. 교육요구가 다양하다는 것은 제공되어야 하는 교육 프로그램이 다양하다는 것을 의미한다. 현재 베이비붐 세대에게는 형식교육과 비형식교육을 통하여 매우 다양한 내용의 프로그램이 운영되고 있다. 그런데 이 같은 다양한 내용의 교육으로 인하여 교육의 질적 수준이 확보되고 있는가에 대해서는 의문을 제기할 수 있다. 다양한 프로그램의 교육수준을 확보하기 위해서는 우수한 평생교육 프로그램이 개발되고, 프로그램의 운영이 보다 체계화되어야 한다.

베이비붐 세대의 교육을 교육내용 측면에서 살펴보면, 베이비붐 세대 교육 프로그램의 획일성과 낮은 품질 등을 지적할 수 있다. 베이비붐 세대 교육 프로그램 운영기관의 베이비붐 세대 교육 프로그램의 내용을 살펴보면, 대부분의 기관에서 흥미와 여가, 취미, 오락 위주의 프로그램이 제공되고 있다. 이처럼 여가, 흥미, 취미 위주의 교육 프로그램이 제공되기 때문에 베이비붐 세대 교육 프로그램에 참가한 이들이 미래지향적으로 진취적으로 사고하고 현재까지의 그들의 삶을 반성적으로 성찰하고 이를 기반으로 의식의 변화와 성장을 도모하는 데 한계가 있다.

평생교육은 다양한 목적으로 운영된다. 즉, 지식이해를 위한 교육, 기능증진을 위한 교육, 주체적 인간으로 살기 위한 교육, 사회적 존재로 살기 위한 교육, 지속가능한 지구를 위한 교육 등 다양한 목적으로 이루어진다. 그런데 앞에서와 같이 베이비붐 세대 교육 프로그램이 특정 내용으로 교육내용이 한정되고 질적 수준이 낮음으로 인하여 베이비붐 세대의 다양한 교육 요구를 충족시키지 못하고 있다.

향후 베이비붐 세대 교육의 내용은 그들의 요구에 기반을 두고 그들의 생애단계에 따른 발달과제를 다루는 교육내용이 제공되어야 할 것이다. 즉, 베이비붐 세대 교육내용은 여가 문화적 차원을 넘어서서 그들의 다양한 문제를 극복할 수 있도록 직접적으로 도움이 되는 교육이 이루어져야 한다.

더불어 그들이 성공적 노화준비를 통하여 사회의 한 구성원으로서 당당하게 사회생활을 영위할 수 있도록 조력하는 교육내용이 제공되어야 한다.

5) 교육 전문인력 부족

베이비붐 세대 교육에 있어서의 문제점은 그들의 교육을 담당하는 전문인력이 부족하다는 점이다. 베이비붐 세대 교육을 위한 전문 인력은 베이비붐 세대 교육을 위한 정책수립에 있어서의 전문인력, 베이비붐 세대 교육 프로그램 기획과 개발의 전문인력, 베이비붐 세대 교육 프로그램 운영과 베이비붐 세대 대상의 교수 전문인력을 의미한다.

현재 베이비붐 세대가 주로 학습하고 있는 기관에서 교육 전문인력이 부족하다. 대부분의 경우 교육을 담당하는 기관은 교육전문가로서의 자격이 없는 이들이 담당하고 있다. 여기서 전문인력이란 단순히 강사를 의미하는 것이 아니라 그들의 교육을 기획하고, 계획하고, 설계하고, 운영하는 모든 교육과정에 있어서의 전문인력을 의미한다.

베이비붐 세대의 교육이 실제로 이루어지는 기관에서 근무하는 이들은 대부분 행정직원이거나 사회복지사 혹은 평생교육적 전문성이 없는 이들이 담당하고 있다. 행정직원의 경우에는 교육전문가로서의 능력이 부족하고, 사회복지사의 경우에도 교육전문가로 볼 수 없다. 그리고 강사의 경우에도 성인학습자에 대한 이해나 교수법에 대한 이해가 부족하다.

베이비붐 세대는 연령상으로 성인학습자이고 그들을 대상으로 하는 교육은 평생교육에 해당하므로 성인학습자를 대상으로 교육을 기획하고 운영하는 평생교육사가 교육을 담당하는 것이 필요하다. 전술한 바와 같이 대부분의 평생교육현장에서는 평생교육사가 아닌 이들이 대부분 교육을 담당하고 있다. 이는 교육 전문인력의 부족보다는 평생교육사라는 전문인력이 평생교육기관에 제대로 채용되지 못하고 있는데 문제가 있다고 보아야 한다. 평생교육법에서도 일정 규모 이상의 평생교육시설에서는 평생교육사를 채용하는 것이 의무로 규정하고 있지만 이를 실천하는 기관이 부족하다. 그리고 이에 대한 법적 규제도 약하다. 이는 대부분의 평생교육시설이 체계성이 낮은 비형식교육기관에서 이루어지기 때문이다. 그러므로 향후 평생교육기관에 평생교육사를 적극적으로 배치하는 것이 필요하다. 평생교육기관에 교육전문가인 평생교육사 등의 교육 전문인력을 보강하고, 복지사 등과 같이 다른 영역의 자격증을 보유한 이들을 대상으로도 평생교육 전문가로서의 실무능력을 배양하는 교육이 필요하다.

6. 베이비붐 세대의 교육목적과 주요 교육내용

1) 베이비붐 세대의 교육목적

전술한 바와 같이 베이비붐 세대의 교육요구는 다양하다. 즉, 직업능력 향상 교육, 문화예술교육, 인문교양교육 등 다양한 교육요구를 보이고 있다. 베이비붐 세대의 노후생활의 행복을 보장하기 위해서는 베이비붐 세대가 어떤 문제에 대하여 걱정하고 불안해하고 있는가에 대하여 이해하는 것이 필요하다. 그리고 그 같은 걱정을 교육을 통하여 덜어 주는 것이 베이비붐 세대의 교육의 주요 목적이 될 수 있다.

이소정 등(이소정 외, 2008; 노일경, 2011 재인용)의 연구에 의하면, 베이비붐 세대의 노후에 대한 걱정을 살펴보면 남성은 생활비와 가족부양에 대한 걱정이 높고, 여성은 건강에 대한 걱정이 높은 것으로 나타났다. 그리고 연령별로 젊은 층은 생활비에 대한 걱정이 높다. 고령층은 건강에 대한 걱정이 많은 것으로 나타나고 있다. 학력별로는 중졸은 건강에 대한 걱정이 고졸은 생활비에 대한 걱정이 대졸은 할 일이 없는 것에 대한 걱정이 높은 것으로 나타났다. 그리고 베이비붐 세대가 희망하는 노년기 활동으로는 취미와 여가생활, 종교생활, 자원봉사활동, 친목활동, 직업관련 활동, 새로운 일거리 등으로 나타나고 있다.

이상과 같이 베이비붐 세대가 고민하는 노년기의 문제와 하고자 하는 활동에 대하여 살펴보면, 그들은 인구통계학적인 변인에 따라 다양한 교육요구가 있는 것으로 나타나고 있다. 그들의 주요 걱정은 경제적인 문제, 건강에 대한 것, 사회적 참여와 소일거리에 관한 것임을 알 수 있다. 그리고 이같은 고민거리와 관심사는 그들의 사회적 배경에 따라 다른 것을 알 수 있다. 이를 토대로 베이비붐 세대를 대상으로 하는 교육내용을 제안하면 다음과 같다.

2) 베이비붐 세대의 교육내용

베이비붐 세대가 노년기를 행복하게 보내기 위해서는 베이비붐 세대를 대상으로 교육을 제공하는 것이 필요하다. 여기에서 중요한 것은 베이비붐 세대를 대상으로 제공하는 교육내용이 무엇이어야 하는가다. 이는 앞에서와 같이 베이비붐 세대의 다양한 요구와 그들의 전 생애적 발달단계 상의 과업을 성공적으로 수행할 수 있도록 하는 내용을 중심으로 제시해 볼 수 있다.

즉, 베이비붐 세대의 교육내용으로는 경제생활과 직업생활을 위한 교육, 퇴직과 은퇴준비를 위한 교육, 성공적 노화와 건강한 노년기를 위한 교육,

사회활동과 사회참여를 위한 교육 등이 필요하다.

(1) 직업생활과 경제생활을 위한 교육

베이비붐 세대를 위한 교육내용의 하나는 직업생활과 경제생활을 위한 교육이다. 이 같은 교육의 필요는 베이비붐 세대 자신을 위해서도 필요하지만 국가경제 전체적으로 볼 때도 필요하고 절박한 것이다. 이는 2010년 베이비붐 세대가 정년을 맞으면서 본격적인 은퇴의 진행으로 심각한 노동부족 현상에 대한 우려가 높고, 국민연금 수급 이전의 은퇴자는 자영업으로 진출함으로써 자영업의 경쟁이 심화되어 자영업의 수익률이 하락하여 베이비붐 세대 은퇴, 자영업 창업, 파산으로 이어질 가능성이 우려되고 있다(안주엽, 김복순, 2012). 이 같은 우려로 인하여 베이비붐 세대의 재고용에 대한 전체적이고 포괄적인 대응책이 필요하다.

이 같은 맥락에서 베이비붐 세대의 직업생활을 위한 교육이 필요하다. 여기서 직업생활이란 직장에서 자신의 업무를 잘 수행할 수 있도록 하는 직업능력 향상교육과 한편으로는 노년기에 재취업할 수 있도록 하는 취업능력 향상교육을 의미한다. 베이비붐 세대는 인생의 후반기를 새로운 일을 하면서 살아야 하는 시기이므로 새로운 직장으로 진입하기 위하여 노년기를 위한 직업준비교육이 필요하다. 이 같은 직업준비교육은 베이비붐 세대가 재취업과 창업을 할 수 있게 하는 교육이다. 베이비붐 세대가 성공적 노년기를 보내는 데 있어서 경제적 측면은 매우 중요한 요소다. 노년기를 경제적으로 잘 보내기 위해서는 베이비붐 세대의 고용능력을 육성하여 고용역량을 길러야 할 것이다. 베이비붐 세대의 직업교육에 있어서는 재취업을 위한 교육과 창업을 위한 교육이 필요하다. 베이비붐 세대의 재취업을 위한 교육을 위해서는 그들이 취업할 수 있는 일자리를 조사하고 그들이 그 같은 일자리에 취업하기 위하여 필요한 능력을 교육하는 것이 필요하다. 또한, 베이비붐 세대의 창업과 관련된 교육과 컨설팅이 필요하다. 그리고 그들이 공동으로 창업할 수 있는 사업아이템을 발굴하고 이 같은 일을 위한 상호협력 활동에 대한 교육도 필요하다.

베이비붐 세대의 경제적 측면에 대한 교육의 하나는 그들의 금전관리에 대한 교육이다. 노년기에 접어들면 경제적 수입이 많이 줄어들거나 거의 없어지기 때문에 노년기를 성공적으로 보낼 수 있도록 하기 위하여 금전을 합리적으로 관리할 수 있는 역량을 길러주어야 할 것이다.

(2) 퇴직과 은퇴준비를 위한 교육

베이비붐 세대 중 50대 중 후반의 연령대를 대상으로 가장 필요한 교육의 하나는 퇴직과 은퇴준비를 위한 교육이다. 고령화 사회에는 인생 후반기의 많은 시간을 직장을 떠나서 보내게 된다. 현직에서 물러난 시기에 인생을 잘 보내기 위해서는 퇴직과 은퇴의 충격을 최소화하고 사회생활을 잘 영위할 수 있도록 하는 교육이 필요하다. 퇴직하게 되면 직장에서의 직무가 없어짐과 동시에 사회적 교류와 상호작용이 줄어들게 된다. 그리고 경제적 여유도 줄어들게 되므로 삶의 양태가 퇴직 전과는 매우 현저하게 달라진다. 그러므로 퇴직과 은퇴를 앞둔 베이비붐 세대를 대상으로 하는 퇴직과 은퇴준비를 위한 교육이 이루어져야 한다.

교육내용도 다양한 측면에서의 준비를 위한 교육이 이루어져야 할 것이다. 즉, 사회적인 적응을 위한 교육과 일과 금전관리 측면에서의 교육, 그리고 건강관리에 관한 교육, 취미와 여가생활과 관련된 교육, 사회적 참여와 사회활동에 대한 교육이 활발히 이루어지는 것이 필요하다.

이 같은 퇴직과 은퇴준비를 위한 교육은 해당 직장에서도 이루어질 수 있지만 공공 평생교육기관에서 체계적으로 운영될 필요가 있다. 이는 퇴직자들도 엄연한 사회의 한 구성원이므로 그들이 퇴직 이후 사회구성원으로서 건강하고 건전하게 살아갈 수 있도록 지원하는 것이 필요하기 때문이다.

(3) 성공적 노화를 위한 교육

베이비붐 세대는 중년기의 인생으로부터 노년기의 인생으로 전환하는 직전에 있다. 그러므로 그들의 성공적 노화를 지원하기 위해서는 노년기에 대한 이해교육이 필요하다. 성공적 노화에 대한 학자들의 관심은 오래된 것이며 많은 학자가 성공적 노화에 대하여 연구하였다. 해비거스트(Harvighurst, 1963)는 삶의 만족도가 높은 것을 성공적 노화로 보았고, 리프(Ryff, 1982)는 심리적 복지를 성공적 노화로 보고 통제력을 강조하였으며, 에릭슨(Erikson, 1982)은 노년기에 자아 통합감을 갖는 것을 성공적 노화로 보았다(김미령, 2013a 재인용). 이 밖에도 성공적 노화는 밸티스와 밸티스(Baltes & Baltes, 1991)가 제안한 SOC(Selective Optimization with Compensation) 모델로 통제력과 적응력을 강조하여, '보충을 수반한 선택적 적정화'로 노년기에 할 수 있는 것을 선별적으로 선택하여 노년기의 여러 가지 부족한 기능을 보충하고 자신이 갖고 있는 자원을 최대한 활용하는 것을 성공적 노화로 보고 있다(김미령, 2013a 재인용). 이처럼 학자들 간에 공적 노화의 기준과 요소는 달라도 어떤 입장이든 성공적 노화란 "노년기의 자원의 활용이라는 측면에서는 일맥상통한다고 볼 수 있으며 환경을 통제하고 적응하며 노년기를 행복하고 성공적으로 지내는 높은 삶의 질로 만족하는 삶임에는 틀림없다."(김미령, 2013b). 이처럼 성공적 노화는 사람들마다 다양한 관점으로 말하고 있지만, 노인들이 자기 자신과 주변 환경을 잘 이해하고 자신이 지닌 자원을 통제하고 조절하여 노년기를 행복하고 만족스럽게 보내는 것을 일컫는 것이다.

베이비붐 세대의 성공적 노화를 위해서는 그들이 자기 자신의 특성과 주변 환경을 잘 이해하고 이를 통제하고 조절하여 행복한 노년기를 준비하는 것이 필요하다. 성공적 노화에는 다양한 요소가 영향을 미칠 수 있는데 신체적 건강과 심리적 만족감과 행복감, 사회적 교류 등과 같은 요소가 그것이다. 그러므로 베이비붐 세대의 성공적 노화를 위해서는 노년기의 신체적, 심리적, 사회적 특성을 이해하고 이에 대하여 잘 적응할 수 있는 사전 대책을 마련하는 것이 필요한 것이다.

성공적 노화를 위한 교육을 위해서는 개인의 건강 유지, 경제적 문제 해결, 사회적 참여, 좋은 인간관계 등을 이룰 수 있는 교육을 통하여 노년기를 미리 대비하도록 하는 것이 필요하다. 즉, 개인이 질병에 걸리지 않고 건강한 생활을 할 수 있도록 건강에 관한 교육, 운동에 관한 교육이 이루어져야 한다. 그리고 개인이 경제적으로 건전한 생활을 영위할 수 있도록 저축과 금전관리를 잘 할 수 있도록 하는 교육이 필요하다. 그리고 개인이 사회생활에 성공적으로 참여할 수 있도록 취미생활과 직업 능력을 육성하는 교육이 필요하다. 또한, 타인과 좋은 인간관계를 유지하게 만드는 인간관계와 의사소통에 대한 교육이 필요하다.

(4) 노년기의 건강관리를 위한 교육

베이비붐 세대가 행복한 노년기를 보낼 수 있도록 지원하기 위해서는 노년기에 신체적으로 건강을 유지하며 살 수 있도록 하는 교육이 필요하다. 베이비붐 세대가 신체적 건강상태를 유지하고, 개인의 지병을 성공적으로 관리하고, 운동과 식생활을 합리적으로 개선함으로써 노년기의 건강을 유지할 수 있도록 하는 교육이 필요하다. 베이비붐 세대가 노년기에 건강을 유지하도록 지원하기 위해서는 건강과 운동, 보건, 영양 등과 관련된 지식과 실천에 대한 교육이 필요하다.

그들이 노년기의 건강을 유지하기 위해서는 노년기의 신체에 대한 이해 교육, 보건과 관련된 기초지식에 관한 교육, 노년기의 질병과 자신의 지병을 성공적으로 관리하기 위한 교육이 필요하다. 이를 위해서는 건강과 관련된 지식과 실천과 관련된 교육이 필요하다. 즉, 건강을 유지하기 위한 바람직한 운동방법과 관련된 교육, 보건과 위생과 관련된 교육, 식생활과 영양에 관한 교육, 운동에 관한 교육 등이 필요하다.

일반적으로 노인을 대상을 하는 교육요구 조사에 의하면 노인들의 수요가 가장 높은 영역은 건강과 관련된 교육이다. 그만큼 노인들은 건강한 노년을 보내고 싶은 욕구가 높기 때문이다. 노인들의 건강유지가 행복한 노년기의 가장 기본적인 요소이므로 노인들의 건강에 관한 교육은 매우 중요한 교육내용이다.

(5) 사회참여와 사회활동을 위한 교육

베이비붐 세대가 노년기를 행복하게 보내기 위해서는 그들이 노년기에 심리적으로 위축되지 않고, 자존감과 자기효능감을 유지하고, 행복감을 갖는 것이 필요하다. 이처럼 베이비붐 세대가 노년기에 긍정적 심리와 자기효능감과 행복감을 갖는 데 있어서 중요한 요소는 노인들이 사회적 활동을 할 수 있도록 돕는 것이다.

베이비붐 세대 노년기의 사회참여는 다양한 형태로 이루어질 수 있다. 즉, 노인단체 등과 같은 사회단체나 모임 활동에 참여하거나, 취미생활이나 봉사활동, 사회운동과 정치활동에 참여할 수 있다.

베이비붐 세대의 노년기의 사회적 참여를 돕기 위해서는 그들이 이 같은 사회활동에 참여할 수 있는 능력을 육성하고 참여할 수 있는 기회를 제공해 주는 것이 필요하다. 즉, 그들이 노인단체 등에서 활동하도록 하기 위해서는 노인에 대한 교육을 통하여 이를 안내하는 것이 필요하다.

그리고 노년기의 봉사활동을 위해서는 봉사활동의 태도와 능력에 대한 교육이 필요하다. 베이비붐 세대가 노년기에 사회단체나 사회운동 단체에서 활동을 할 수 있도록 하기 위하여 각 단체에서 그들을 대상으로 해당 단체의 지향과 참여활동에 대한 교육이 필요하다. 그리고 베이비붐 세대의 노년기 정치적 참여를 위하여 그들을 대상으로 하는 민주주의 교육, 민주시민 교육이 필요하다. 한편으로 베이비붐 세대의 노년기의 취미, 여가생활을 지원하기 위하여 그들을 대상으로 하는 취미교육, 여가교육, 문화교육이 필요하다. 그 같은 능력을 바탕으로 장차 취미·여가생활에 참여할 수 있기 때문이다.

7. 베이비붐 세대 교육의 발전 방향

베이비붐 세대는 고령화 사회에 있어서 우리나라 인구의 대부분을 차지하는 연령 세대로, 베이비붐 세대의 교육은 향후 10년 이후 이들이 고령자가 된다는 측면에서 미리 고령화 사회를 대비하는 측면이 강하다.

베이비붐 세대의 교육은 사회구성원 중 수적으로 대부분을 차지하는 이들이 향후 은퇴를 앞두고 있으므로 이들에 대한 교육은 향후 우리나라의 고령화 사회에 대응하는 정책을 수립한다는 측면에서 중요하다. 그러므로 베이비붐 세대의 교육을 통하여 이들이 향후 행복한 노년기를 보낼 수 있도록 하는 것은 우리 사회의 고령자들이 행복한 노년을 보내기 위한 방책을 마련한다는 점에서 큰 의미를 갖는다.

앞에서 베이비붐 세대의 교육이란 무엇이며, 이들을 위한 우리 사회의 교육현황은 어떠하며, 이들을 위한 교육에 있어서 문제점이 무엇인지 그리고, 이들을 위한 교육의 목적과 주요 내용에 대하여 살펴보았다. 지금부터는 이같은 논의를 기반으로 하여 베이비붐 세대 교육의 발전방향과 방안에 대하여 살펴보고자 한다.

베이비붐 세대의 교육은 그들의 행복한 노화와 행복한 노년을 위하여 그들 세대 구성원들과 더불어 우리 사회의 원활한 작동을 위해서도 매우 필요한 과제다.

베이비붐 세대 교육을 활성화하기 위해서는 베이비붐 세대 교육에 대한 정책비전과 정책과제를 확립하는 것이 필요하고, 베이비붐 세대 교육과 관련된 법규의 제정이 필요하고, 베이비붐 세대 교육을 위한 추진 체제를 정비하는 것이 필요하며, 전문인력의 양성과 배치, 교육 프로그램의 개발과 보급 등이 이루어져야 한다.

1) 정책비전과 과제의 확립

베이비붐 세대 교육발전을 위해서는 무엇보다도 베이비붐 세대 교육에 대한 정부의 정책과 추진과제를 확립하는 것이 필요하다. 우리 사회의 베이비붐 세대 교육은 더 이상 국가가 제공하는 서비스의 변방 영역이 아니다. 베이비붐 세대는 우리 사회의 대다수를 차지하는 사회의 중요한 구성원으로 이들에 대한 교육은 향후 우리나라의 고령화 사회에 있어서 노인복지국가를 실현하는 데 있어서 중요한 과제다. 이들에 대한 교육은 우리 사회의 안정된 작동과 지속가능성의 증진, 행복지수의 증진을 위하여 중요한 과제다. 그러므로 정부는 이 같은 베이비붐 세대를 대상으로 하는 평생교육을 중요한 정책과제로 설정하는 것이 필요하다.

현재 2008년에 시행된 평생교육진흥종합계획에서는 정책과제의 하나로 생애단계별 창조적 학습자 육성을 제시하고 다양한 정책을 추진하였다. 이 중 베이비붐 세대를 대상으로 하는 구체적 정책사업으로는 '평생학습 중심대학을 통한 성인 전기 · 성인 중기 평생학습의 내실화 추진' '전문대학을 활용한 일터 – 학습연계강화' '재직자 평생직업능력 향상을 위한 기술계학원 활용 극대화' '지역사회와 학습문화 확산을 위한 지역과 함께하는 학교사업추진' 등이 있다.

각 과제는 다양한 정책사업의 형태로 사업이 이루어지고 있다. 즉, 국가의 각 권역별로 평생학습중심대학을 지정하여 대학을 중심으로 베이비붐 세대의 교육을 시행하였다. 그리고 전문대학을 중심으로 직장인에 대한 평생교육을 제공하고 있다. 또한 재직자 교육을 위하여 기술계학원을 학점은행제기관으로 인정하여 교육기회를 제공하고 있다. 또한, 학교를 중심으로 하는 평생교육을 전개하였다. 그런데 이상과 같은 정책사업은 베이비붐 세대를 정확한 목표집단으로 한 것이 아니므로 향후 베이비붐 세대를 목표 집단으로 하는 집중적인 평생학습기회 제공이 이루어져야 할 것이다.

김태준 등(홍영란, 김선화, 박응희, 정혜령, 한정란, 2007)은 노인교육의 정책방향을 활동적 고령화를 위한 노년교육으로 설정하고 구체적으로 인적자본 육성, 사회적 자본 육성, 정체성 자본 확립을 정책방향으로 제시하고 있다. 이와 맥을 같이하여 베이비붐 세대의 교육에 있어서도 명확한 정책방향의 설정이 필요하다.

베이비붐 세대의 교육방향은 베이비붐 세대의 연령대와 그들의 인구사회학적 변인에 따라 다양한 교육목적을 설정하고 정책을 수립하는 것이 필요하다. 그들에 대한 교육정책 방향은 노인교육의 정책방향과 크게 다르지 않다. 50대 초반기의 베이비붐 세대를 위해서는 직업역량 향상교육과 여가취미교육이 필요하고, 50대 중후반에 해당하는 베이비붐 세대를 위해서는 은퇴준비교육, 성공적 노화에 대한 교육, 사회적 참여와 사회봉사활동에 대한 교육이 필요하다. 이처럼 고령화시대에 있어서는 베이비붐 세대 교육을 위하여 교육정책 비전과 목표를 명확히 하고 이를 위한 정책과제를 구체적으로 설정하여 교육을 추진하는 것이 필요하다.

2) 관련 법제의 정비

베이비붐 세대 교육 활성화를 위해서는 관련 법제의 정비가 필요하다. 베이비붐 세대의 교육과 관련된 정부부처는 다양하다. 교육부, 안전행정부, 노동부, 보건복지부 등이 모두 베이비붐 세대의 교육과 관련된 부처다. 현재 이들 부처에서 베이비붐 세대의 교육에 관하여 구체적으로 규정한 법규는 없지만 국민 모두의 평생교육에 관한 법규인 평생교육법이 그나마 베이비붐 세대의 교육과 관련이 있다고 볼 수 있다. 그러나 평생교육법에서도 구체적으로 이들의 교육에 대한 규정이 있는 것은 아니다. 그러므로 향후 베이비붐 세대와 같이 50대 직장인들에게 다양한 교육을 제공하기 위한 법규를 제정하거나 평생교육법 조항에 베이비붐 세대를 포함하는 중·고령 성인의 교육에 관한 규정을 신설하는 것이 필요하다.

이 같은 법규에서 규정해야 할 내용에 대하여 논의하면, 직장인이 평생학습에 참여할 경우에 이에 대한 학습비 지원, 교육을 제공하는 기관에 대한 국가예산지원, 베이비붐 세대를 고용하고 있는 기관에 대한 세제혜택 제공, 유급학습휴가제 도입 등이 필요하다. 또한, 근로자를 고용하고 있는 기관이

의무적으로 퇴직준비교육을 시행하고, 이에 대한 교육참여를 지원하게 하는 법제 마련이 필요하다. 또한, 베이비붐 세대를 대상으로 교육을 제공하는 교육기관에 대한 지정과 공적 목적의 교육을 제공하는 기관에 대한 정부의 지원에 대한 규정 제정도 필요하다.

3) 담당기구의 정비

앞에서 살펴본 바와 같이 베이비붐 세대 교육 관련 법률의 체계적 정비가 이루어지지 않은 것과 동일한 맥락에서 베이비붐 세대 교육을 담당하는 기구의 정비도 이루어지지 않고 있다. 전술한 바와 같이 현재 베이비붐 세대를 대상으로 하는 교육은 정부의 여러 부처에서 이루어지고 있다. 즉, 교육부 소속시설, 노동부 소속의 시설, 보건복지부 소속의 시설, 안전행정부 소속의 시설을 통하여 베이비붐 세대의 교육이 이루어지고 있다. 각 기관이 각자 교육을 운영하고 있으므로 교육내용의 중복과 예산의 낭비가 발생하고 있다. 그러므로 정부 각 부처에서 베이비붐 세대와 관련된 교육운영과 재정지원을 조정하는 기구의 설치가 필요하다. 새롭게 기구를 신설하기보다는 기존의 기관 가운데 베이비붐 세대의 교육을 가장 잘 조정할 수 있는 기관이 이를 담당하면 될 것이다. 예컨대 교육부 산하의 국가평생교육진흥원이 그 같은 역할을 담당할 수 있다. 국가평생교육진흥원과 더불어 각 광역시·도에는 시·도 평생교육진흥원이 설치되고 있으므로 이 같은 기관에 베이비붐 세대, 즉 중년기 성인을 위한 교육예산을 지원하고 이 기구에서 이 같은 사업을 총괄하면서 추진한다면 베이비붐 세대의 교육이 보다 체계적으로 이루어질 수 있을 것이다. 이 기관에서는 정부부처 간 연계와 협력을 기반으로 베이비붐 세대 교육을 총괄하고 각 부처의 교육을 코디네이

터하는 기능을 담당하여야 한다. 이처럼 국가평생교육진흥원에서 베이비
붐 세대 교육업무를 담당한다면, 시·도 차원의 베이비붐 세대 교육 업무는
시·도 평생교육진흥원에서 담당하여야 하고 시·군·구 차원의 평생교육
업무는 시·군·구 평생학습관, 평생교육센터에서 담당하고 읍·면·동에
서는 해당 지역 행복학습센터에서 그 같은 기능을 담당하면 될 것이다.

4) 전문인력 양성과 배치

앞에서 살펴본 바와 같이 베이비붐 세대 교육의 문제점의 하나는 베이비
붐 세대를 대상으로 하는 교육을 운영하는 기관에 이를 담당하는 전문인력
이 배치되어 있지 않다는 점이다. 이 같은 베이비붐 세대를 대상으로 하는
교육의 전문가는 평생교육사다. 그러므로 향후 각 평생교육기관에서는 평
생교육사가 보다 충원되어야 할 것이다. 그리고 이를 의무화하는 방안도 고
려되어야 한다. 그리고 국가와 지자체가 운영하는 공공 평생교육기관에서
는 평생교육사 채용을 의무화해야 한다. 베이비붐 세대 교육기관에 평생교
육전문가가 배치되지 않으면 교육프로그램 운영의 내실화와 서비스의 질적
수준을 보장할 수 없다. 그러므로 향후 베이비붐 세대가 학습자로 참여하는
평생교육기관에 평생교육사의 배치가 확대되어야 한다. 그리고 이 같은 평
생교육사 외에도 강사의 전문성 확립이 필요하다. 강사의 전문성 확립을 위
해서는 강사의 학습자에 대한 이해와 학습이론에 대한 이해, 교수 실천역
량에 대한 교육이 이루어져야 할 것이다. 이를 위해서는 평생교육 교·강사
연수과정이 운영되어야 한다. 이를 담당하는 기관은 공공 평생교육기관과
한국평생교육사협회, 한국평교육총연합회 등이 협력적으로 담당하는 것
이 필요하다. 현재, 우리나라 평생교육기관, 평생교육실천가, 평생교육학자

가 공동 회원인 한국평생교육총연합회를 중심으로 평생교육 교 · 강사 자격증 과정 프로그램이 마련되어 운영을 앞두고 있다. 이 같은 추세는 베이비붐 세대의 교육전문가 양성에 있어서 주춧돌이 될 수 있을 것이다.

5) 교육프로그램 개발과 보급

앞에서 살펴본 바와 같이 베이비붐 세대의 교육내용은 매우 다양하다. 베이비붐 세대의 교육은 그들의 생애단계와 사회적 배경별로 희망하는 교육내용이 각기 다르므로 교육내용도 다양한 것이다. 주된 교육내용으로는 직업생활과 재취업관련교육, 은퇴준비교육, 성공적 노화교육, 건강교육, 사회활동과 자원봉사교육, 여가취미교육, 시민 참여교육 등이 있다. 현재 여러 평생교육기관에서 이루어지고 있는 교육내용은 직업능력향상을 위한 교육과 여가 · 취미교육 등은 많이 이루어지고 있는 반면에 경제교육, 자산관리교육, 은퇴준비교육, 성공적 노화교육, 건강교육, 자원봉사교육, 시민 참여교육 등은 제대로 이루어지지 않고 있다. 이 같은 교육이 활성화되지 않고 있는 원인으로는 다양한 종류의 교육프로그램이 제대로 개발되어 있지 않다는 점도 한 원인으로 들 수 있다. 향후 베이비붐 세대의 다양한 요구를 만족하는 주제의 교육프로그램 개발이 이루어져야 한다. 이를 위해서는 정부 각 부처 산하의 교육관련기관에서 이들을 대상으로 하는 프로그램이 개발 · 보급되어야 한다. 그리고 국가평생교육진흥원 등과 같은 베이비붐 세대 교육 전문기관에서 이 같은 프로그램을 정책적으로 개발하는 것이 필요하다. 그리고 개발된 프로그램을 전국적으로 보급하는 것도 필요하다. 또한, 우수 평생교육프로그램 공모사업 등을 통하여 프로그램의 개발과 운영을 지원하는 방안도 추진되어야 할 것이다.

앞에서 지적한 베이비붐 세대 교육의 문제점의 하나는 베이비붐 세대 교육 프로그램의 내용이 획일적이고, 질적 수준이 낮다는 점이다. 베이비붐 세대 교육의 핵심은 향후 이들의 다양한 교육요구를 충족하기 위한 고품질의 교육프로그램을 개발하고, 보급하는 것이다.

6) 베이비붐 세대 학습자 지원

베이비붐 세대의 교육발전을 위해서는 앞에서와 같이 정책적, 제도적 측면에서의 교육활성화 방안마련과 더불어 학습자를 직접적으로 지원하는 정책도 추진되어야 할 것이다. 학습자를 지원한다는 것은 베이비붐 세대의 학습자들이 학습에 참여하는 데 장애가 되는 점을 규명하여 이를 극복할 수 있도록 지원하는 정책이 필요하다. 흔히 교육활동에 대한 참여의 장애로는 경제적 비용의 문제, 시간부족, 정보부족, 프로그램 부적합, 기관 부적합 등 다양한 요인이 있다. 그리고 그 같은 참여장애는 사람들에 따라 각기 다를 것이다. 그러므로 해당 세대의 다양한 구성원의 교육 참여 장애요인을 조사하여 이에 대한 지원이 이루어져야 할 것이다.

지원방안에 대한 예를 들면, 학습비가 부족한 이들에게는 학습비에 대한 지원과 학습비 무료정책 등이 필요하다. 교육에 참여할 시간적 여유가 없는 이들을 위해서는 공공기관을 중심으로 야간과 주말 시간대의 프로그램을 운영하거나 사이버형태의 원격교육이나 강사가 출장하여 강의하는 아웃리치형의 교육 프로그램을 운영하는 것이 필요하다.

교육에 대한 정보장애를 극복하기 위해서는 광역시 · 도 평생교육진흥원을 중심으로 추진되는 평생교육정보화사업망을 활용하여 다양한 교육정보를 학습자에게 원활히 제공하는 것이 필요하다. 또한, 앞에서와 같이 다양한 프로그램을 개발·보급하여 학습자들의 다양한 학습요구를 반영하는 것이 필요하다. 평생교육을 운영하는 시설의 물리적 구조와 행정적 서비스를 개선하는 것도 요구된다. 교육시설과 학습자 간의 물리적 거리와 신체적 장애로 인하여 학습에 참여하지 못하는 이들에게는 교육시설로 이동하는 데 필요한 지원, 출장강의 운영, 원격교육프로그램 운영 등의 다양한 방법으로 학습을 지원할 수 있을 것이다.

■ 참고문헌

김미령(2013a). 준고령자의 성공적 노화 구성요소의 삶의 만족도 영향 및 노후준비의 매개 효과. 노인복지연구, 62, 257-288.

김미령(2013b). 준고령자의 성공적 노화요소의 삶의 만족도 영향 및 노후준비의 매개효과. 33-52. 제4회 국민노후보장패널 학술대회 자료집.

김태준, 홍영란, 김선화, 박응희, 정혜령, 한정란(2007). 고령화 사회에 대응하기 위한 노년교육 장기 발전 방안 연구. 한국교육개발원.

노일경(2011). 고령화시대 베이비붐 세대의 평생학습. *THE HRD REVIEW, 14*(4), 91-104. 한국직업능력개발원.

손유미(2014). 베이비붐 세대의 일자리 현황과 과제. *THE HRD REVIEW,* 32-51. 한국직업능력개발원.

손유미, 이성(2011). 베이비붐 세대 제2인생설계 구축 방안. 한국직업능력개발원.

손진곤 외(2010). 방송대 비전 및 중장기 발전전략 수립연구(1차년도). 한국방송통신대학교.

안주엽, 김복순(2012). 베이비붐 세대의 고용. **월간 노동리뷰**, 7-17. 한국노동연구원.

이소정(2011). 베이비붐 세대의 노후준비 실태와 노후설계 지원서비스의 방향. 보건·복지 Issue & Focus, 98, 1-8. 한국보건사회연구소원.

이시균(2013). 베이비붐 세대의 노동시장 형태 분석. *Employment Issue,* 50-69. 한국고용정보원.

〈기타자료〉
고용상 연령차별금지 및 고령자고용촉진에 관한 법률(법률 제9997호)
노인복지법(법률 제10563호)
평생교육법(법률 제8852호)

제4장

베이비붐 세대의 자원봉사 참여

1. 서론

이 장은 한국 베이비붐 세대(1955~1963)의 자원봉사활동 참여에 대한 연구다. 우리나라 베이비붐 세대는 2010년부터 은퇴를 시작하였고, 우리나라는 이들이 65세가 되는 2020년부터 본격적인 고령화 사회로 진입하게 된다. 2010년 기준으로 베이비붐 세대는 약 713만 명으로 전체 인구의 14.6%를 차지하고 있다(통계청, 2010). 현재 베이비붐 세대는 연령 계층상 중장년에 위치하며 일(work) 관점에서는 중고령 노동자로 불릴 수 있다. 그리고 베이비붐 세대는 우리 사회에 영향력을 미치는 핵심 역할을, 각 부문에서 수행하고 있는 버팀목 세대라고 할 수 있을 것이다. 그러나 베이비붐 세대는 우리나라 최초로 고등교육을 받고 부모 세대에 비해 보고 배운 것이 많은 세대로 인식되고 있지만, 가족 내에서는 부모와 자녀를 동시에 부양해야 하는 샌드위치 세대로서 경제적 부양부담을 많이 느끼고 있는 세대다. 따라서 노후준비도 제대로 못한 상태로 은퇴를 맞이하고 있는 경우도 많을 것이다. 그럼에도 불구하고 베이비붐 세대는 급속한 경제발전의 성장과정 속에서 성장기와 성년기를 보낸 세대로서 경제성장의 과실을 맛봤고 꾸준한 성취를 통하여 가정에서는 성공한 중년으로 그리고 국가 사회적으로 중산층의 뿌리를 형성하고 있다. 따라서 이전 세대, 경제개발 세대(1950~1954), 해방둥이 세대(1940~1949)(손양민, 2010) 그리고 자신의 부모 세대와 다른 특징을 갖는 베이비붐 세대는 자원봉사 참여에 있어서 다른 형태를 보일 것이다. 베이비붐 세대는 무엇보다도 선행 세대보다 교육수준이 높고 그 결과 사회적 연결망이 학연을 중심으로 상대적으로 크게 형성되었다. 자원봉사 참여에서 학력과 사회적 자원은 매우 중요한 역할을 하는데, 자원봉사서비스에 필요한 지식과 기술을 제공하고 비공식 연결망을 통해 자원봉사기회와 관련 정보를 얻는 데 수월하게 하기 때문이다. 따라서 이 같은 특징은 노후에도 베이비붐 세대의 사회참여가 높을 것이라는 것을 짐작케 한다.

우리나라 베이비붐 세대의 자원봉사활동 연구는 매우 미진한 상태다. 베이비붐 세대의 자원봉사활동 연구는 노인 자원봉사활동 연구 영역으로 분류될 수 있으나 베이비붐 세대를 대상으로 한 단일 연구논문 출판은 거의 없다. 한경혜 등(2011)은 도시 베이비붐 세대를 연구한 조사연구보고서에서 자원봉사활동 참여율을 11.4%로 보고하고 있다. 노인자원봉사 참여율이 높고 자원봉사제도가 발전한 선진국의 경우, 미국은 베이비붐 세대와 대공황 및 제2차 세계대전 참전 세대와의 참여 비교(Rotolo & Wilson, 2004), 베이비붐 세대의 은퇴 후 참여 전망(Rozario, 2007) 등의 연구가 있다. 캐나다는 여성 베이비붐 세대의 은퇴 후 자원봉사 참여에 대한 태도(Seaman, 2012), 호주는 베이비붐 세대의 자원봉사 태도와 새로운 관리방안(War-burton & Cordingley, 2004) 등의 주제를 다룬 논문들이 대표적 연구다. 선진국의 베이비붐 세대 자원봉사 연구는 우리보다 앞서가고 있으며 주된 관심사는 베이비붐 세대의 은퇴 후 자원봉사 참여의 유도와 수용 방안에 있는 것으로 사료된다. 우리나라는 몇몇 주체가 자원봉사 통계를 산출하고 있는 데 베이비붐 세대를 별도로 자세히 다루지 않고 있다. 베이비붐 세대의 사회참여가 중요한 문제가 되고 있으므로 고령 통계 생산 주체와 국가통계는 베이비붐 세대의 자원봉사 지표를 확대하는 노력이 필요하다. 앞으로 베이비붐 세대의 자원봉사 연구는 우리나라 베이비붐 세대의 사회참여에 대한 기초 연구가 증가되어야 한다. 그리고 더욱 중요한 것은 수백만 명의 베이비붐 세대의 경험, 기술, 경력, 시간 등을 활용하기 위해서 이들을 참여로 끌어들일 수 있는 정책적 대안에 대한 연구가 절실하다는 점이다. 베이비붐 세대가 은퇴하여 여유시간이 증가하더라도 자원봉사활동으로 이어질 것이라고 생각하는 것은 장밋빛 환상에 불과하다. 이들을 자원봉사와 연결시키기 위해서는 '특별한 노력'이 필요하다(한경혜, 2011, 11).

베이비붐 세대의 자원봉사 참여를 강조하는 것은 베이비붐 세대가 가치 있는 인적 자원이기 때문이다. 정책결정자들은 겉으로 노인자원봉사활동의 목적은 봉사활동을 통해 노인의 사회 심리적 욕구를 충족시킴으로써 사회문제를 미연에 예방하는 것이라고 주장한다. 그러나 그것은 수사일 뿐 속내는 그들의 생산적 가치를 명확하게 인식하고 있다. 노인의 자원봉사활동 참여는 사회의 지속가능성과 사회의 영속과 관련된 재화와 서비스를 생산한다. 존슨과 샤너(Johnson & Schaner, 2005; Rozalio, 2007, 34 재인용)는 55세 이상 노인이 수행하는 공식적 자원봉사의 경제적 가치를 443억 달러로 추정하고 있고, 비공식 자원봉사의 가치는 178억 달러로 추정하였다. 그리고 보리스(Boris, 1999)에 따르면 자원봉사자는 미국 경제에 수십억 달러의 자원을 기여하고 있다고 주장하였다. 노인자원봉사의 가치는 단지 경제적 가치에 머무르지 않고, 사회를 유기적으로 통합시키는 사회통합이라는 가치를 고양시키는 기능을 한다. 이는 주민 간의 연대의식을 형성하여 생기 활발한 지역사회를 만들어 가는 데 일조한다. 이와 같이 노인의 자원봉사 참여는 비싼 비용을 지불하지 않더라도 사회의 지속성을 유지할 수 있게 할 수 있다.

따라서 이 장은 앞서 논의한 베이비붐 세대의 은퇴 후 사회참여와 관련된 국제적 관심과 빠른 속도로 진행되고 있는 한국 베이비붐 세대의 노년기 진입이라는 사회 환경을 의식하여 연구를 시작하였다. 이 장은 우리나라 베이비붐 세대의 자원봉사 참여 실태를 파악하고 자원봉사 참여 및 참여 의사 영향요인 추정을 통해 영향변수들을 식별하고자 한다. 또한 이 결과를 토대로 베이비붐 세대의 자원봉사활동 특징을 코호트관점에서 논의하고, 검증된 영향요인의 정책적 효과에 대해서 검토하고자 한다.

2. 문헌 연구

1) 자원통합이론과 자원봉사 관련요인

자원봉사의 자원통합이론(integrated theory of resources)은 세 가지 명제를 바탕에 깔고 있다. 첫째, 자원봉사활동은 참여자의 인적 자본이 필요로 하는 일(work)이며, 자원봉사 시장이 존재한다. 둘째, 자원봉사활동은 다양한 수준에서 집합적 행동을 동반하기 때문에 사회적 자원이 필요하다. 셋째, 자원봉사활동은 윤리적 가치에 의해서 인도되는데, 그 결과 문화적 자원이 필요하다(Wilson & Musick, 1997; Wilson, 2000). 인적자본은 생산적 활동을 가능하게 하는 개인의 특징으로 교육, 소득, 건강, 자산, 전문기술

등을 포함한다. 사회적 자본은 사람과의 연결성을 나타내며 인간의 사회생활에 깊이 내재된 속성이다. 이와 같은 관계성을 통하여 개인은 자원봉사 정보를 얻고, 상호 호혜성의 기반을 다지며, 타 구성원과 공동체에 대한 신뢰성을 갖게 한다. 문화적 자본은 가난한 사람이나 불우한 사람을 돕고자 하는 도덕적 의무감이며, 사회의 공익에 기여하려는 동기 또는 책임감이다. 이 문화적 자본은 주로 사회화에 의해 획득된다. 따라서 이 세 가지 자본 혹은 자원을 동시에 고려하여 자원봉사의 원인으로 개념화한 것이 자원봉사의 자원통합이론이다(Choi & DiNitto, 2012; McNamara & Gonzales, 2011; Tang, 2006). 따라서 동 이론은 자원봉사활동의 결정요인은 인적 자원, 사회적 자원, 문화적 자원으로서 이 요인들이 작용하는 것으로 개념화하고 있다.

코호트 관점에서 보면 우리 사회는 여러 개의 연령코호트로 계층화되어 있다. 중요한 점은 현재의 베이비붐 세대는 자원봉사활동을 가능하게 하거나 촉진하는 자원을 상대적으로 많이 가지고 있는 연령계층의 상위에 있다는 점이다. 베이비붐 세대는 생애주기상에서 중년이나 장년으로서 생산 활동과 모든 조직 활동에서 핵심적 역할을 맡거나 생산성의 정점에 있다. 이는 베이비부머가 인적 자본, 사회적 자본, 문화적 자본을 가질 확률을 높게 해준다. 고령화 사회인 미국이나 호주연구를 보면 베이비붐 세대는 현재 노인코호트보다 높은 교육 수준을 가지고 있으며 따라서 학연을 중심으로 하는 사회적 자본의 수준도 높다(Rozario, 2007; Warburton & Cordingley, 2004). 이러한 점은 베이비부머의 높은 자원봉사활동 참여율을 설명할 뿐만 아니라 그들이 은퇴 후에도 참여가능성을 높게 해 준다.

2) 베이비붐 세대 정의와 세대 개념

한국 베이비붐 세대는 1955년부터 1963년에 탄생한 연령코호트를 의미한다. 한국전쟁 이후 아동 출산율은 사회가 안정되어가고 연기된 출산욕구가 분출됨에 따라 높아지기 시작했다. 그러나 이 흐름은 1964년부터 시행된 산아제한 정책으로 말미암아 낮아지기 시작했고 현재에 이른다. 서유럽 및 북미 국가를 보게 되면 출산율은 1940년 중반부터 1960년대 중반까지 오랜 기간 동안 증가하는 현상을 보였다. 미국, 프랑스, 오스트레일리아는 이 기간 동안 높은 출산율을 보인 나라에 속한다. 벨기에의 출산율 급증은 1950년대 초에 일찍 끝났다. 영국은 1947~1950년, 1961~1965년 두 기간에 출산율이 급증하는 양봉 형태로 나타났다(Falkingham, 1997; Karisto, 2005; Leach, Phillipson, Biggs, & Money, 2008 재인용). 일본은 1947년부터 1949년까지 비교적 단기간 높은 출산율을 보였다. 이와 같이 특정기간에 출산율 급등으로 태어난 인구폭발 세대를 베이비부머라고 통칭하는데, 이 연령코호트의 출현은 선행 연령코호트와 후속 연령코호트 그리고 심지어 베이비부머 코호트 내에 경쟁, 삶의 기회, 자원의 분배 측면에서 다양한 영향을 미친다(Atchley & Barusch, 2004). 따라서 이것은 베이비붐 세대의 노년기 진입과 이들의 자원봉사 참여는 이전의 자원봉사의 형태를 변화시킬 수 있다는 점을 짐작하게 한다.

그러나 이와 같은 인구폭발 집단을 모두 고전적 의미의 세대라고 정의하기는 어렵다. 오늘날 세대라는 용어는 사용하는 주체에 따라 각기 다른 의미로 사용하기 때문에 혼란스러운 것이 사실이다. 이 책의 저자들은 가독성을 높이기 위해서 한국 '인구폭발 집단'을 '세대'라고 표기하였으나 사회과학자들이 사용하는 '세대' 개념의 의미로서 사용한 것은 아니다. 사회과학자들은 세대라고 했을 때 만하임(Mannheim, 1952)의 고전적 정의를 수용하고 있다. 세대는 사회적 역사적 실체이고 사회운동의 세력으로서 사회변동의 주관자라는 입장을 강조한다(Marshall, 1983: 박재홍, 2003, 재인용). 그러나 이런 세대 개념은 너무 추상적이기 때문에 실증적 세대 연구에서 많은 한계를 노출했고 세대의 연구는 큰 진전을 볼 수 없었다. 따라서 후대의 학자들은 공통된 역사 경험과 유사한 태도를 보이는 인구 집단의 시간적 분석단위로서 코호트(cohort)라는 개념을 사용하였다(Kertzer, 1983; Ryder, 1965). 코호트 개념은 연구자 관점에서 세대를 분석 목적으로 구분하고 조작할 수 있는 장점을 갖고 있다. 코호트는 같은 시기에 태어난 동기 집단으로서 출생연도나 연령을 기준으로 새로운 코호트를 창조할 수 있다. 뿐만 아니라 코호트는 세대 개념과 마찬가지로 '사회변화의 주관자' 그리고 '역사적 경험의 공유'라는 의미를 함께 갖고 있다. 오늘날 사회는 고전적 의미의 혁명 세대의 출현이 없이도 지속적인 코호트의 계승(cohort succession), 즉 변화의 주관자로서 코호트를 통하여 변화·진보하였다. 따라서 출생연도가 9년에 걸쳐있고 일체적(一體的) 대자적(對自的) 의식이 약한 한국 인구폭발 집단을 고전적 의미의 세대로 규정하기는 어렵다고 생각한다. 따라서 이 책은 베이비붐 세대라는 시각에서가 아니라 연령코호트 관점에서 행위를 분석하고 해석하는 것이 보다 논리적이라고 판단한다.

3) 선행연구

다음의 선행 연구들은 참여자의 인적 사회적 문화적 자원들이 자원봉사 활동과 참여 의사에 영향을 미치고 있다는 결과를 보고한 논문이다. 뿐만 아니라 선행연구들은 생활환경, 인구 사회적 변수들도 유의한 효과를 갖고 있음을 보고하였다. 따라서 이 선행연구 검토는 독립변수들이 왜 분석모형에 투입되어야 하는지에 대한 이론적 경험적 근거를 제시할 것이다.

(1) 인적 사회적 문화 자원과 자원봉사활동

개인이 가진 자원, 즉 인적 자원, 사회적 자원, 문화적 자원은 자원봉사 참여에 중요한 역할을 수행한다. 인적 자원은 교육, 건강, 전문성, 소득 등이 대표적인 예다. 교육수준이 높으면 자원봉사에 대한 인지도가 높고, 자원조직에서 필요한 회의주재, 업무처리, 리더십 등에서 능력을 발휘할 수 있기 때문에 자원봉사 참여에 능동적이다. 이 가운데 교육 정도는 자원봉사활동을 촉진하는 효과가 크다고 할 수 있다(Choi & DiNitto, 2012; Kim, Kang, Lee & Lee, 2007; Li, Chi & Xu, 2010; Tang, 2006). 사회적 자원은 많은 친구를 사귀고 사교적인 능력으로 인해 많은 자원조직에서 활동하는 능력이다. 이웃 주민과 교분이 많기 때문에 자원봉사의 요청도 많이 받고 단체로부터 자원봉사자를 구해달라는 부탁도 받는다. 따라서 이와 같은 사회적 자본은 자원봉사 참여를 촉진한다. 특히 비공식적 접촉 빈도와 가입단체 수 등은 자원봉사활동 참여와 정의 관계를 갖고 있다(Li, Chi & Xu, 2010; McNamara & Gonzales, 2011; Tang, 2007; Voicu & Voicu, 2009). 문화적 자본이란 이타적 동기, 정의를 실현하고자 하는 가치관, 종교에 기초한 박애주의 등을 예를 들 수 있는데 이러한 문화적 자본은 자원봉사활동 참여에 중요한 촉진제로 작용한다. 종교인이 비종교인보다 자원봉사 참여가 많은 이유다. 따라서 종교를 갖고 있는 것은 자원봉사활동 참여의 가능성을 높인다(Choi & Chou, 2010; Manning, 2010; Voicu & Voicu, 2009). 자원봉사활동이란 지역사회에서 필요한 사회적 서비스와 재화를 생산하는 일이다. 자원봉사활동이 생산적 활동이기 때문에 거기에 참여하기 위해서는 개인의 자원이 투입되어야 하기 때문이다. 이런 개인의 자원이 자원봉사 참여에 긍정적 기능을 한다는 것은 많은 선행연구에서 실증적으로 검증되고 있다.

(2) 생활환경과 자원봉사활동

환경은 자원봉사활동에 직접적인 영향을 미친다. 이것은 인간의 사회적 활동이 환경의 영향을 받기 때문이다. 지금까지 알려진 노인자원봉사활동에 영향을 미치는 환경요인은 근린(neighborhoods)상태, 지역, 광역시도, 거주지역의 인구크기, 도시와 농촌 등의 변수가 있다. 거주지로써 근린상태는 자원봉사활동에 영향을 미친다. 저소득층 시내 중심부지역은 다른 지역보다 참여가 낮다(Wilson, 2000). 역시 광역시도는 자원봉사 참여에 영향을 미치는 데 도지역의 참여가 광역시보다 높다(Kim, Kang, Lee, & Lee, 2007). 그리고 지역으로써 비수도권인 강원·충청·영호남이 수도권인 서울·인천·경기보다 자원봉사 참여가 더 높다(강철희, 2003). 자원봉사 참여율은 거주지의 인구크기가 클수록 감소하는 경향이 발견된다(Kim & Hong, 1998). 자원봉사 참여는 도시와 농촌 간에도 차이가 있는 데 농촌지역의 참여가 높은 편이다. 특히 노인은 거주하는 집의 구조와 편리성 등에 의해서 생활의 만족도가 결정되기도 한다. 지역사회 노인들의 사회 참여는 거주지의 만족스러움, 환경오염의 개선정도, 교통안전시설 등에 의해서 영향을 받을 것이다.

(3) 인적 사회적 문화적 자원과 자원봉사 참여 의사

자원봉사 참여 의사(volunteer intention)란 참여 의도 또는 의향으로써 구체적인 참여 행동과는 구분된다. 정순희(2008)는 참여 의사는 행동을 결정짓는 직전 선행변수 가운데 하나라고 기술하고 있다. 자원봉사 참여 의사에 영향을 미치는 요인에 대한 연구를 보면 독립변수의 인과 구조가 자원봉사활동의 그것과 크게 다르지 않다는 것을 나타내고 있다. 자원봉사 행동의사에 대한 연구들은 어떤 이론적 접근을 적용하느냐에 따라서 거기에 부합하는 예측변수들을 사용하고 있었다. 한국의 연구를 보면 정순희(2008)는 노인을 대상으로 연구한 논문에서 인적 자원변수(자아능력, 건강상태, 금전상태), 사회적 자원변수(가족지지), 문화적 자원(자원봉사행동에 대한 태도) 참여 의사와 정적관계(+)를 갖고 있다는 것을 보고하였다(n=279). 이는 인적·사회적·문화적 자원은 참여 의사를 강화시킨다는 의미다. 그러나 독립변수 가운데 연령, 교육정도, 배우자 유무, 종교유무, 친구지지, 시간 상태변수는 통계적 유의성 검정에 실패하였다.

홍콩 노인의 연구에서 쳉, 탱 그리고 양(Cheung, Tang, & Yan, 2006)은 자원봉사지속 의사 연구에서 과정모델(volunteer process model)을 적용하여 종속변수인 자원봉사지속 의사와 독립변수와의 상관관계를 분석한 결과 인적 자원변수(교육수준), 사회적 자원(사회적지지, 집단 상호작용)변수, 문화적 자원(이타적 동기와 직업만족도) 변수가 정의 관계(+)가 있음을 보고하였다(n=318). 이 연구의 표본은 임의적으로 복지센터에서 추출한 것이기 때문에 대표성 그리고 자기보고식 응답으로 인한 회상오류 등의 문제가 있다. 그리고 로와 쉬크(Law & Shek, 2009)는 청소년의 자원봉사의사와 행동 연구에서 경로분석을 통해 사회적 자원(가족의 긍정적 영향과 가족의 외재적 영향)변수가 자원봉사 시간에 영향을 미치고 있다는 것을 보고하였다(n=5,946).

(4) 인구 사회 변수와 자원봉사활동

인구 사회 변수는 이 장에서 연령과 성별을 의미한다. 노인의 자원봉사활동은 연령이 증가할수록 감소하는 경향을 띤다. 생애주기별로 보면 40대에 절정을 이루고 그 이후 서서히 감소하는 형태를 보인다. 그러나 최근의 연구들은 두 관계가 상관이 없는 것으로 나타나거나 상관이 있더라도 강도가 매우 약한 것으로 나타난다. 즉, 노년기의 자원봉사활동에서 연령효과는 매우 약하다는 것을 보여 주고 있다.

성별은 자원봉사활동에 영향을 미친다. 자원봉사활동의 성별차이가 존재한다. 한국은 남성이 여성보다 더 많이 참가하는 반면, 미국은 여성이 남성보다 더 많이 참여한다(Tang, 2006; Choi & DiNitto, 2012). 이는 미국의 경우 여성에 대한 역할 기대가 한국보다 자유스럽기 때문으로 보인다. 중국의 연구를 보면 리, 치 그리고 주(Li, Chi & Xu, 2010)는 도시에 사는 노인을 대상으로 한 연구에서 연령과 성별이 참여와 부의 관계를 나타내고 있다고 보고하였다. 즉, 나이가 증가할수록 참여는 감소하고, 여자가 남자보다 더 많이 참여하는 결과를 보여 주었다. 성별 효과측면에서 한국과는 상반된 결과를 보인다.

4) 이 장의 연구가설 및 문제

앞에서 검토한 이론과 선행연구를 바탕으로 이 연구는 베이비붐 세대의 자원봉사 참여와 참여 의사를 예측하는 변인을 추정하기 위한 연구가설을 다음과 같이 도출하였다.

첫째, 베이비붐 세대가 인적 사회적 문화적 자원을 많이 가질수록 자원봉사 참여는 높을 것이다.

둘째, 베이비붐 세대가 자원을 많이 가질수록 자원봉사 참여 의사는 높을 것이다.

표 4-1 변수정의와 측정

변수명	정의 및 코딩방법
자원봉사활동 참여여부	지난 1년 동안 자원봉사활동에 참여경험의 존재여부. ① 유 ② 무(②=0)
자원봉사 참여 의사	앞으로 자원봉사활동 할 의사. ① 할 생각 없음 ② 하고 싶지만 지금은 어려움 ③ 기회가 주어지면 계속 하겠다.
성별	남녀의 성별. ① 남자 ② 여자(②=0)
연령	조사시점(2009년 7월) 기준 만 나이
교육 정도	정규졸업학력. ① 초졸 이하 ② 중졸 ③ 고졸 ④ 대졸 이상. 연속변수로 처리
주관적 건강	주관적 건강 평가. ① 매우 나쁨 ② 나쁜 편임 ③ 보통 ④ 좋은 편임 ⑤ 매우 좋음
근로시간	지난 1주간 근로시간. 범위 0~144시간
가구소득	월가구 총 소득. ① 50만 원 미만 ② 50~100만 원 미만 ③ 100~200만 원 미만 ④ 200~300만 원 미만 ⑤ 300~400만 원 미만 ⑥ 400~500만 원 미만 ⑦ 500만 원~600만 원 미만 ⑧ 600~700만 원 미만　⑨ 700만 원 이상. 연속변인으로 처리
직업	지난 1주간 근로시간이 있는 경우 ① 전문·관리 ② 사무 ③ 서비스·판매 ④ 농·어업 ⑤ 기능·노무 ⑥ 없음(⑥=0)
가입단체 수	지난 1년간 참여단체 수. 친목, 종교, 취미, 시민사회, 학술, 이익, 정치, 기타 단체 중 1순위, 2순위, 3순위에 체크한 것을 합산함. (최댓값 3)
도시농어촌교류	지난 1년간 도시와 농어촌 교류활동 참여여부. ① 있다 ② 없다(②=0)
집안일 부탁 사람 수	몸이 아플 때 집안일을 부탁할 수 있는 사람의 총 수.
돈 빌려 줄 사람 수	갑자기 많은 돈을 빌릴 일이 있을 때 돈을 빌릴 수 있는 사람의 수.
이야기 상대 수	낙심 및 우울할 때 이야기할 수 있는 상대의 수.
유배우	혼인상태로서 배우자의 유무. ① 배우자 있음 ② 미혼, 사별, 이혼(②=0)
종교	주말이나 휴일 여가활동 중 1~3순위에 종교활동을 한다고 체크한 사람들. ⓪ 무종교 ① 종교 (⓪=0)

계층의식	주관적 사회경제적 지위. ① 하하 ② 하상 ③ 중하 ④ 중상 ⑤ 상하 ⑥ 상상. 연속변수로 처리
독서량	지난 해 1년 동안 읽은 책의 총 수
문화관람	지난 해 1년 동안 문화예술 및 스포츠 관람 총 회수.
환경스트레스	지난 2주 동안 일상생활에서 스트레스를 느낀 정도. ① 거의 느끼지 않았다. ② 조금 느낀 편이다. ③ 많이 느낀 편이다. ④ 매우 많이 느꼈다. 4점 리커트 척도.
교통안전시설	살고 있는 지역의 교통안전시설에 대한 만족도. ① 매우 불만족 ② 약간 불만족 ③ 보통 ④ 약간 만족 ⑤ 매우 만족
거주지 만족도	지금 살고 있는 지역에 대한 만족도. ① 매우 불만족 ② 약간 불만족 ③ 보통 ④ 약간 만족 ⑤ 매우 만족
환경오염체감	살고 있는 지역의 환경오염 정도는 1년 전과 비교하여 어떻게 변화 된지에 대한 평가. ① 매우 나빠졌다. ② 약간 나빠졌다. ③ 변화 없다. ④ 약간 좋아졌다. ⑤ 매우 좋아졌다.
가족관계	가족관계에 있어 가족생활 전반에 대한 만족도. ① 매우 불만족 ② 약간 불만족 ③ 보통 ④ 약간 만족 ⑤ 매우 만족
바쁨 정도	평소 바쁘거나 시간이 부족하다고 느끼는 경우가 있는 정도. ① 전혀 그렇지 않다. ② 그렇지 않은 편이다. ③ 보통이다. ④ 그런 편이다. ⑤ 항상 그렇다.
광역시	16개 광역시·도(제주도 포함). ① 광역시 ② 광역도(②=0)
동네	응답자의 거주지. ① 동부 ② 읍면부(②=0코딩)

마지막 가설로서 세 번째 가설은 베이비붐 세대와 현 노인 코호트의 자원봉사활동 참여를 비교하는 가설이다. 데이터의 조사 시점에서 베이비부머는 46~54세의 중장년이다. 그리고 노인 코호트는 55세 이상이다. 자원통합이론에 코호트 관점에 근거하여 베이비붐 세대의 자원, 즉 교육 수준, 주관적 건강, 사회적 네트워크 등이 현재 노인보다 더 많이 소유하고 있다. 따라서 다음과 같이 가설을 설정하는 것이 가능하다.

셋째, 베이비붐 세대의 자원봉사활동과 참여 의사 수준은 현재 노인 세대
보다 더 높을 것이다.

3. 연구방법

1) 분석자료 및 표본

우리나라 베이비붐 세대의 자원봉사실태와 본질을 파악하기 위한 목적으
로 시작한 이 연구는, 2009년 통계청 사회조사 자료를 분석 자료로 이용했
다. 이 조사는 15세 이상 우리나라 가구원에 대한 조사이며 베이비붐 세대
와 같은 다양한 연령집단을 포함하고 있을 뿐만 아니라 제한적이지만 자원
봉사활동 관련 조사문항을 포함하고 있었다. 이 조사 자료의 장점은 제주도
를 포함한 전국단위 조사이며 확률표본으로서 통계적 추론이 비교적 수월
한 점이다. 이 조사는 2009년 7월 6일부터 15일 간 실시되었다. 이 자료의
전체 표본은 37,049명이며, 분석을 위해 두 개의 하위 표본 집단을 만들었
다. 베이비붐 세대 표본은 6,903명이었고, 현 노인 세대는 10,268명으로
나타났다. 따라서 분석에 사용할 표본 집단은 전체표본을 포함하여 세 개의
표본 집단이 된다.

2) 분석 변수 및 조작적 정의

이 연구는 자원봉사를 나타내는 두 개의 변수, 즉 자원봉사활동 참여와
참여 의사를 각기 종속변수로 사용하였다. 자원봉사활동 참여여부는 지난

1년 동안 자원봉사활동에 참여한 경험이 있는지 물었고 '있다' 또는 '없다'로 대답되었다. 그리고 각각 1과 0으로 코딩되어 분석하였다. 자원봉사 참여 의사는 '앞으로 자원봉사활동을 할 의사가 있습니까?'로 질문하였고, '① 할 생각이 없다. ② 하고 싶지만 지금은 어렵다. ③ 기회가 주어지면 (계속)하겠다.'로 대답되었다(〈표 4-1〉). 이 질문은 3점 리커트 척도로서 순서형 범주 변수로 처리하여 분석하였다.

우리나라 베이비붐 세대 자원봉사활동 참여와 참여 의사의 영향요인을 파악하기 위해서 사용하는 독립변수들은 크게 자원변수, 인구 사회 변수, 생활환경 변수 군으로 나누어서 추정방정식에 투입하였다. 자원변수는 인적 자원, 사회적 자원, 문화적 자원으로 구분되며, 인적 자원변수에는 교육, 건강, 근로시간, 가구소득, 직업 변수로 구성되었고, 사회적 자원변수는 참여단체 수, 도시농어촌교류 여부 변수, 집안일 부탁 사람 수, 돈 빌려 줄 사람 수, 이야기 상대 수, 유배우 상태 변수가 그리고 문화적 자원변수는 종교소유, 계층의식, 독서량, 전시문화 관람빈도 변수가 포함되었다. 이 변수들에 대한 정의와 측정 방법, 분석코딩 방식은 〈표 4-1〉에서 정리 보고하였다.

인구 사회 변수는 성별과 연령 변수가 포함되었다. 성별은 더미코딩 되었고, 연령은 조사년도 기준 만 연령을 사용하였다. 생활환경변수는 환경스트레스, 교통안전시설에 대한 만족도, 거주지 만족도, 환경오염 개선 정도에 대한 인식, 가족관계 만족도, 생활의 바쁜 정도, 광역시 변수, 동네 변수를 포함한다. 환경스트레스 변수는 생활환경에서 느끼는 스트레스의 정도를 4점 리커트 척도에 대한 응답으로 측정되었다. 교통안전시설 변수는 살고 있는 지역의 교통안전시설에 대한 응답자의 만족도로써 5점 리커트 척도에 의해 응답되었다. 거주지 만족도 변수는 현재 살고 있는 거주지에 대한 만족도를 의미하고, 환경오염체감 변수는 환경오염의 정도가 1년 전과 비교하여 나아졌는지를 뜻하고, 가족관계 변수는 가족생활 전반에 대한 만족도를 표시한다. 이 세 변수는 모두 5점 리커트 척도로 구성되었다. 마지막으로 바쁨 정도 변수는 평소 바쁘거나 시간이 부족하다고 느끼는 정도를 뜻한다. 광역시 및 동네변수는 거주지의 행정구역상 소재를 나타낸다.

3) 분석 방법

베이비붐 세대의 자원봉사활동 참여 및 참여 의사를 분석하기 위해서 기술적 분석과 추론 통계분석을 활용하였다. 영향요인의 모수추정을 위해 두 종속변수, 자원봉사활동 참여와 참여 의사에 대응하는 각각의 분석 모형, 즉 이항 로지스틱 회귀분석과 순서형 다항로지스틱 회귀분석을 수행하였다. 그리고 노인 코호트의 자원봉사활동 참여 및 참여 의사의 영향 요인을 같은 방법으로 분석하였다. 또한 베이비붐 코호트의 모수 추정치를 상대적으로 파악하기 쉽게 하기 위해 표의 같은 줄에 결과를 병치하였다. 분석에서 통계모형은 종속변수의 척도 종류와 분포에 따라서 달리 적용하였다. 자원봉사행동 참여여부는 범주형인 동시에 이항분포를 가지므로 이항 로지스틱모형을 적용하였고, 자원봉사 참여 의사는 순서를 나타내는 변수이므로 순서형 다항 로지스틱회귀 모형(ordered multinomial logistic regression analysis)을 적용하였다. 이는 좌변의 로짓에서 승산 비 대신에 누적확률을 쓴 것이다.

연구 변수의 기술적 분석을 위해서 범주형은 백분율(%), 연속형에는 평균(mean)과 범위(range) 등을 사용하였다. 연속형 변수 중 카운트 자료를 평균으로 표시할 경우 나타나는 문제점을 보완하기 위해서 중위수(median)을 같이 사용하였다. 범주형 변수의 베이비붐 세대와 현 노인과의 차이여부를 검증하기 위해서 x^2검정을 사용하였다. 그리고 연속형 변수의 두 연령코호트를 비교하기 위해서 t-검정을 적용하였다. 독립변수 간에 나타날 수 있는 다중 공선성 문제는 문제가 되지 않는 것으로 나타났다.

이 연구는 표본을 두 개의 하위표본과 한 개의 합동표본을 만들어 분석하였다. 분석표본을 베이비붐 세대와 현 노인을 구분하는 것은 두 집단의 영향력을 제거하고 순수한 독립변수의 효과들을 추정하기 위해서다. 그리고 합동표본(pooled sample)을 만든 것은 각 코호트의 분석에서 나온 추정치들이 서로 어떤 영향을 주는지 파악하는 것이 불가능하므로 합동표본의 추정치를 통해 어떤 코호트의 추정치가 상대에게 영향을 주는지 파악할 수 있기 때문이다. 이 합동표본의 결과를 각 코호트와 비교하면 어떤 설명변수가 베이비붐 세대에 큰 효과를 갖는지 판단할 수 있다.

4. 분석결과와 고찰

1) 베이비붐 세대의 자원봉사 참여율

우리나라 베이비붐 세대의 자원봉사활동 참여율은 18.2%로 나타났다 (〈표 4-2〉). 이는 현재 노인 8.9%보다 두 배 높은 수준이다. 이 차이는 베이비붐 세대가 자원봉사를 할 수 있는 인적·사회적·문화적 자원을 많이 갖고 있는 데 따른 현상으로 볼 수 있다. 그 증거는 〈표 4-3〉에서도 찾을 수 있다. 〈표 4-3〉의 결과는 교육, 참여단체, 종교 등의 인적·사회적·문화적 자원변수의 영향력이 연령 효과보다 크다는 것을 나타내고 있다. 즉, 노인 세대보다 더 높은 베이비붐 세대의 참여율은 생물학적 노화 효과를 반영하더라도 인적·사회적·문화적 자원의 효과가 더 크다는 것을 의미한다.

2) 인적·사회적·문화적 자원의 연령차이

〈표 4-2〉는 베이비붐 세대와 현 노인 세대 간의 인적·사회적·문화적 자원 연령 차이를 나타내고 있다. 인적 자원의 차이를 보면 베이비붐 세대의 교육수준은 평균 고졸 정도였고, 현 노인은 평균 중졸에 가깝다. 주관적 건강의 정도 역시 베이비붐 세대는 3.14이고 현재 노인은 2.59였다. 가구소득은 베이비붐 세대가 약 200만 원 정도 더 높았다. 결과적으로 베이비붐 세대는 현 노인보다 더 많은 인적 자원을 갖고 있다고 볼 수 있다. 연령 계층화 이론에 따르면 사회는 연령에 근거하여 자원과 기회를 분배하는 데 베이비붐 세대는 생애주기상 중·장년기에 속하기 때문이다.

표 4-2 표본특징: 기술통계

분석변수	하위범주 및 측정단위	코호트[1]		
		베이비붐 세대 46~54세 (N=6,903)	노인 55세~109세 (N=10,268)	전체코호트 46~109세 (N=17,171)
		%,평균(sd)	%,평균(sd)	%,평균(sd)
자원봉사 참여	참여	18.2	8.9	12.6
	비참여	81.8	91.1	87.4
자원봉사 참여 의도	없음	18.4	50.4	37.5
	있으나 어려움	54.2	36.0	43.3
	(기회)계속하겠음	27.4	13.6	19.2
연령	만 나이	49.7	66.8	60.0
성별(%)	남자	49.8	44.8	46.8
	여자	50.2	55.2	53.2
교육	범위 1~4	2.82(.94)	1.82(1.02)	2.22(1.1)
주관적 건강	범위 1~5	3.14	2.59	2.81
근로시간	범위 0~144	35.95	18.37	25.44
가구소득	범위 1-9	4.49(1.83)	2.98(1.76)	3.59(1.94)

직업(%)	전문 · 관리	13.1	3.8	7.5
	사무	7.9	1.2	3.9
	서비스 · 판매	18.6	7.3	11.9
	농 · 어업	6.0	15.4	11.6
	기능 · 노무	27.7	14.3	19.7
	무직	26.8	58.0	45.5
가입단체 수	범위 0~3	.84	.53	.66
	median	1	0	1
도시농어촌교류	참여	24.9	17.8	20.7
	비참여	75.1	82.2	79.3
집안일 부탁 사람 수	범위 0~80	1.61	1.43	1.50
돈 빌릴 사람 수	범위 0~41	.99	.71	.82
이야기 상대 수	범위 0~43	2.06	1.60	1.78
배우자	무배우	12.2	29.8	22.7
	유배우	87.8	70.2	77.3
종교(%)	없음	3.2	82.8	83.0
	있음	16.8	17.2	17.0
계층의식	범위 1~6	2.76	2.41	2.55
독서량(권)	범위 0~400	7.15	2.59	4.42
	median	2	0	0
문화관람	범위 0~80	2.57(5.31)	.83(3.35)	1.53(4.33)
	median	0	0	0
환경스트레스	범위 1~4	2.47	2.17	2.29
거주지 만족도	범위 1~5	3.30	3.42	3.37
고통안전	범위 1~5	3.03	3.09	3.07
가족관계	범위 1~5	3.65	3.53	3.58
환경오염체감	범위 1~5	2.92	2.90	2.91
생활바쁜 정도	범위 1~5	3.48	2.68	3.00
광역시	광역시	47.7	40.3	43.2
	도	52.3	59.7	56.8
동네	동부	81.6	67.2	73.0
	읍 · 면부	18.4	32.8	27.0

a. 집단(베이비붐 세대, 노인) 간 차이검정에서 종교와 환경오염체감을 제외한 모든 변수 p<.001수 준에서 유의함.

b. 모든 연령은 조사시점 기준(2009년 7월)

　사회적 자원의 분포를 보면 베이비붐 세대가 더 많은 사회적 자본을 갖고 있는 것으로 나타났다. 베이비붐 세대가 가입하고 있는 단체 수는 평균 0.84개고 중위 수는 1개였다. 그러나 현 노인 세대는 평균 0.52개이고 중위 수는 0개로 나타났다. 베이비붐 세대가 더 많은 단체에 가입하고 있었다. 사회참여 프로그램인 도시 농어촌 교류활동 참여 정도를 보면 베이비붐 세대는 24.9%가 참여했고, 현 노인 세대는 17.8%가 참여하였다. 사회적 연결망 변수를 보면 베이비붐 세대의 사회적 연결망이 보다 넓은 것으로 나타났다. 이는 베이비붐 세대의 사회참여가 활발하다는 것을 시사한다.

　문화자원의 분포를 보면 베이비붐 세대가 더 많은 문화 자원을 갖고 있는 것으로 나타나고 있다(〈표 4-2〉). 종교 보유 여부는 통계적으로 유의미한 차이를 보이지 않고 있었다. 이는 두 그룹의 종교보유 정도가 비슷한 수준이라고 해석할 수 있다. 주관적 계층의식은 베이비붐 세대가 더 높게 인식하고 있었다. 베이비붐 세대는 평균 중류층으로 인식하는 데 반하여 현 노인 세대는 하층으로 인식하고 있었다. 독서량 측면에서 베이비붐 세대는 연간 7.15권을 읽었고 노인코호트는 2.59권을 읽은 것으로 나타났다. 그리고 베이비붐 세대는 문화예술과 스포츠 관람을 연간 평균 2.57회 하였으나 현 노인 세대는 0.83회 한 것으로 나타났다.

　따라서 베이비붐 세대는 현 노인 세대보다 상대적으로 많은 자원을 갖고 있었다. 자원통합 이론에 따르면 두 연령 코호트의 자원봉사 참여율의 차이는 인적 사회적 문화적 자원에 의해서 비롯된다(Tang, 2006). 개인의 인적 사회적 문화 자원은 자원봉사활동을 촉진하는 역할을 한다. 이와 같은 직접적 자원 변수 외에도 생활환경 자원으로 간주되는 직업에서도 베이비붐 세대가 전문 관리직이나 사무직 등에 더 많은 수가 분포하고 있었다.

3) 베이비붐 세대 자원봉사 참여의 영향요인

〈표 4-3〉은 모든 독립변수, 인적 사회적 문화적 자원변수, 생활환경 변수, 인구 사회 변수들은 종속변수 봉사참여에 대하여 통계적으로 유의한 수준(p<.001)에서 영향을 미치고 있었다. 구체적으로 9개의 인적 자원 변수 중 6개 변수가 정의 효과(+)를 미치고 있었고, 3개 변수는 부의 영향(+)을 미치는 것으로 나타났다. 그리고 사회적 자원 변수 6개 모두 종속변수와 정의 영향(+)을 미치는 것으로 나타났다. 문화 자원 변수 4개 모두 정의 영향(+)을 미치는 것으로 나타났다

구체적인 결과를 보면 인적 자원은 베이비붐 세대의 자원봉사활동 참여를 촉진하고 있었다(〈표 4-3〉). 대표적인 인적 자원인 교육수준과 건강 수준은 인적 자원 중 가장 큰 영향을 미치고 있었다. 교육은 참여의 승산 비를 17.3% 증진시켰으며, 주관적 건강은 참여의 승산 비를 12.2% 증가시켰다. 이는 교육이 자원봉사활동에 대한 이해도를 증진하고, 활동에 필요한 전문지식을 제공하기 때문인 것으로 해석할 수 있다. 건강변수는 자신감과 신체활동능력을 제공하여 자원봉사를 참여를 촉진하는 역할을 한다. 직업의 효과를 보면, 사무직, 농·어업, 기능 노무, 전문직, 서비스 판매직의 순으로 영향력이 크다는 것을 나타냈다. 직업은 자원봉사에 참여할 수 있는 경제적자원을 제공하는 동시에 연결된 사회망을 통해 자원봉사에 접근할 수 있는 정보를 제공한다. 근로시간, 가구소득, 서비스 판매 직업 변수들은 종속변수와 음의 관계를 보였으나 영향력의 크기는 매우 작다. 근로시간변수의 경우 근로의 기회비용이 더 크기 때문인 것으로 볼 수 있고, 가구소득이 크다면 맞벌이 가능성이 높다. 서비스 판매직이 자원봉사 참여가 낮은 것은 직업의 특성상 재량적 시간활용이 어렵기 때문으로 해석된다.

사회적 자원은 베이비붐 세대의 자원봉사 참여를 촉진시키고 있는 것으로 나타났다. 사회적 자원은 타인에 대한 신뢰를 조장하고 함께 더불어 공공의 선을 실현케 하기 때문이다. 자발적 단체 가입 수는 한 단위 증가에 따라 참여의 승산 비를 30.2% 증가시켰다. 도시 농어촌 교류 참여는 참여를 29.2% 증가시켰고, 사회적 연결망(집안일 부탁 사람 수, 돈 빌려 줄 사람 수, 이야기 상대 수 변수)변수는 각각 2.5, 1.8, 2.3%를 증가시켰다. 배우자가 있는 것은 4.4% 증가시켰다. 배우자가 있으면 배우자를 매개로 사회적 연결망이 커지기 때문이다.

표 4-3 베이비붐 세대 자원봉사 참여 영향요인: 이항 로지스틱 분석

독립변수	연령코호트					
	베이비붐 세대		노인		전체 코호트	
	46세~54세		55세~109세		46세~109세	
	B	Exp(B)	B	Exp(B)	B	Exp(B)
인적 자원						
교육	.160****	1.173	.049****	1.050	.097****	1.102
주관적 건강	.115****	1.122	.243****	1.275	.185****	1.203
근로시간	-.005****	.995	-.013****	.987	-.009****	.991
가구소득	-.030****	.971	-.032****	.968	-.028****	.971
직업						
전문·관리직	.043****	1.044	.246****	1.279	.172****	1.188
사무직	.525****	1.690	.447****	1.564	.618****	1.855
서비스·판매	-.023****	.978	.379****	1.461	.159****	1.173
농·어업	.399****	1.490	1.036****	2.818	.748****	2.113
기능·노무	.138****	1.148	.523****	1.688	.334****	1.397
사회적 자원						
참여단체 수	.834****	2.302	1.049****	2.854	.933****	2.542
도시농어촌교류	.829****	2.292	.710****	2.035	.779****	2.179
집안일 부탁 사람 수	.024****	1.025	.055****	1.056	.037****	1.037
돈 빌려 줄 사람 수	.018****	1.018	-.062****	.940	-.008****	.992

이야기 상대 수	.022****	1.023	.013****	1.013	.016****	1.016
유배우	.043****	1.044	.072****	1.075	.033****	1.028
문화적 자원						
종교	.365****	1.440	.557****	1.746	.450****	1.568
계층의식	.120****	1.127	.017****	1.017	.066****	1.068
독서량	.006****	1.006	.008****	1.008	.007****	1.007
전시문화관람	.024****	1.025	.018****	1.018	.021****	1.021
생활환경						
환경스트레스	.024****	1.025	-.038****	.963	-.017****	.984
교통안전시설	-.077****	.926	-.080****	.923	-.083****	.920
거주지 만족도	.122****	1.130	.022****	1.023	.084****	1.087
환경오염	.127****	1.135	.156****	1.169	.142****	1.153
가족관계	.045****	1.046	.147****	1.158	.083****	1.086
생활바쁜 정도	-.012****	.988	.174****	1.190	.091****	1.096
광역시	-.338****	.713	.125****	1.133	-.142****	.868
동네	-.191****	.826	-.284****	.753	-.197****	.821
인구사회						
남자	-.071****	.932	.039****	1.040	-.041****	.959
연령	.011****	1.011	-.030****	.970	-.026****	.974
상수(constant)	-5.004****	.007	-3.709****	.024	-3.580****	.028
모델통계량						
호스머·레메쇼검정(2)	23,861.34****		16,821.55****		36,136.92****	
-2LL	5,115,133.75		4,397,724.26		9,645,108.88	
Nagelkerke R2	.305		.312		.320	
N	6,903		10,268		17,171	

a. ****p<.001; B(회귀계수); Exp(B)(승산비); 호스머·레스머검정(모형적합도); Nagelkerke R2(변동의 설명량)

b. 가중치 적용함

  문화적 자원은 베이비붐 세대의 자원봉사활동 참여를 증가시키는 것으로 나타났다. 문화적 자원은 이타적 가치관, 인류애, 타인을 돕고자 하는 동기 등을 의미한다. 이러한 문화적 자본은 공식적 사회화 및 종교조직에서의 의식 중에 습득되는 경향이 있다. 종교인은 비종교인보다 참여의 승산 비가 44% 높았다. 계층의식도 한 단위 증가에 대해서 참여의 승산 비가 12.7% 증가하는 것으로 나타났다. 독서량은 종속변수에 대해 미미한 영향을 미치고 있었다. 한 권 더 읽으면 참여의 승산 비는 0.6% 증가하는 것으로 나타났다. 연간 전시 · 문화관람 빈도는 참여의 승산 비를 5% 증가 시켰다.

생활환경 변수들은 자원봉사 참여에 모두 유의한 효과를 갖고 있는 것으로 나타났다. 그 효과의 크기를 보면 환경오염 변수, 거주지에 대한 만족도 변수, 가족관계 변수의 순서로 나타났다. 이는 환경오염의 개선 정도를 긍정적으로 평가할수록, 거주지 만족도가 클수록, 전체적 가족관계 만족도가 클수록 베이비붐 세대의 자원봉사 참여율은 증가한다는 것을 의미한다. 이는 지역사회 생활 환경이 베이비붐 세대의 봉사 참여에 영향을 미쳐 촉진한다는 것을 함의한다.

지금까지 베이비부머 자원봉사 참여 결정 요인을 자원통합이론을 중심으로 살펴보았다. 이외에도 인구 사회 변수인 성별과 연령은 참여에 영향을 미쳤다. 성별효과를 보면 베이비붐 세대는 남자가 여자보다 참여율이 낮은 것으로 나타났지만 반대로 현 노인 세대는 여자보다 남자의 참여가 높았다. 연령효과를 보면 베이비붐 세대는 참여에 정의 효과(+)를 현 노인 세대는 부의 효과(-)를 갖는 것으로 나타났다.

4) 베이비붐 세대 자원봉사 참여 의사 관련 요인

〈표 4-4〉는 모든 독립변수, 즉 인적 · 사회적 · 문화적 자원, 생활환경 그리고 인구 사회 변수들은 종속변수인 참여 의사 변수에 대하여 영향력을 미치고 있다는 것을 보여 주고 있다(p<.001). 구체적으로 9개의 인적 자원 변

수 가운데 7개의 변수가 정의 효과(+)를 미치고 있었고, 2개의 변수는 부의 효과(-)를 미치고 있었다. 한편 총 6개의 사회자원 변수 중 5개의 변수가 정의 영향력(+)을 미치고 있었고, 1개의 변수는 부의 효과(-)을 갖는 것으로 나타났다. 문화자원 변수는 4개의 변수가 모두 정의 효과(+)을 갖는 것으로 나타났다. 이와 같은 결과들은 자원통합이론은 자원봉사 행동의사의 설명에서도 유효하다는 것을 함의한다.

구체적인 결과를 보면 인적 자원은 베이비붐 세대의 자원봉사 참여 의사를 증가시키는 것으로 나타났다(〈표 4-4〉). 여기서 회귀계수는 누적 확률의 연결함수로 표시된 것이기 때문에 직접적인 해석이 불가능하고 영향력의 방향과 크기의 강도를 알려 준다. 교육은 정의 효과를 미치는 것으로 나타났다. 이는 교육변수는 교육수준이 증가하면 참여 의사도 증가한다는 것을 의미한다. 그리고 교육은 인적 자원변수 중 가장 큰 효과를 갖고 있었다. 건강변수는 참여 의사에 정의 효과를 미치고 있었다. 이는 주관적 건강평가가 좋을수록 참여 의도가 높다는 것을 나타낸다. 한편 근로시간과 가구소득은 부의 관계로 나타났다. 이는 근로시간이 증가하면 참여 의사는 감소한다는 것을 의미한다. 그리고 가구 소득이 높을수록 참여 의사는 마찬가지로 감소한다는 것을 의미한다. 직업변수 가운데 사무직의 참여 의사가 가장 높고 전문·관리직, 서비스 판매, 기능·노무, 농·어업 순으로 나타났다. 무직은 참여 의사가 가장 낮은 것으로 나타났다.

사회적 자원도 베이비붐 세대의 참여 의사를 증진시키는 것으로 나타났다. 참여단체가 많을수록 참여 의사는 높아지는 것으로 나타났고, 도시 농어촌 교류에 참여 경험이 있는 사람이 없는 사람보다 참여 의도가 높은 것으로 나타났다. 아플 때 집안일을 부탁할 수 있는 사람이 많을수록 베이비부머가 자원봉사 참여 의사는 증가하는 것으로 나타났다. 그리고 이야기 상대가 많을수록 참여 의사는 증가하는 것으로 나타났다. 이 결과는 베이비부머의 사회적 연결망이 클수록 자원봉사 참여 의사는 증가되는 것을 함의한다. 한편 돈을 빌려 줄 사람의 수는 자원봉사 참여 의사와 관계가 없는 것으로 나타났으며, 배우자가 있는 사람의 참여 의사가 배우자 없는 사람보다 낮은 것으로 나타났다. 그러나 〈표 4-3〉에서 나타났듯이 유배우자 베이비붐 세대의 실제 자원봉사 참여율은 높았다. 따라서 상반된 관계에 대한 보다 자세한 논의가 필요하다.

표 4-4 **참여 의사 영향요인: 순서형 다항 로지스틱 분석**

독립변수	연령코호트					
	베이비붐 세대		노인		전체 코호트	
	46세~54세		55세~109세		46세~109세	
한계치	B	Std. Error	B	Std. Error	B	Std. Error
참여 의도=1	-.748****	.011	-.405****	.005	-.836****	.004
참여 의도=2	1.278****	.011	.927****	.005	.745****	.004
장소(location)						
인적 자원						
교육	.103****	.001	.056****	.000	.071****	.000
주관적 건강	.101****	.001	.165****	.000	.152****	.000
근로시간	-.001****	3.676E-5	-.003****	3.519E-5	-.003****	2.537E-5
가구소득	-.013****	.000	-.003****	.000	-.007****	.000
직업						
전문·관리직	.084****	.002	.005****	.003	.057****	.002
사무직	.179****	.003	.129****	.004	.162****	.002
서비스·판매	.022****	.002	.070****	.002	.069****	.002
농·어업	.008****	.003	.190****	.002	.167****	.002
기능·노무	.014****	.002	.146****	.002	.109****	.001
사회적 자원						
참여단체 수	.297****	.001	.302****	.001	.307****	.000
도시농어촌교류	.271****	.001	.100****	.001	.168****	.001
집안일 부탁 사람 수	.033****	.000	.026****	.000	.030****	.000

돈 빌려 줄 사람 수	.000****	.000	.010****	.000	.005****	.000
이야기 상대 수	.028****	.000	.019****	.000	.022****	.000
유배우	-.019****	.002	-.011****	.001	-.037****	.001
문화적 자원						
종교	.306****	.001	.396****	.001	.382****	.001
계층의식	.070****	.001	.033****	.000	.050****	.000
독서량	.003****	3.498E·5	.008****	5.662E·5	.005****	3.018E·5
전시문화관람	.020****	.000	.009****	.000	.015****	9.181E·5
생활환경						
환경스트레스	-.039****	.001	.033****	.001	-.008****	.000
교통안전시설	-.017****	.001	-.002****	.000	-.007****	.000
거주지 만족도	.014****	.001	.024****	.000	.020****	.000
환경오염	.010****	.001	.033****	.001	.026****	.000
가족관계	.059****	.001	.087****	.000	.073****	.000
생활바쁜 정도	-.007****	.001	.090****	.000	.060****	.000
광역시	-.069****	.001	-.048****	.001	-.048****	.001
동네	-.097****	.002	.079****	.001	.036****	.001
인구사회						
남자	-.111****	.001	.038****	.001	-.011****	.001
연령	-.006****	.000	-.026****	5.823E·5	-.027****	4.012E·5
모델통계량						
-2LL(카이자승)	1,385,627.01****		2,706,404.61****		5,282,009.53****	
Pearson 카이자승	14,311,231.02		26,864,033.92		55,635,312.39	
Nagelkerke R2	.203		.277		.303	
N	6,903		10,268		17,171	

a. ****p<.001, 가중치 적용
b. B(추정계수); -2LL(모델 적합도); Pearson 카이자승(모델적합도); Nagelkerke R2(변동의 설명 량).
c. 참여 의도 1:없음, 참여 의도 2: 있으나 현재는 어려움

　문화적 자원은 베이비붐 세대의 자원봉사활동 참여 의사를 증가시키고 있었다. 종교 변수는 비종교보다 높은 참여 의사를 가진 것으로 나타났다. 계층의식변수는 정의 효과를 갖고 있었다. 이는 계층의식이 높을수록 참여

의사도 높아진다는 것을 의미한다. 독서량이 많을수록 참여 의사는 증가했다. 그러나 그 효과는 매우 약한 수준으로 나타나고 있었다. 전시회나 문화공연의 관람회수가 증가하면 참여 의사도 증가하는 것으로 나타났다.

한편 생활환경변수들은 베이비붐 세대의 자원봉사 참여에 유의한 수준에서 모두 영향력을 미치는 것으로 나타났다(〈표 4-4〉). 구체적으로 가족관계 변수는 참여에 대하여 정의 효과(+)를 갖고 있었고 이는 전반적으로 가족관계에 만족할수록 참여 의사가 증가한다는 것을 의미한다. 그리고 환경스트레스의 부적 효과(-)는 생활에서 스트레스를 많이 느낄수록 참여 의사는 감소한다는 것을 의미한다. 거주지 만족도 변수는 정의 효과(+)를 미치는 것으로 나타났고, 이는 거주지에 만족할수록 참여 의사는 증가한다는 것을 뜻한다. 지역 환경변수인 광역시는 부적 효과(-)를 갖는 것으로 나타났다. 이는 광역시가 기준 범주인 도(道)보다 참여 의사가 낮다는 것을 의미한다. 이 외에도 인구 사회 변수로서 성별과 연령도 영향을 미쳤다. 남자의 참여 의사가 여자보다 낮은 것으로 나타났다. 그리고 연령과 참여 의사의 관계는 매우 약한 것으로 나타났으며, 연령의 증가와 함께 참여 의사는 감소하는 것으로 나타났다.

지금까지 베이비부머의 자원봉사 참여 의사에 미치는 영향요인들을 자원통합이론을 중심으로 검토하였다. 이 결과들은 대체적으로 선행연구들의 결과들을 지지하는 것으로 사료된다.

5) 결과의 의미

이 장은 사회적·문화적 자원, 생활환경 그리고 인구 사회변수들로 구성되는 분석모형을 통하여 베이비붐 세대의 자원봉사 참여와 참여 의사의 영향요인을 추정하였다. 대체적으로 선행연구들의 결과와 부합하는 결과를 산출하였다(Cheung, Tang & Yan, 2006; Choi & DiNitto, 2012; Kim, Kang, Lee & Lee, 2007; Tang, 2007; Li, Chi & Xu, 2010; 정순희, 2008). 특히 생활환경변수들을 통제한 것은 자원봉사활동은 근린, 동네환경과 지역사회 환경에 영향 받는다는 주장(Smith, 1994; Wilson, 2000)과 최근의 환경노년학의 논거(Wahl, Iwarsson, & Oswald, 2012)에 따랐다. 그리고 현 분석모형은 나젤커크(Nagelkerke)의 설명계수를 기준으로 판단할 때 베이비붐 세대의 참여 의사보다는 자원봉사 참여행동을 더 잘 설명하고 있었다. 선행연구들은 통합적 자원이론을 자원봉사 참여여부, 횟수, 시간 등을 분석하는 이론적 틀로 발전시켜왔다. 자원봉사 참여 의사는 참여와는 달리 심리적 인지활동으로서 구체적 행위로 나타나는 것이 아니다. 따라서 자원봉사에 대한 지식과 정보에 알고 있는 베이비붐 세대에게서 높은 참여 의사가 나타났을 것이다. 따라서 동기나 태도 같은 인지적 변수들로 구성된 통계모형이 자원봉사 참여 의사를 잘 예측할 수 있을 것으로 판단한다.

이 장의 목적은 어떤 요인이 한국 베이비붐 세대의 높은 자원봉사 참여 및 참여 의사에 특징적으로 기여하는가를 밝히는 것이다. 이를 위해서 베이비붐 세대와 노인 세대에 대하여 가장 큰 효과를 보이는 변수를 비교하면 베이비붐 세대의 참여에 더 큰 영향을 미치는 특징적 요인을 발견할 수 있다. 이 변수들이 높은 참여율을 만드는 것으로 해석할 수 있다. 구체적으로 〈표 4-3〉을 보면 다음과 같은 변수들이 식별된다. 베이비붐 세대의 영향요인을 보면 인적 자원변수 가운데 교육 변수가 가장 효과가 컸고, 직업변수 중에는 사무직의 효과가 가장 컸다. 사회자원 변수 중에는 도시농어촌 교류 프로그램 경험이 가장 컸고 그 다음으로 참여단체 수, 사회적 연결망 등의 순서였다. 문화 자원 변수 중에는 계층의식의 효과가 크다는 것을 알 수 있다. 생활환경 변수는 전체 독립변수 중 영향력이 약했지만 거주지 만족도, 환경오염개선, 가족관계 변수 등은 참여를 촉진하는 효과를 갖고 있었다. 이와 같은 베이비붐 세대의 영향요인의 형태는 노인 세대와는 크게 다른 모습이다. 즉, 노인 세대 참여의 가장 큰 효과를 미치는 변수는 베이비붐 세대의 그것과는 매우 다르다. 노인 세대 분석결과를 보면 인적 자원 변수 가운데 주관적 건강 변수의 영향력이 가장 컸고, 직업 변수 중에는 농어업직의 효과가 가장 컸다. 사회적 자원변수 중에는 참여단체 수 변수가 가장 컸고, 사회적 연결망 변수는 효과가 미약한 편이다. 문화적 자원 가운데는 종교변수가 가장 큰 효과를 가지고 있었다. 생활환경 변수 가운데는 '생활 바쁜 정도' 변수가 가장 큰 효과를 가지고 있었다. 생활환경 변수들의 효과는 베이비붐 세대에 대한 효과보다 더 컸다. 이는 노인 세대의 자원봉사 참여가 시대적으로 생활환경의 영향을 더 받는다는 뜻이다.

이런 영향요인의 효과 차이는 연령 차이(생물학적 노화정도)를 고려했음에도 불구하고 나타났다. 따라서 이것은 세대 차이 말고 다른 영향요인에 의해서 설명될 수 있다는 것이다. 즉, 베이비붐 세대의 가장 큰 영향요인으로 밝혀진 변수들에 의해서 기인하는 것이다. 이것은 베이비붐 세대의 다양한 속성변수라고 알고 있는 것들이다. 높은 학력, 안정된 직업(사무직), 활발한 사회참여(도농교류), 큰 사회적 연결망, 높은 주관적 계층의식 등이 그들의 선배 세대인 노인 세대보다 높은 참여율을 만드는 영향요인이라고 볼 수 있다. 그리고 베이비붐 세대가 좋은 속성을 갖게 된 것은 하나의 코호트로서 선배 세대와는 다른 시대경험과 역사적 위치를 가졌기 때문이다. 베이비붐 세대가 생애주기상 중 장년기에 속한다는 것도 연령 등급화 과정에서 상대적으로 많은 자원, 즉 권력, 위신 등을 받을 수 있다는 것을 의미한다. 결론적으로 베이비붐 세대가 자원봉사 참여를 촉진하는 좋은 속성을 가질 수 있었던 것은 하나의 코호트로서 선배 세대와는 상대적으로 생애주기상 권력의 정점에 있고, 역사적으로 노후연금제도, 교육체계, 복지정책이 발달한 현대 사회에 노출되어 있기 때문이다.

한국 베이비붐 세대의 높은 참여율과 참여 의사가 높은 원인에는 그들의 선배 세대와는 다른 특징적 변수들이 있었다. 그렇다면 베이비붐 세대가 은퇴하면 참여율은 어떻게 변할 것인가에 정책적 관심이 모아진다. 선행연구들과 이 분석결과는 높은 교육수준, 넓은 사회적 연결망, 높은 문화적 수준은 높은 참여율로 귀결된다는 점을 실증적으로 보여 왔다(Choi & DiNitto, 2012; McNamara & Gonzales, 2011; Tang, 2007; Wilson, 2000). 따라서 인적·사회적·문화적 자원의 보유수준이 높은 베이비붐 세대의 참여율은 노인 세대보다 높을 것으로 예상된다. 특히 선행연구들은 학력이 가장 중요한 원인 변수로 지적하고 있으며 참여 의사도 선행변수로서 큰 영향을 미치는 것으로 보고하고 있다. 호주 연구(Warburton & Cordingley, 2004)가 지적하듯이 베이비붐 세대는 자원봉사태도가 현실적이고 다양하기 때문에 수요측면에서 이들의 욕구를 흡수할 수 있는 새로운 전략이 필요하다는 점을 기억할 필요가 있다. 따라서 베이비붐 세대의 자원봉사자로 흡수하기 위해서는 그들의 다양한 욕구를 반영하는 프로그램의 개발이 필요하다는 것을 시사한다.

5. 결 론

이 장은 한국 베이비붐 세대의 자원봉사 참여 실태 및 참여 의사 수준을 파악하고 그 영향요인을 추정하기 위하여 베이비붐 세대를 포함한 전국규모 조사 자료를 추론통계기법을 적용 분석하였다. 베이비붐 세대의 자원봉사 참여율과 참여 의사는 노인 세대보다 매우 높은 각각 2배, 1.6배 높은 것으로 나타났다. 그리고 베이비붐 세대의 자원봉사 참여의 특징적 영향요인으로 교육, 사무직, 사회적 연결망, 계층의식, 전시문화관람 변수 등이 식별되었고, 노인 세대에게는 건강, 농어업, 참여단체 수, 유배우자, 종교 등이 가장 영향력이 큰 변수들이었다. 생활환경 변수들은 베이비붐 세대보다 노인 세대에게 더 큰 효과를 미치고 있었다. 이 결과가 중요한 것은 선행연구의 가정을 충족시키고 있다는 점에서 일치하지만 두 연령코호트의 영향요인이 다르다는 점이다. 즉, 베이비붐 세대의 높은 참여율을 설명하는 것은 높은 교육, 좋은 직업, 넓은 사회적 연결망, 높은 문화적 수준 등의 변수들이었다. 이와 같이 두 세대의 속성이 다른 것을 코호트효과로 해석하였다. 뿐만 아니라 베이비붐 세대의 은퇴 후 자원봉사 참여율은 앞서 언급한 높은 교육, 직업, 계층의식 수준에 근거하여 노인 세대보다 높을 것으로 예상하였다.

이러한 연구결과를 바탕으로 베이비붐 세대가 은퇴 후 참여나 현재 참여를 수용하기 위한 정책적 제언을 한다면 베이비붐 세대의 특징적 욕구나 자원봉사태도를 충족시킬 수 있는 신축적 프로그램을 운용하는 것이 필요하다. 선배 세대보다 높은 베이비붐 세대의 자원봉사 눈높이에 맞추기 위해서는 대의나 공익을 강조하지 말고 그들의 욕구, 즉 성취감, 전문성, 흥미, 신축적 시간계획 선호와 같은 특징을 반영하는 프로그램을 제시할 필요가 있다. 그리고 전달체계 차원에서는 참여에 대한 인센티브 제도를 통하여 참여자의 비용부담을 경감할 필요성이 있을 것이다.

베이비붐 세대의 국내연구가 아주 미흡한 상태다. 앞으로 베이비붐 세대 자원봉사연구는 자원봉사 참여율, 영향요인 추정, 봉사활동 특성, 세대비교

연구 분야에 대한 기초연구 등의 분야로 계속 확대되어 나가야 한다. 베이비붐 세대는 매우 귀중한 인적 자원으로서 그들의 전문성을 사장시키는 일 없이 생산적으로 활용되어야 할 것이다.

이 장은 이현기(2013)의 논문에 기초하였음.

참고문헌

강철희(2003). 자선적 기부 행동 및 자원봉사 참여행동에 대한 탐색적 분석. 한국비영리연구, 2(2), 161-205.

박재흥(2003). 세대 개념에 관한 연구: 코호트시각에서. 한국 사회학, 37(3), 1-23.

송양민(2010). **밥 돈 자유: 대한민국을 재창조한 베이비붐 세대의 어제 오늘 그리고 내일.** 서울: 21세기북스.

이현기(2013). 한국 베이비붐 세대의 자원봉사 참여 및 참여 의사의 영향요인: 노인 세대와의 비교를 중심으로. 한국지역사회복지학, 47, 227-256.

정순희(2008). 노인의 자원봉사 행동의도 결정요인 및 자원봉사행동이 노인복지에 미치는 영향에 관한 연구: 계획적 행동이론을 중심으로. 한국가족관계학회지, 13(1), 227-247.

통계청(2010). 통계로 본 베이비붐 세대의 어제, 오늘 그리고 내일. 2010. 5. 7. 보도자료.

한경혜(2011). 베이비붐 세대의 자원봉사 참여 활성화 방안. 2011 자원봉사시민포럼: 베이비붐 세대의 자원봉사 참여 활성화 방안 발제문, 3-22.

Atchley, R. & Barusch, A.(2004). *Social forces and aging*. Belmont, CA: Wadsworth.

Boris, E. T.(1999). The nonprofit sector in the 1990s. In C. Clotfelter & T. Ehrlich(Eds.), *Philanthropy and the nonprofit sector in a changing america*(pp.1-33). Indiana University Press

Cheung, F. Y-L, Tang, C. S-K. & Yan, E. C-W.(2006). Factors influencing intention to continue volunteering: a study of older chinese in Hong Kong. *Journal of Social Service Research, 32*(4), 193-209.

Choi, N. G. & Chou, R. J-A.(2010). Time and money volunteering among older adults: the relationship between past and current volunteering and cor- relates of ahange and stability. *Ageing & Society, 30*, 559-581.

Choi, N. G. & DiNitto, D. M.(2012). Predictors of time volunteering, religious giving, and secular giving: implications for nonprofit organizations. *Jour- nal of Sociology & Social Welfare, 34*(2), 93-120.

Falkingham, J.(1997). Who are the baby boomers? a demographic profile. In M. Evandrou(Ed), *Baby boomers: ageing in the 21st century*(pp. 85-97). London: Age Concern, England.

Johnson, R. W. & Schaner, S. G.(2005). Value of unpaid activities by older americans tops $160 billion per year. The Retirement project: perspec- tives on productive aging. Washington, D.C.: Urban Institute.

Karisto, A(2005). *Suuret Ikaluokat.* Tampere: Vastapaino.

Kertzer, David I.(1983). Generation as a sociological problem. *Annual Review of Sociology, 9,* 125-149.

Kim, J., Kang, J. H., Lee, M. A., & Lee, Y.(2007). Volunteering among old- er people in Korea. *Journal of Gerontology: Social Sciences, 62B*(1), S69-S73.

Kim, S. Y. & Hong, G. S.(1998). Volunteer participation and time commitment by older Americans. *Family and Consumer Sciences Research Journal, 27*(2), 146-166.

Law, B. M. F. & Shek, D. T. L.(2009). Family influence on volunteering inten- tion and behavior among Chinese adolescents in Hong Kong. *Adoles- cence, 44*(175), 665-683.

Leach, R., Phillipson, C., Biggs, S., & Money, A.(2008). Sociological perspec- tives on the baby boomers: an exploration of social change. *Quality in Ageing, 9*(4), 19-26

Li, H., Chi, I. & Xu, X.(2010). Factors associated with volunteerism among community-living older adults in urban China. *Social Development Issues, 32*(1), 62-75.

Mannheim, K. 1952. The problem of generations. In Karl Mannheim, Essay on the Sociology of Knowledge(pp.276-320), New York: Oxford University Press.

Marshall, V. W.(1983). Generations, age groups and cohorts: conceptual dis- tinctions. *Canadian Journal on Aging, 2*(2), 51-62.

Manning, L. K.(2010). Gender and religious differences associated with volunteering in later life. *Journal of Women and Aging, 22,* 125-135.

McNamara, T. K. & Gonzales, E(2011). Volunteer transitions among older adults: the roles of human, social, and cultural capital in later life. *The Journals of Gerontology, B: Psychological Sciences and Social Sciences, 66*(4), 490-501

Morrow-Howell, N.(2010). Volunteering in later life: research frontiers. *Journal of Gerontology: Social Sciences, 65B*(4), 461-469.

Perpek, E.(2012). Formal and informal volunteering in Hungary: similarities and differences. *Corvinus Journal of Sociology and Social Policy, 3*(1), 59-80.

Rotolo, T. & Wilson, J.(2004). What happened to the long civic generation?: explaining cohorts differences in volunteerism. *Social Forces, 82*(3), 1091-1121.

Ryder, N. B.(1965). "The cohort as a concept in the study of social change." *American Sociological Review, 30,* 843-861.

Rozario, P. A.(2007). Volunteering among current cohorts of older adults and baby boomers. *Generations, 30*(4), 31-36.

Smith, D. H.(1994). Determinants of voluntary association participation and volunteering: a literature review. *Nonprofit and Voluntary Sector Quarterly, 23*(3), 243-263.

Seaman, P. M.(2012). Time for my life now: early boomer women's anticipation of volunteering in retirement. *The Gerontologist, 52*(2), 245-254.

Tang, F.(2006). What resources are needed for volunteerism? a life course perspective. *The Journal of Applied Genotology, 25*(5), 375-390.

Voicu, B. & Voicu, M.(2009). Volunteers and volunteering in central and eastern europe. *Sociologia, 41*(6), 539-563.

Wahl, H. W., Iwarsson, S. & Oswald, F.(2012). Aging well and the environment: toward an integrative model and research agenda for the future. *The Gerontologist, 52*(3), 306-316.

Warburton, J. & Cordingley, S.(2004). The contemporary challenges of volunteering in an ageing australia. *Australia Journal on Volunteering, 9*(2), 67-74.

Wilson, J. & Musick, M.(1997). Who cares? toward integrated theory of volunteer work. *American Sociological Review, 62,* 694-713.

Wilson, J.(2000). Volunteering. *Annual Review of Sociology, 26,* 215-240.

Zappala, G.(2001). From 'charity' to 'social enterprise': managing volunteers in public service nonprofits. *Australian Journal on Volunteering, 6*(1), 31-49.

제5장

베이비붐 세대의 사회참여활동

-한국과 미국 비교-

1. 서 론

　최근 베이비붐 세대의 퇴직·은퇴가 본격화되고 이들이 곧 노년기에 진입함에 따라 베이비붐 세대 은퇴 및 노후 문제에 대한 집중적인 분석과 대책마련이 시급한 시점이다. 이들이 생산현장에서 은퇴함과 동시에 한국의 경제성장을 주도했던 숙련기술과 산업노하우가 폐기되어 세대 간 기술의 단절과 국가의 경쟁력 감소를 가져올 것이라는 우려도 존재한다. 일반적으로 한국의 베이비붐 세대는 이전(以前) 세대에 비해 교육수준이 높고, 건강과 노후여가에 대한 관심이 높아 이들이 노년기에 접어들지라도 정신적·육체적으로 건강하고 활기찬 삶을 추구할 집단으로 알려지고 있다. 최근의 조사에 따르면 베이비붐 세대는 은퇴 후에 자원봉사활동에 대한 의지가 매우 강한 것으로 나타났으며, 선행 연구들에서도 베이비붐 세대는 인적자원을 사회에 기여함으로써 삶의 보람을 찾고 싶어 하는 열망이 높은 것으로 나타났다(나일주, 임찬영, 박소희, 2008; 이소정, 2011). 이에 현재 정부와 민간에서는 당사자들의 욕구와 외국의 선 경험 사례를 기반으로 한 베이비 부머의 여가 및 비영리 부분에서의 일자리개념으로서 사회참여활동 제고에 많은 관심을 가지고 있다.

그러나 베이비붐 세대의 이러한 사회참여활동에 대한 높은 욕구가 얼마 만큼 실질적 행동으로 현상할 것인지, 어느 정도 지속적으로 사회참여활동 이 유지될 수 있는지 그리고 이러한 활동들이 삶의 만족감을 높일 수 있을 지 대한 충분한 정보가 없다. 이러한 상황에서 우리나라 베이비붐 세대의 사 회참여활동 활성화는, 보다 심도 있는 논의로서 검토되고 분석되어야 한다. '기여하고 싶다는 마음'만 가지고 금전적 보상이 거의 없는 활동에 전념할 수 있는 환경이 조성될 수 있을지는 세밀히 따져 봐야 할 일이다. 또한 중고 령 퇴직자의 사회참여활동의 문화와 사회적 배경이 서구를 비롯한 OECD 국가들과 상이하고, 소위 제3섹터영역 비영리기관들의 규모 및 유형이 영 세하고 다양화되지 못한 점 그리고 베이비부머로 대표되는 중고령자들의 퇴직 후 경제여건 등이 외국과 상이한 점 등이 검토되어야 할 것이다.

이 장에서는 중고령 퇴직자의 사회참여활동이 상대적으로 보편화되어 있 고 더 많은 성공사례를 가지고 있는 미국의 사례를 한국의 상황과 비교분석 하여 한국의 베이비부머들의 사회참여활동의 성공가능성과 활성화방안을 검토해 보았다. 미국 베이비붐 세대의 경제적 여건, 그들을 위한 사회적 환 경과 법적, 제도적 지원을 살펴보고 그들의 상황을 한국의 경우와 비교하여 사회참여활동이 한국의 베이비붐 세대에게 대안적 일자리로 자리 잡을 수 있을지에 대한 가능성을 조명해 보기로 한다.

이 장을 위해서 문헌연구, 비교연구, 사례연구방법 등의 연구방법이 활 용되었다. 먼저 문헌연구에서는 한국과 미국의 학술데이터베이스 등에서 'civic engagement' 및 이와 관련된 키워드를 검색하여 관련된 논문과 통계자료를 분석하였다. 또한 정부와 주요 국책연구소의 중고령 은퇴자 혹은 베이비부머 관련 정책연구보고서 등에서 최근 한국의 은퇴자 사회참여활동에 대한 정보와 통계를 수집하였다. 한국과 미국의 중고령 은퇴자 사회참여의 성공사례들을 수집하여 성공사례에 관한 배경, 조건, 성과 등에 관한 분석을 하였다.

한국과 미국 두 나라의 은퇴자 사회참여활동에 관한 비교연구방법은 이 연구의 주요 방법이다. 비교분석의 틀은 사회참여활동의 활성화를 직·간접적으로 돕는 법적제도, 비영리단체와 중장년들을 연계하는 사회적 인프라, 중고령 퇴직자들의 경제적 상황 그리고 사회참여활동과 밀접한 관련이 있는 자원봉사활동의 참여율 등 주요변수들을 근간으로 구성되었다.

2. 이론적 배경

1) 퇴직과 은퇴의 개념

퇴직과 은퇴는 일상생활에서 뿐만 아니라 학문에서도 유의어로 인식되어져서 서로 대체되는 단어로서 사용되는 경우가 자주 있다. 하지만 이 두 단어의 사전적 의미에는 분명한 차이가 있다. 퇴직은 '현직에서 물러남'을 뜻하고, 은퇴는 '직임에서 물러나거나 사회 활동에서 손을 떼고 한가히 지냄'이라고 정의된다(국립국어연구원, 표준국어대사전). 즉, 퇴직은 단순하게 현재 몸담고 있는 직장에서 나간다는 의미를 나타내고 있어서 퇴사 이후에 재취업을 할 수도 있고 또는 창업을 할 수도 있는 개방성을 내포하고 있다. 반면에 은퇴는 퇴직과 동시에 일정한 경제 및 사회 활동까지도 그만 둔다는 것을 의미한다. 시간의 스펙트럼에서 퇴직은 가장 일찍 발생하고, 그다음으로 고용연장, 전직 또는 창업 등이 순서와 관계없이 올 수 있으며, 가장 마지막으로 은퇴가 발생한다. 즉, 은퇴가 퇴직보다 더 포괄적인 개념이다.

한국 사회에서 퇴직과 은퇴의 연령통계는 많은 차이가 있다. 일반적으로 한국기업에서의 평균 정년규정은 55세이나, '명예퇴직'이나 '조기퇴직' 등에 의해서 비자발적으로 실제 퇴직하는 나이는 평균 53세로 나타나고 있다. 그러나 한국의 노동시장에서 실제로 경제활동에서 손을 떼는 은퇴연령은 평균 68세 정도인 것으로 보고된다(방하남, 신인철, 2011). 그러므로 한국의 근로자들은 인생의 주된 직장으로부터 퇴직을 한 평균 연령 이후부터 실제로 완전히 노동시장을 떠나기까지 대략 15년 동안 더 소득창출을 지속하는 것으로 볼 수 있다.

2) 고령자, 중고령자, 장년의 개념

고용노동부와 보건복지부에서 정의하는 고령자의 연령에는 차이가 있다. 먼저, 고용노동부는 2012년 법 개정(「고용상 연령차별금지 및 장년고용촉진법」)을 하기 전까지 「고용상 연령차별금지 및 고령자고용촉진에 대한 법률」에서 50세 이상 55세 미만의 연령을 중고령으로 규정하고, 그 이상은 고령으로 보고 있었다. 2012년 법 개정으로 고령자라는 명칭을 '장년(長年)'이라는 용어로 바꾸고, 중고령 근로자가 주된 일자리에서 더 오래 일할 수 있는 여건을 마련할 뿐 아니라 소위 '인생 이모작'과 같은 제2의 생산기를 순조롭게 시작할 수 있도록 정책을 변화시키고 있다. 또한 실업급여 나이 제한이 64세이므로 65세 이상을 경제활동능력이 저하되는 나이로 가정한다고 이해할 수 있다. 반면 보건복지부의 경우 기초노령연금 수급나이를 기준으로 볼 때 만 65세 이상을 고령이라고 한다. 이렇듯 노동능력을 기준으로 삼는 고용노동부는 보건복지부의 기준보다 다소 이른 나이부터 고령자의 개념을 적용하고 있다.

법적 용어와는 별개로 노동시장연구에서 사용되는 '고령자'라는 용어는 다른 의미를 가지고 있다. 연구자에 따라 45세 이상이나 50세 이상 또는 55세 이상을 사용하기도 하고, 60세 이상 혹은 65세 이상을 가리키기도 한다. 40, 50대를 연구대상으로 삼을 경우에는 '고령자'라는 용어보다는 '중고령자'라는 용어가 일반적으로 사용되고, 60대 이상을 대상으로 할 때는 '고령자'라는 용어를 사용하는 경향이 많다. 그러나 반드시 그렇게 지칭해야 한다는 기준이나 근거는 없다. OECD에서 발간한 '노화와 고용정책 (Ageing and Employment Policies)' 보고서에서도 50세 이상을 고령근로자로 지칭하고 있음을 알 수 있다(이소정, 정경희, 이윤경, 박보미, 2011; 정경희, 남상호, 오영희, 이소정, 이윤경, 정홍원, 이은진, 김성숙, 류건식, 신현구, 정정숙, 천현숙, 한정림, 2011). 따라서 중고령자라는 용어는 정확한 대상을 지칭하는 것이 아니라 대략 45세 이상 연령층을 가리키는 관습적인 용어로 쓰이고 있음을 알 수 있다.

한국의 정년제도를 기준으로 고령이라는 개념을 고찰해 보면 다음과 같다. 공무원, 교원, 군인, 사기업 등 직업과 직급에 따라 차이가 있기는 하지만, 사기업을 중심으로 봤을 때 평균정년이 만 53~58세다. 반면 미국의 경우 「고령자보호법」에 의해 정년제도 자체가 존재하지 않는다. 또한 미국의 「고용상 연령차별 금지법」[1]은 70세까지 연령의 고용자를 보호하는 조항을 가지고 있어, 한국보다 퇴직연령이 훨씬 높다. 퇴직 후 연금을 받을 수 있

---

1) Age Discrimination in Employment Act (ADEA)

는 가장 빠른 나이(early retirement age)가 62세이지만, 일반적인 퇴직 나이(normal retirement age)는 65세다(Coile & Gruber, 2007). OECD 자료에 의하면 미국의 규범적 퇴직 나이(standard retirement age)는 65세지만, 평균적 퇴직 나이는 남자의 경우 63.7세이고 여성은 63.5세다(Kinsella & Gist, 1995). 따라서 미국의 경우 63~65세가 퇴직연령이라 할 수 있다.

그렇다면 한국과 미국의 퇴직연령 사이에 존재하는 격차로 인해 중고령자의 기준을 정하기가 애매하다. 하지만 이 연구는 한국의 베이비부머(1955~1963년생)의 가장 젊은 세대인 1963년생을 기준으로 보면, 대략 50세 이상을 '중고령자'로 볼 수 있고 또한 상한기준은 노인의 역연령기준인 만 65세를 기준으로 64세로 범주화할 수 있을 것이다. 따라서 이 연구에서 정의하는 중고령자는 만 50세 이상에서 만 64세까지로 규정할 수 있다.

3) 베이비붐 세대: 미국과 한국

먼저 베이비붐(Baby boom)이라는 용어는 사전적 의미로 어떤 시기에 출생하는 아이의 수가 폭증하는 인구학적 현상을 가리킨다. 미국은 1945년 제2차 세계대전 이후 출생아 수가 증가하는 베이비붐을 경험하였고, 한국의 경우는 1950년 한국전쟁 이후에 같은 현상을 경험하였다. 전쟁 도중 헤어졌던 가족들이 재결합하였거나 미루었던 결혼이 집중적으로 성사되면서 나타나는 현상이라고 해석할 수 있다. 또한 경제적인 요인에서 이유를 찾는 서구학자들은 세계대공황이 있었던 1930년대에 열악한 환경으로 인해 미루어졌던 결혼과 출산이 전쟁 이후 경제가 활성화됨에 따라 한 순간에 급증했다고 주장한다(김영완, 2010). 이처럼 베이비붐 현상은 범세계적인 현상이라 할 수 있고, 미국, 유럽, 호주, 일본 등 세계적으로 대부분 제2차 세계대전 후 현상이며, 뒤이어 한국은 한국전쟁 이후 발생하였다. 특정기간 사이의 출생인구수 규모는 국가별로 다양하고, 한국의 경우 약 730만 명 정도이다. 이 장에서는 연구주제와 관련하여 비교국가인 미국과 우리나라의 베이비붐 세대 관련 정보를 정리하였다.

미국의 경우(1946~1963년) 제2차 세계대전이 끝난 1945년의 다음 해인 1946년부터 1964년까지 18년간 약 7,700만 명이 태어났는데 이 엄청난 출생규모는 이들 베이비부머 출생시작(1946년생) 이전의 18년 동안 태어난 수보다 약 2,600만 명 그리고 그 이후 세대의 출생 18년간 보다 약 1,000만 명이 더 태어난 셈이다(Harvard School of Public Health · MetLife Foundation, 2004). 7,700만 명의 미국 베이비부머들이 태어났을 당시에 그들이 60대까지는 충분히 살아남을 것이라고 예상되었다. 이 예측은 1930년대의 평균 수명이 40대 중반이었던 점과 비교했을 때 굉장한 수명연장이었다. 하지만 그 이후 그들의 수명이 더욱 연장될 것이라는 주장이 나왔고, 현재 베이비붐 1세대가 65세가 된 2011년에는 그들이 앞으로 약 18년을 더 살 것이라고 예상하고 있다(Harvard School of Public Health · MetLife Foundation, 2004).

한국의 베이비붐 세대는 한국전쟁 이후 출산율이 급격히 증가한 시점인 1955년부터, 산아제한정책이 본격적으로 도입되기 전인 1963년까지 9년의 기간 동안 출생한 세대를 의미한다. 이 세대의 규모는 2010년 추계 인구 기준으로 약 730만 명으로 추정되고 있고(김수봉, 2011), 대한민국 총 인구의 약 14.6%를 차지하고 있다(김용하, 2011). 이들이 50대 초중반의 나이에 접어들면서 베이비붐 1세대는 이미 공식적 정년퇴직 시기를 맞았고, 향후 약 10년간 본격적인 퇴직과 은퇴의 과정에 돌입하게 될 것이다.

베이비붐 세대의 거의 중간지점인 1960년생을 기준으로 한국의 베이비붐 세대의 생애과정을 살펴보면(방하남, 2011), 교육 기회와 관련해서 초등학교 취학률은 100%에 가깝고, 1956년생부터 중학교 무시험 제도와 1958년생 이후부터는 고교평준화를 통해 고등학교에 진학하였다. 이들 세대의 대학 진학률은 약 30%로서 이전 세대 중 50대 후반의 경우가 약 13%이고, 60세 이상의 경우가 약 6%인 점을 고려할 때 베이비붐 세대는 비교적 높은 학력을 가지고 있다고 할 수 있다.

한국의 베이비붐 세대는 1960년 후반부터 1970년대에 초·중·고등학교를 다녔고, 대학을 진학하지 않은 대부분(약 70%)은 1980년대 초부터 그리고 대학을 진학한 경우는 일반적으로 1980년대 후반부터 사회생활을 시작했다. 즉, 이 세대는 사회적 격동의 시기인 1980년대에 대학생활이나 첫 사회진출을 하였다. 뿐만 아니라 그들이 사회로 진출했을 당시 대한민국은 수출산업 호조기를 거쳐 1988년 서울올림픽 개최 및 1990년대 초반의 건설경기 호조까지 경험하며 고도의 경제성장을 이룩하였다. 그만큼 '베이비붐 세대는 모든 학력계층이 확대·팽창하는 경제사회적 자원과 일자리 기회의 혜택을 보았고, 초기의 직업경력도 강한 상승이동(upward mobility)의 조류를 타게' 되었다(방하남, 2011:8).

호황을 누리던 이들은 1990년대 후반(그 당시 30대 중반에서 40대 초반) IMF 외환위기를 겪게 되었고, 이후 약 10년 동안 근로정점을 찍는 동시에 정리해고를 경험하는 경우도 많았다. 여기서 살아남은 이들은 현재 근로생애의 후반기를 보내고 있으며 베이비부머 '맏형' 세대부터 정년퇴직을 맞고 있다. 결국, 베이비붐 세대는 유년기 시절 확대된 교육의 혜택, 사회초년시절 경제호황과 그 이후 외환위기로 인한 축소된 기회 및 경제적 고난 그리고 현재 비자발적 퇴장까지 굴곡진 인생을 살았다고 정리할 수 있다.[2]

4) 사회참여활동

가장 먼저 이 장에서는 사회참여활동(civic engagement)에 관한 개념적 정의를 내리는 것이라고 할 수 있는데 영어권에서의 대응용어는 'civic engagement'를 주로 사용하는 것으로 알려져 있다. 국내에서는 civic engagement를 다양한 용어로 번역하고 있다. 비영리조직 부문의 연구에서 장수찬(2003)은 시민적 개입이라 번역하고 있고, 시민청소년연구에서 천정웅(2010)은 시민적 관여라고 부르고 있으며, 국가전략학술지에서 송경재(2010)가 시민 참여라고 해석하고 있다. 한편, 언론정보연구에서 한미정(2007)은 시민적 연계라는 이름으로, 마지막으로 한국언론학회에서 최윤정(2009)이 사회참여로 번역하고 사용하였다. 이처럼 한국학계에서는 학자들 사이에서 다양한 명칭으로 번역하고 있는 실정이다.

일반적으로 civic engagement는 시민적 영역(civic domain)에 영향을 주는 지역적, 국가적, 지구적 활동으로 보는 시각에서 시민이라는 단어를 선택하여 사용했다고 추정된다(Sherrod & Lauckhardt, 2008). 반면 사회 문제 해결을 위한 공익적 활동으로 이해하는 시각을 가진 학자들은 사회라는 단어를 번역에 사용했을 것으로 보인다. 또한 engagement를 해석하는 데도 개입, 관여, 참여, 연계 등 다양한 단어가 사용되고 있다. 하지만 개입과 관여는 거친 어감을 풍기고, 연계라는 단어를 사용한 경우는 활동보다 지역 주민들 간 형성되는 관계에 초점을 맞춘 개념으로 해석된다. 따라서 이 장은 civic engagement를 사회적 욕구(needs)에 대응하거나 혹은 사

---

2) 700만 명이 넘는 세대를 한마디로 정리한다는 것은 극단순화일 수 있지만, 베이비붐 세대의 생애패턴은 대략적으로 이러하다고 요약될 수 있다.

회문제 해결을 위한 활동으로 해석할 요량으로 사회참여활동이라는 용어를 선택하여 사용하기로 한다.

사회참여활동은 다양하게 정의되고 있다. 먼저 카르피니(M.D. Carpini)는 개인 또는 단체가 지역사회공동의 관심사안(issues of public concern)들을 찾아내고 그것을 해결하는 행동(action)이라고 광범위하게 정의 내리고 있다(Adler & Goggin, 2005). 아들러와 고긴(Adler & Goggin, 2005) 또한 활발한 시민이 다른 시민을 위해 지역사회의 환경을 개선하는 일이나 발전된 미래를 위하여 지역사회의 다양한 일에 참여하는 활동이라고 광범위하게 정의 내렸다. 미국의 노인법(the Older Americans Act)의 HR 6197 조항에서는 노인의 사회참여활동을 언급하면서, 공공의 주제(교육, 건강보건과 환경 등과 관련된)나 만족되지 않은 공동의 욕구를 해결하기 위한 개인 또는 단체의 활동이라고 정의내리고 있다.[3]

반면 허드와 메이어(Herd & Meyer, 2002)는 구체적으로 사회참여활동의 주요 특징들을 다음과 같이 제안하고 있다. 즉, 자원 봉사적 성향(voluntary), 이타주의(altruistic) 그리고 사회적 신뢰를 강화하는 무보수 활동으로 특징들을 제시하고 있는데, 더 나아가 주부들이 가족들에게 제공하는 돌봄의 노동 또한 종종 배제되기도 하지만 경우에 따라 사회참여활동의 범위에 포함시킬 수 있다고 주장하였다. 맥브릿지(McBridge, 2007)도 사회참여활동을 사회적이고 정책결정에 참여하는 활동이라고 한정지었지만, 가정의 돌봄이 지역사회와 사회조직과 관련된 함의를 가진다면 사회참여활동이라

---

3) The term, 'civic engagement' means an individual or collective action designed to address a public concern or an unmet human, educational, health care and environmental or public safety need(Old American Act, HR 6197, Section 101)

고 볼 수 있다고 덧붙여 설명하였다.

이렇게 사회참여활동을 사회적 공헌과 정책실천적 의미를 가지는 범위에서 정의내리는 학자들이 있는 반면, 사회참여활동의 정의에 개인적인 만족을 포함시키려는 노력이 있다. 사회참여활동은 개개인의 개발과 지역사회의 발전에 도움이 되는 공공의 일거리 또는 지역사회의 문제 해결과 관련된 활동이라고 정의 내려지면서 그 범위가 개인의 영역까지 확대되었다(Culli-nane, 2006). 또한 모로우-하웰(Morrow-Howell, 2010)은 어떤 특성을 가진 개인이 사회참여활동으로부터 더 많은 정신적, 심리적, 기능적, 경제적혜택을 가져가는지에 대한 연구가 앞으로 필요할 것이라고 하였다.

지금까지 사회참여활동의 다양한 정의는 사회참여활동의 서로 다른 측면들을 강조하면서 다양한 관점을 담고 있음을 알 수 있다. [그림 5-1]은 시각적으로 다양한 정의를 종합적으로 정리하고, 공식적 · 비공식적 그리고 정치적 · 비정치적 기준을 보여 준다. 그렇다면 두 가지 의문이 생긴다. 사회참여활동과 자원봉사활동은 어떻게 다른가? 그리고 사회참여활동은 무보수 활동만을 의미하는가?

사회참여활동과 자원봉사활동은 혼돈되는 용어이면서 때론 혼재되어서 사용되기도 하고, 더욱이 허드와 메이어(2002)는 사회참여활동의 특징으로 자원봉사활동과 무보수를 주장한다. 하지만 사회참여활동은 자원봉사활동을 포함시키는 더 포괄적 개념이다. [그림 5-1]이 이러한 특성을 잘 보여 주고 있다. 청소년의 경우에는 사회참여활동이 무보수 자원봉사활동이기를 강조하지만, 성인의 영역에서는 다르게 접근해야 한다는 입장이 일반적이다. 카스키 등(Kaskie et al., 2008)은 사회참여활동을 연장자들의 대안적 역할로 정의내릴 때 자원봉사활동뿐만 아니라 활동이 지역사회의 공동의 이익을 추구한다면 급여의 여부가 중요하지 않다고 강조한다.[4] 따라서 사회

사회참여활동의 스펙트럼

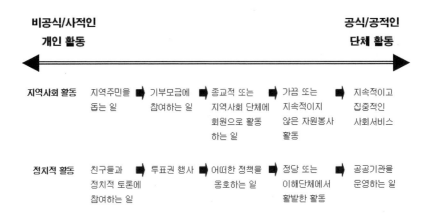

비공식/사적인
개인 활동

공식/공적인
단체 활동

지역사회 활동	지역주민을 ➡	기부모금에 ➡	종교적 또는 ➡	가끔 또는 ➡	지속적이고
	돕는 일	참여하는 일	지역사회 단체에	지속적이지	집중적인
			회원으로 활동	않은 자원봉사	사회서비스
			하는 일	활동	
정치적 활동	친구들과 ➡	투표권 행사 ➡	어떠한 정책을 ➡	정당 또는 ➡	공공기관을
	정치적 토론에		옹호하는 일	이해단체에서	운영하는 일
	참여하는 일			활발한 활동	

그림 5-1 사회참여활동의 스펙트럼

출처: Adler & Goggin (2005)

참여활동은 보수와 무보수 활동 모두를 포괄한다. 예를 들어, 공공기관 또는 비정부·영리 기관에서 지역의 발전을 위한 프로젝트를 디자인하는 싱크탱크 그룹을 운영하고 여기에 참여하여 자신의 지식과 경험을 기부하거나 혹은 일정한 급여를 받고 하는 일도 사회참여활동이다.

이 장에서의 사회참여활동의 조작적 정의는 앞에서 언급한 「미국 노인법」(Older Americans Act)의 HR 6197조항에 명시된 정의와 아들러와 고긴(2005)의 포괄적 정의를 참고하였다. 미국의 법은 사회참여활동(civic engagement)이 공식적인 활동이길 강조한다. 개인의 만족이나 이득이 사회참여활동의 한 특성일 수 있지만, 매 활동에서 측정한 만족도와 심리적 이득이 부족하다고 하여 사회참여활동이 아니라고 분류할 수 없기 때문에 개

---

4) "[W]hen applied to the retired older adult population, civic engagement should be defined as a role that involves voluntary or paid participation in an activity that occurs within an organization that has a direct impact on the local community." (Kaskie et al., 2008: 2)

인적 만족에 대한 특성은 편의상 제외한다. 또한 무보수 자원봉사활동을 하다가 관련 비영리기관의 직원으로 재취업하고, 그 이후에도 꾸준히 활동을 하는 경우도 있기 때문에 허드와 메이어(2002)의 생각과는 다르게 금전적 보수의 여부에 제한을 두지는 않는다. 오히려 공동의 이익을 추구하는 일이라면 급여의 여부가 중요하지 않다고 말하는 카스키 등(2008)의 의견에 동의한다.

현재 우리나라의 관련정책부처(보건복지부, 고용노동부 등)에서 정책적으로 독려하는 베이비붐 세대의 사회참여활동에는 비영리 영역에서의 전문적, 지속적 사회공헌활동과 함께 은퇴자들의 대안적 일자리개념이 포함되어있다. 이 장에서 사용되는 베이비부머와 사회참여활동은 개인이 공공기관, 시민단체, 비영리기관 등 공식기관과 함께 베이비부머 당사자가 속한 지역사회(좁게는 동네, 넓게는 국가)가 가진 사회적 문제를 해결하거나 또는 존재하는 서비스 욕구를 충족시키기 위한 일에 참여하는 유·무급의 모든 지역사회활동을 의미하는 것으로 한다.

3. 한국과 미국에서의 사회참여활동 현황 비교

1982년부터 2001년까지 네 차례에 걸쳐 실시된 세계가치조사에 따르면, 한국인의 사회참여수준은 1.47(1982년), 1.55(1990년), 1.56(1996년), 1.78(2001년)으로 상승했다(장수찬, 2003). 사회참여의 수준이 완만하게 성장하고 있다고 하지만, 현재 사회참여활동이라는 개념보다는 한국 사회에서는 자원봉사활동의 개념이 널리 확산되어 있기 때문에 먼저 공식적 자원봉사 참여율을 살펴보는 것으로 사회참여활동 현황을 가늠하였다. 최근

연구(이금룡, 2011)에 의하면 한국의 베이비붐 세대에 해당하는 사람들의 7.3%만이 자원봉사활동에 참여하고 있는 것으로 나타났다. 베이비부머의 자원봉사 참여율은 전 국민의 자원봉사 참가율 10.2%보다 낮고, OECD 국가의 자원봉사 참여율(20~30%)과 비교해 보면 매우 낮은 수치다.

세부적으로 살펴보면 한국의 베이비부머를 전후기로 나눌 때 전기 세대에 해당하는 사람들(1955년~1959년생)의 자원봉사단체 참여율이 후기 세대(1960년~1963년생)보다 높으며, 여성에 비해 남성의 참여율이 상대적으로 높은 편이다(정경희 외, 2011). 또한 도시 거주자(10.1%)는 농어촌지역 거주자(6.7%)에 비해 참여율이 높고, 교육수준 및 소득수준이 높을수록 참여율이 높은 것으로 나타났다(정경희 외, 2011). 베이비부머들의 실제 자원봉사 참여율은 낮지만 이들의 절반 정도는 자원봉사 참여 의사를 갖고 있어 내재된 욕구와 실제 참여율은 차이가 있음을 알 수 있다. 한편 자원봉사활동 참여의 계기로는 절반이 스스로 참여하게 된 것(52.3%)으로 밝혔고, 나머지 절반(45%)은 주변인의 권유로 시작하였다고 응답했다(정경희 외, 2011). 따라서 자기 동기부여 또는 사회 네트워크(또는 인맥)에 의해 자원봉사활동을 시작하게 되는 경우가 대부분이라고 할 수 있다.

또한 이소정(2011)은 한국의 베이비부머 절반 가까이가 노후준비에 대해 걱정하고 있다고 밝히며, 이러한 노후준비에 있어서도 영역별 격차가 있다고 지적하고 있다. 경제, 건강 영역의 노후준비 정도는 상대적으로 양호하다고 생각하는 편이나, 여가와 사회참여 영역의 노후준비는 상대적으로 미비하다고 응답하고 있다.[5] 노후설계 서비스를 이용하고 싶어 하는 희망(43.9%)은 있으나 유료화된 노후설계 서비스를 이용할 만큼 인식수준이 높

---

5) 전기와 후기 세대로 구분해 살펴보면 전기 베이비붐 세대에 비해 후기 세대가 경제, 건강,

지는 않다.

베이비부머의 사회참여욕구에 대응하는 프로그램은 아직 한국에서 활성
화되어 있지 않지만 소수의 프로그램이 민간차원에서 먼저 이루어져 왔다.
일찍이 노인 또는 중장년 고급인력을 공익적 사회참여활동으로 유도하는
프로그램으로 '희망제작소'의 사회공헌활동지원센터 '해피시니어'를 들 수
있다(happy.makehope.org 참조). 해피시니어에서는 삶의 경험과 전문성을
갖춘 중고령 시니어들과 비영리단체를 연계시켜 중고령자의 사회공익적 활
동을 증진시키고 비영리단체의 역량을 함께 강화시켜 주고 있다(이소정 외,
2011).

해피시니어 프로그램에서는 전문직 퇴직자 사회공헌학교로서 행복설계
아카데미, NPO 경영학교, 시니어 사회공헌 사업단 렛츠(LETS), 희망도레
미 사업 등을 시행하고 있다. 렛츠는 시민사회단체 등을 지원하는 전문직
퇴직자들의 사회공헌활동으로서 수십여 년의 직장생활과 기업 경영 등을
통해 쌓은 경험과 전문성을 활용해 시민사회단체 등의 활동을 지원하는 프
로보노(재능 나눔)운동을 한다. 렛츠 단원들은 외국어 통역·번역·교육, 행
사 기획·준비·진행, 재무, 회계, 조직운영, 홍보, 해외자료조사 등 지원의
요청에 따라 맞춤형 서비스를 제공한다. 이러한 프로그램들의 대부분은 은
퇴자의 경륜과 지식을 활용하여 비영리 공익 사업영역에 참여하여 비영리
기관의 운영과 서비스를 지원하고 본인의 사회참여활동의 욕구를 충족하
며, 더 나아가 "지속적인 사회참여를 통해 고령화 시대의 새로운 미래형 일
자리 창출을 목적으로 하고 있다(이소정 외, 2011: 113-114)."

사회참여 등의 노후준비도가 더 높았다. 특히 자원봉사와 일자리를 포함한 사회참여 부분
에서 '충분히 하고 있다'고 대답한 경우가 전기에는 5%이고, 후기는 5.9%이며, '어느 정
도 하고 있다'는 각각 18.8%와 20.0%다.

최근 정부에서도 베이비붐 세대 중고령자 은퇴를 겨냥한 사업을 시작하고 있는데 보건복지부에서는 2011년 초부터 '노령지식인 사회참여사업'(일명, '앙코르 프로젝트')을 시작하여 현재 '베이비부머 사회공헌활동지원사업'으로 지속하고 있고, 고용노동부에서도 2011년부터 '사회공헌 일자리사업'을 진행하고 있다. 이러한 정부 사업 또한 전문지식과 실무경력을 보유한 퇴직(예정) 중고령자의 일자리 창출과 사회서비스제고, 사회공헌활동 활성화에 기여하는 유급근로와 자원봉사를 결합하는 새로운 모델창출을 목표하고 있다. 그러나 아직 사업초기에 머무르고 있어, 성과를 가시화하기에는 이르다.

미국의 경우를 살펴보면 우리나라의 중고령 퇴직자의 사회참여활동보다 매우 활성화되어 있다. 미국의 경우, 2005년에 실시한 한 조사[6]에 따르면 총 인구의 28.8%가 공식적인 봉사활동에 참여하고 있고, 나이에 따라 참여율이 차이가 나는데 연령이 높을수록 참여율은 낮아지고 있다. 45세~54세는 32.7% 55세~64세는 30.2% 그리고 65세 이상인 연령층은 24.8%로 참여율이 나이에 반비례하지만 전반적으로 한국의 베이비붐 세대의 자원봉사 참여율과 비교해 볼 때, 훨씬 높은 수치들이다(Rozario, 2006). 50세~75세의 미국인들에게 퇴직 이후 두 번째로 기대되는 은퇴 후 활동이 자원봉사활동으로 조사되기도 했다(Johnson et al., 2003).

사회참여활동의 한 종류로 이해할 수 있는 자원봉사활동뿐만 아니라 지역사회의 공익과 관련된 일자리를 중심으로 관심 분야에서 노인들이 재취업을 하도록 도와주는 앙코르 커리어스(Encore Careers)프로그램은 미국 사회에 널리 확대되어 자리를 잡고 있다(〈표 5-1〉 참조). 약 40대 중반부터

---

6) 2005년 9월에 시행된 Current Population Survey(CPS), 약 6,540만 명의 미국인을 대상으로 함.

70세의 연령층에 속하는 수백만 명의 미국 중고령자들은 이미 앙코르 커리어스를 노후의 새로운 경력으로 시작하였으며, 아직 참여하지 않은 나머지 수천만 명의 은퇴자들도 현재 앙코르 커리어스에 높은 관심을 보이고 있다

표 5-1 미국의 고령자 재취업 및 사회참여사례

기관	프로그램명	대상자	내용	기관 역할	최종 형태	급여 관련
Civic Ventures	Encore Fellows	고령 인력	• 실리콘벨리지역 실험적 사업 • 공공서비스분야에 중년경력 연결	연계	재취업	유급
	지역기관	재취업 원하는 구직자	• 직업에 대한 준비, 직업소개, 인생설계, 구직자동료 네트워크 포함 통합서비스 지원	연계	재취업	유급
	Next Chapter	퇴직자	• 지역사회의 보람된 일을 원하는 퇴직자 중심으로 지역사회프로그램 운영 • 지역사회특화되는 사업진행	서비스 활동	–	–
Experience Corps.		50세 이상 인구	• 교육분야 • 퇴직자경험능력을 사회연결 • 학교학생들 학업지원, 기초교육 봉사활동	연계	자원 봉사	주당15 시간/ 매달 100~ 200달 러
AARP SCSEP	Experience Works 전국노인 봉사단	55세 이상 저소득층, 고용전망낮은 실업 고령자	• 고령자 지역사회고용프로그램 • 고령자 대상 고용과 직업훈련 • 최저생계수준 소득지원	교육 및 연계	재취업	유급
Score in NYC		전문직종사자(현장 경험자)	• 작은 비영리기업 상담 • 기업과의 일대일 무료상담 • 세미나 워크숍 등 저가로 제공	상담 서비스	자원 봉사	자원 봉사

고 보고된다(Peter D. Hart Research Associate, 2008a).

이소정 등이 연구한 한국의 관련연구에서도 해외에서의 고령자 사회참여 사업의 사례들은 다양하게 전개되고 있음을 알 수 있다(이소정 외, 2011).

이러한 해외사례의 시사점은 몇 가지 차원에서 논의되고 있다(이소정 외, 2011). 첫째, 중고령 퇴직자의 사회참여 활성화를 위해서는 이들의 인적 자원을 수용하는 비영리 수요기관을 적극적으로 발굴하는 것이 필요하며, 둘째, 외국의 성공적 사회참여사업의 사례는 지역사회에 기반을 둔 일자리 창출과 관련 있으므로 한국도 이러한 지역사회 내에서의 비영리부문의 틈새영역 발굴에 심혈을 기울여야 한다는 것이다. 셋째, 중고령 은퇴자와 수요기관으로서의 제3섹터 기관 사이에는 연계(연결)체계가 필요하며, 초기 사업 조성기에는 정부가 이런 역할에 행·재정적인 투자를 해야 하고 이를 위한 인큐베이팅 사업들을 활성화할 필요가 있다는 점을 강조하고 있다.

4. 중고령자 사회참여사업의 여건 비교분석: 한·미 비교

1) 베이비붐 세대의 경제적 여건

한국과 미국의 베이비붐 세대의 경제 여건에서 가장 두드러진 차이점은 자산의 규모와 형태다. 한국의 베이비붐 세대는 노후생활을 영위하기 위한 보유자산이 충분하지 않은 것으로 분석된다. 한국 베이비붐 세대가 세대주인 가구의 평균 총 자산은 전체 평균보다 약 10%가 많은 3억 1,063억 원이지만, 다른 선진국과의 비교에서는 적은 수준이다(정호성 외, 2010). 그리고 이러한 경제적 여건은 실제로 노부부가 필요로 하는 노후생활자금에도 못

미치는 수준이다. 한국보건사회연구원의 자료에 따르면, 만 60세 부부가 은퇴 후 서울에서 최소 수준인 월 150만 원의 생활비로 85세까지 살아간다고 가정하였을 때 필요한 노후생활자금이 4억 원으로 산정되었다. 노후대비 보유자산이 적어 취약계층으로 전락할 가능성이 높고, 노후의 삶의 질이 하락할 우려가 크다(김용하, 2011).

자산의 형태에서 한국 베이비붐 세대는 현재 보유한 총 자산 중 부동산 비중이 매우 높다. 한국 베이비붐 세대의 부동산 보유액은 대략 2억 9,700만 원이며, 이는 총 자산 중 약 80%를 차지한다. 또한 부동산 자산 중 절반 (55.4%)은 거주용 주택이다.

반면 미국 베이비붐 세대는 연령계층 중 평균 자산이 상대적으로 많고, 일반적으로 보유자산이 비교적 풍부하다. 가계 소득의 대부분은 급여소득이고, 금융 및 사업 소득이 증가하면서 2004년과 2007년 사이에 가계자산이 증가하였다(정호성 외, 2010). 금융위기 이후 자산가치가 하락하였음에도 불구하고 미국의 베이비붐 세대는 평균 80만 달러(약 8억 원)의 풍부한 자산을 보유하고 있는 것으로 추정된다(FRB, 2009).[7] 또한 자산의 형태는 한국과 반대로 금융자산이 총 자산의 60%를 상회한다. 그러나 미국에서도 베이비붐 세대가 타 세대에 비해 순 자산액이 많은 것은 부동산 자산을 비교적 많이 보유하고 있기 때문이다(Lusardi & Mitchell, 2007).

현재 한국은 공적 이전으로 은퇴 이후의 소득을 보전하기에는 충분하지 못하여 은퇴 이후 소득원의 큰 비중을 자녀나 친지가 책임지고 있다. 2012년 3월 19일 한국일보는 고령자의 주 소득원, 즉 56.6%가 자녀 및 친지의 지

---

7) 전 세대와 현 시대의 다른 연령계층과 비교하였을 때 자산이 평균 자산이 풍부한 것은 사실이지만, 계층간 경제적 불균형은 전 세대보다 악화되었다고 Lusardi & Mitchelle (2007)는 설명한다.

원으로 인한 것이고, 26.6%에 해당하는 소득원이 근로소득이며, 자산소득 및 공적연금 또는 국가보조금은 전체 소득원의 16%를 상회하는 수준이라 고 전달한다. 약간 차이가 있긴 하지만 은퇴 후 소득원천 중 사적이전, 즉 자녀지원 및 친지보조금이 30.0%, 공적이전이 28.9%, 근로소득이 26.6% 그리고 자산소득이 14.5% 정도로 보고되기도 한다(나일주 외, 2008).

한편 한국의 노후소득 보장 체제는 국민연금의 1층과 미성숙한 퇴직연 금의 2층으로 구성되어 있지만, '2층 없는 다층체계'의 형태를 띠고 있다고 평가되고 있다(정찰률, 2010). 그리고 개인연금도 아직은 많은 경우 갖추지 못하고 있어 국가 - 기업 - 개인 보장의 다층 시스템이 작동되기는 현실적 으로 불충분하다. 반면 미국에서는 사회보장연금이 65세 이상 노인 소득의 40.1%를 차지하고, 연금보험이 19.3%, 자산소득이 13.6% 그리고 근로소 득이 24.8%다(Employee Benefit Research Institute, 2005).

또한 퇴직자들의 경제적 여건에 영향을 주는 변수 중 하나는 언제 정년퇴 직을 하느냐의 문제다. 미국은 1986년 「고령자보호법」에 의해 정년제도가 폐지되었기 때문에 정년제도 자체가 불법이다. 따라서 퇴직에 따른 타격이 노동시장과 개인 모두에게 제한적으로 또는 점진적으로 발생할 것이라 예 상된다. 법적인 은퇴 연령은 없지만, 연금 수급연령인 62세가 되면 퇴직을 시작한다고 볼 수 있다. 하지만 연금 수급연령은 점진적으로 높아지고 있고 67세까지 늘릴 예정이다. 미국은 퇴직 후에도 장기적인 직업을 가지고 사 회활동을 할 수 있도록 사회적 여건이 마련되어있다고 볼 수 있다.

또한 「퇴직연금보호법」[8]의 개정으로 회사의 부도시에도 고용인들의 퇴 직연금을 보호하는 프로그램, 연금급여보장(Pension Benefit Guaranty

---

8) The Pension Protection Act of 2006

Corporation)이 생겨나고 있다. 이 프로그램은 고용인의 퇴직연금을 회사에서 계획적으로 마련하도록 도우며, 만약 고용주가 이 프로그램에서 요구하는 최소한의 의무를 이행하지 않을 시에는 퇴직자에게 고용주 자산의 취득권을 허용한다. 미국의 퇴직연금 또는 기업연금은 노후자금의 상당 부분을 차지하는 것으로 보고된다(나일주 외, 2008). 이렇듯 미국은 퇴직연금의 중요성을 강조하면서 기업이 중심이 되어 은퇴 설계를 담당하고 정부는 측면적 지원을 하는 시스템을 구축하였다.

최근 법 개정으로 형식적인 정년연령이 상승하기는 하였지만, 한국은 실질적으로는 갑작스러운 퇴직으로 인해 퇴직 후 계획에 대하여 무방비인 경우가 많고 퇴직 후 공적 연금을 수급할 수 있는 시기까지 5~10년가량 소득 공백 기간이 발생할 수 있다는 데 큰 문제가 있다. 한국의 베이비붐 세대가 미래 노년기에 진입한 이후 경제활동과 관련하여 어떤 욕구를 가지고 있고 그러한 이유가 무엇인지를 분석한 연구(이소정, 2011)를 보면 베이비붐 세대의 경제적 불안이 잘 나타난다. 베이비붐 세대의 63.9%는 노후에 일자리를 희망하는 것으로 조사되고 있으며 노후 경제활동에 대한 욕구가 높다. 노후 일자리를 희망하는 사유를 살펴보면 경제적 측면에 대한 욕구가 가장 크게 자리 잡고 있다. 즉, 베이비붐 세대의 약 60%가 금전적 소득을 위해 노후 일자리를 희망한다고 응답하고 있고 자기계발을 위하여 일한다는 답변은 14.4%로 상대적으로 훨씬 적게 응답한다.

미국에 비교되는 한국의 중고령 퇴직자들의 경제적 불안정은 무급의 자원봉사 혹은 사회참여활동을 적극적이고 지속적으로 할 수 있는 여건을 마련해 주지 못한다는 측면에서, 당사자들의 의견조사 결과 밝혀진 사회활동 및 자원봉사활동에 대한 욕구와 의사가 높다는 것의 실질적 의미를 재고하게 만든다. 즉, 이들이 경제적 대가가 거의 없는 무급의 봉사활동에 적극적이고 지속적으로 참여할 수 있을지는 미지수다. 성인자녀의 교육부양과 부모부양, 이 두 부양의 짐을 여전히 내려놓지 못하는 한국 베이비부머들에게 사회참여활동은 우선적인 선택을 받지 못하거나, 혹은 경제적인 여유가 있는 경우라도 사회공헌과 유급의 일자리 역할을 동시에 만족시키는 유형의 사회참여를 모색하게 될지도 모르는 일이다.

2) 제3섹터(비정부·비영리기관) 현황

제3섹터의 현황 또는 운영 실태는 중고령 퇴직자의 사회참여활동의 활성화에 중요한 요소가 될 수 있다. 경제적 여건만큼 한국과 미국의 제3섹터, 즉 비정부 비영리부문의 환경이나 조건도 중고령 은퇴자의 사회참여활동 활성화의 중요한 여건이다. 그러므로 여기서는 양국의 중고령 은퇴자들이 사회참여활동을 하고 재취업의 터전으로 삼는 제3섹터의 규모, 고용규모 그리고 정부지원을 비교한 후, 실제로 중고령자 인력을 끌어들이는 연계 시스템에 대하여 논의하고자 한다.

성격상 사회참여활동, 사회공헌활동, 공익활동 등은 정부조직과 기업조직보다 비영리를 기본으로 공공의 이익을 추구하는 제3섹터와 연관성이 깊다. 제3섹터는 재단을 갖춘 비영리조직(NPO)과 비정부조직(NGO)으로 대별될 수 있다(정기성, 2001). 미국의 경우 비영리조직은 그 종류나 규모가 방대하여 분야별로 하부 조직을 이루고 있다. 〈표 5-2〉에서 보듯이 2009년 현재 미국에서 등록된 비영리조직의 수는 150만 개가 넘는다. 이 중 약 64%는 공공자선단체(public charities)고, 7.5%는 개인재단, 나머지 29%는 기타 비영리단체다.

미국 비영리기관의 고용규모는 미국의 총 노동 인구의 거의 10%를 차지할 만큼 거대하다(2004년 말 미국의 총 노동 인구, 1억 3,250만 명 기준, 미국 노동부). 2005년에 비영리 섹터의 총 인구가 1,290만 명이고, 자선단체에서 고용한 임금근로자는 940만 명이다(Sherklock & Gravelle, 2009). 비영리섹터에서 일하는 인구의 절반은 보건건강과 사회복지 영역에 종사하고 있으며 교육은 18%이고, 예술, 공연, 레크리에이션은 대략 4%다.

표 5-2 미국 비영리기관의 개수

	등록된 기관의 수	비율
공공자선 (Public charity)	986,553	63.4%
개인재단 (Private foundation)	115,958	7.5%
기타 비영리	450,151	29.0%
알 수 없는 종류의 비영리	1,615	0.1%
합계	1,554,277	100%

출처: Sherlock & Gravelle, 2009

 더욱 중요한 것은 비영리기관이 가지고 있는 중고령자 고용에 대한 인식이다. 미국의 비영리기관들은 중장년 채용에 매우 긍정적으로 보이는데, 2008년의 Peter D. Hart Research Associates의 조사결과(2008a)를 보면 비영리 고용주의 절반이 앙코르(중고령) 근로자를 '매우 고용하고 싶은 계층'으로 분류하였고, 39%는 '고용하고 싶은 계층'으로 분류하였으며, 단 10%만이 부정적인 반응을 보였다. 비영리기관의 70%가 퇴직자 및 앙코르 근로자를 고용한 경험이 있는데, 젊은 근로자 고용 경험률이 90%인 것과 비교하면 높은 수준이다. 더욱이 퇴직자 및 앙코르 근로자를 고용한 경험이 있는 고용주들이 그렇지 않은 고용주보다 중장년 근로자를 높게 평가하는 경향도 발견된다. 약 86%의 비영리 고용주들은 앙코르 근로자들에게 이미 중장년들이 중요하게 생각하는 탄력적인 근무 시간제를 제공하고 있다.

현재 한국에 존재하는 비영리(NPO)와 비정부(NGO) 단체의 총 규모를 정확히 가늠하는 것은 매우 어렵지만, 한국비영리학회는 2004년 기준으로 약 2만 여 개 정도로 추정한 바 있고, 2012년에 발간한 '한국민간단체총람'(이하 총람)에는 전국에 약 12,700여 개의 비영리단체가 활동하고 있는 것으로 보고되고 있는데, 조사(3년 주기로 조사)되지 않았던 단체를 포함하면 이 보다는 더 많은 규모의 비영리단체가 활동하는 것으로 추정할 수 있다. 한국의 비영리 혹은 비정부 부문의 고용규모는 단체 규모를 파악하느니 것보다 더욱 어려운데, 여기에는 종교단체, 시민단체, 사회복지조직 등이 망라되어야 하기 때문이다. 다만, 2012년도 초람에서 조사된 바로는 단체의 상근자 수를 응답한 209개의 단체 중 73% 1~4명의 상근자를 고용하고 있고, 19%가 5~9명을 고용하고 있으며, 7.2%의 비영리단체가 10~49명 사이의 상근자를 고용하는 것으로 나타나고 있다. 그러므로 대체로 한국의 비영리/비정부 단체의 고용규모는 대체로 크지 않은 것으로 보인다.

2011년 연말 보건복지부와 한국보건사회연구원은 얼마 전 베이비붐 세대의 사회참여를 위해 기업, 공공부문 그리고 민단단체를 대상으로 베이비붐 세대 인력을 활용할 것인지에 대한 수요조사를 실시하였다. 이 보고서에 따르면 베이비붐 세대가 활동할 수 있는 노동 시장이 그들에게 다소 냉소적이라는 것을 알 수 있다. 조사에 참여한 기업과 단체의 72.4%가 고령자 채용에 대해 고려해본 적이 없다고 답했고, 민간단체, 공공부문, 기업 순으로 고려율이 높은 것으로 나타났다. 고용 시 나이가 상관없다고 대답한 경우는 18.4%에 불과했다. 고령인력 고용이 활성화되기 위해서 필요한 것으로 금전적 지원 또는 인센티브 제도가 74.8%를 차지했으며, 고령자의 태도 변화가 71.9%를 기록하며 다음으로 높았다. 즉, 미비한 제도적 지원과 유교사상 및 장유유서 사상 등과 같은 고령자의 신념 및 태도가 고령자 재취업에 걸림돌이 되는 것으로 드러났다(이소정 외, 2011).

미국 연방정부가 제3섹터에 지원하는(transfer payments) 규모는 2007년 기준 약 20조 원(200억 달러)으로 추정된다(Sherlock & Gravelle, 2009). 한국정부도 다양한 방식으로 NGO에 재정을 지원한다. 그 액수는 대체로 시민사회의 전체 비영리(NPO)단체에 연간 3조 원, 그리고 NGO에 대해서는 3천억 원(약 3억 달러)정도 지원하고 있는 것으로 추정되고 있지만 최근의 규모와 방법은 한층 더 심화되고 변화되었을 것으로 본다.

미국의 베이비붐 인구를 등록된 NPO의 개수로 나누면 베이비부머 49명당 약 한 개의 NPO 기관이 존재한다고 할 수 있다. 한국의 경우는 앞서 제시한 통계에서 보는 바와 같이 이보다 훨씬 적은 수의 비영리기관이 존재한다고 볼 수 있다. 그만큼 한국은 중고령 퇴직자들이 사회공헌활동을 하면서 제2의 인생을 펼칠 수 있는 제3섹터 부문이 매우 협소하고, 비영리/비정부 부문에서도 은퇴자에 대한 인식이 낮거나 이들을 적극적으로 반기지 않고 있다.

한국에서는 비영리조직에 대한 정부의 우호적이고 협력적인 시각이 1999년 「비영리민간단체지원법」을 제정 후 비영리조직에 대한 재정지원을 제도화시키는 것으로부터 나타났는데, 2004년에는 「사회단체보조금지원에 관한 조례」를 제정하고 사회단체보조금심의위원회를 구성하여 지원대상 단체 및 지원금액을 자치단체에서 자율 결정하도록 하였다. 「비영리민간단체지원법」 제정 이후, 정부는 NGO의 공익활동에 대한 자발적인 참여와 민간단체로의 성장을 유도하고 공모방식에 의한 사업지원을 통해 NGO의 공익활동을 증진시키고자 재배정사업 형태로 매년 국비보조금을 지원하고 있다. 그러나 정부보조금 지원이 비영리조직의 자체재원조달(self-financing) 능력을 약화시킬 것인지 아니면 강화시킬 것인지에 대한 의문에 이르기까지 재정지원을 두고 다양한 논의가 제기되기도 했다.

2012년 말 당시 안전행정부의 통계로는 전국에 약 9,500여 개의 비영리단체가 광역시 · 도에 등록되어 있는 것으로 집계된다. 1997년의 2,300여 개에 비해서는 괄목할만한 성장이라고 볼 수 있다(김영나, 조윤직, 2013). 구체적으로 정부의 비영리조직에 대한 재정지원은, ① 행정자치부 민간협력과에서 실시하고 있는 민간단체 지원사업(비영리민간단체지원법에 의거), ② 각 부처별로 매년 일정금액을 지원하는 보조금, ③ 지방자치단체가 행정자치부의 예산편성지침에 의거하여 지원하는 방식으로 사회단체보조금이 있다. 그러나 행정부 차원에서 민간의 공익활동 지원사업을 추진하고 있는데, 매년 단체와 사업의 선정 수가 증가하는 것에 비해 지원 금액의 증가액은 매우 부족한 편으로 보고된다(황종규, 노인만, 2005).

이렇게 볼 때, 한국정부의 비영리부문에 관한 관심과 지원은 정부의 정치적 행보에 따라 유동적이었다고 보이고, 이러한 경향에서 향후 중고령 은퇴자의 사회참여활동의 토대로서 접촉할 비영리부문의 활성화는 과거에 비해 크게 달라진 것이 없다고 볼 때, 미국과 비교하여 많은 환경적 차이를 보이고 있다.

3) 사회참여활동에 대한 지원정책 및 제도

미국에는 중장년 퇴직 · 은퇴자들의 사회참여활동을 직 · 간접적으로 신장시키는 법과 제도는 다양하게 존재한다. 가장 대표적인 법령은 닉슨 대통령의 「국내자원봉사법」[9]과 부시 대통령의 「전국 및 지역사회서비스법」[10]이다. 「국내자원봉사법」은 은퇴자 사회참여와 관련된 Senior Corps의 서로 다른 세 가지 프로그램들[Retired Senior Volunteer Program(RSVP), Foster Grandparents Program(FGP), 그리고 Senior Companions Program(SCP)] 을 발족시켰다. 「국내자원봉사법」 제정 이후 전국 및 지역사회서비스재단 (CNCS)이 1993년에 설립되었는데, 이와 동시에 앞의 세 프로그램들은 하나의 기관으로 통합되었다(Tang, 2010). 이것이 바로 Senior Corps이다.[11] CNCS는 자원봉사활동을 통해 미국의 전 연령, 전 계층의 사람들이 지역사회에서 나타나는 사회서비스, 교육, 공공안전, 환경 관련 문제를 해결하는 일에 자발적으로 참여할 수 있도록 지원하는 독립 연방조직으로서 국가적 차원의 자원봉사활동의 관리 및 운영을 담당하고 있다(박세경, 2010).

중고령자의 사회참여활동을 지원하는 또 다른 법은 2006년 개정된 「노인법(Older Americans Act)」의 HR6197이다. HR6197은 중장년 퇴직 · 은퇴자들의 경험, 기술, 시간을 활용하는 사회참여활동을 수행하는 기관에 대해 지원을 약속하고 있다.[12] 이 조항에 따르면, 미국 전국 및 지역사회서비스재단(CNCS)은 서비스지원과 사회참여활동에 적극적인 자원봉사 단체들에게 인가를 주고, 그들이 가진 최대한의 역량을 적극 돕는다. 또한 지역사회의 중요한 문제이자 국가의 걱정거리들을 해소하는 활동에 시니어 은퇴자들의 능력과 기술 등을 활용하는 전략들을 법령 속에 포함시키고 있다.

---

9) Domestic Volunteer Service Act (DVSA)
10) National and Community Service Act (NCS)
11) 현재는 the National Senior Service Corps이지만, 여전히 일반적으로 Senior Corps라고 불리기도 한다.
12) 단, 사회참여활동을 개인적으로 수행하는 개인에 대한 지원은 언급하지 않고 있다. (참고: 이 개정은 2006년 9월 28일 하원을 통과하고, 같은 달 30일에 만장일치로 상원을 통과하였으며, 최종적으로 부시 대통령의 승인을 받았다.)

　　또한 노인법에서는 21세기의 사회참여활동이 지역사회의 주체들에 의해서 다루어져야 하는 주제로 전환되었다고 밝힌다. 다시 말해, CNCS에서 법적·금전적 지원을 하겠지만, 실질적으로 시니어의 사회참여활동을 활성화시키고 지역에 정착시키는 일은 지역기관의 역할임을 강조한다고 볼 수 있다. 특히 우선순위로 지정하는 지역기관을 다음과 같이 밝히고 있다. ① 다세대 활동(예: 아동돌봄, 청소년돌봄, 교육보조, 위험청소년예방 프로그램 등)이나 사회참여활동을 수행했다는 증거자료를 가진 기관, ② 노인과 도움이 절실한 지역사회(예: 저소득 사회소수계층, 영어가 능숙하지 않은 노인, 농촌에 사는 노인, 저임금 소수지역사회)의 욕구를 충족시킬 수 있는 다세대 활동프로젝트를 제안하는 기관, ③ 도움이 절실한 지역사회의 욕구를 충족시킬 수 있는 사회참여활동 프로젝트를 제안하는 기관, ④ 공공의 이익을 추구하고 비영리 단체를 돕는 목적으로 노인 개개인의 시간, 기술 그리고 경험을 활용할 수 있는 의미 있는 과제나 역할을 개발할 수 있는 기관 등이다. 이를 자세히 살펴보면, 관련법이 반복적으로 '다세대 활동'을 강조한다는 점을 알 수 있는데, 이는 CNCS가 세대 간 교류의 성격을 지닌 사회참여활동에 중장년층의 시간과 능력을 활용하는 일을 가장 적극적으로 권장한다고 해석할 수 있다.

　　중고령자의 사회참여활동을 지원하는 가장 최근의 법은 2009년 4월 21일에 오바마 대통령이 승인한 「Edward M. Kennedy Serve America Act」이다. 오바마 정부의 중요한 정책의제 중 하나가 사회참여활동 및 봉사활동의 촉진이라고 할 수 있는데, 이 법은 특히 CNCS에서 주관하는 공적 서비스프로그램들(예: AmeriCorps와 VISTA)을 확대하고 특히 노인인력모집에 주력하는 신규 프로그램을 개발할 방침을 가지고 있었다(Tang, 2010). 이 법은 당시 75,000명의 AmeriCorps 회원을 2017년까지 250,000명으로 확대할 계획을 가지고 있으며, AmeriCorps의 보조금 중 최소 10%를 55세 이상의 노인인력을 활용하는 기관을 위해 보장할 계획이다. 실제로 CNCS의 3대 주력 프로그램 운영 사업비 중에서 AmeriCorps의 운영예산으로 47.8%, Senior Corps프로그램 운영예산으로 17%, 그리고 Learn and Serve America 운영예산으로 나머지 6.5%가 쓰인다(박세경, 2010). 다른 기관과 다르게 55세 이상을 대상으로 하는 Senior Corps에서 운영하는 프로그램들도 이 법령의 지원으로 확대될 전망이다(Tang, 2010). 이와 같이 미국의 연방 정책들은 중고령자들의 사회참여활동 및 봉사활동의 증진에 상당히 중요한 역할을 하고 있다.

이렇듯 직접적으로 영향을 주는 법 이외에 간접적으로 중고령자들의 사회참여활동을 장려하는 법도 있다. 1988년의 「공정주택개정법」[13]에 의해 미국은 현재 성별, 인종, 종교 기타 특징으로 인한 주거차별을 금지하고 있다. 더불어 '가족의 형태(familial status)' 그리고 '장애'도 차별금지목록에 추가하였으나 노인들을 위한 특별주거지에 대해서는 예외적으로 허락하고 있다. 즉, 인적사항으로 인한 주거차별은 법적으로 금지하고 있으나, 나이만큼은 특화시켰다.[14] 「공정주택개정법」[15]이 허락하는 나이 제한 거주지에는 두 가지 종류가 있다. 첫 번째는 '나이 제한(age-restricted)' 거주지고, 두 번째가 '나이 조건(age-qualified)' 거주지다. 나이 제한 거주지에서는

---

[13] The Fair Housing Amendments Act of 1988
[14] 1995년의 「노인주택법」는 나이 제한 주거지역에 대해 몇 가지 조건사항을 추가하였다. 그 내용은 다음과 같다. ① 적어도 80% 이상의 집은 55세 이상의 노인에 의해 소유되어져야 한다. ② 주거단체는 반드시 Department of Housing and Urban Development(HUD)의 규정을 준수하여야 한다. ③ 주거단체는 법과 규정을 준수하겠다는 의지를 담은 규칙들을 인쇄하고 부착해야 한다.
[15] The Fair Housing Amendments Act of 1988

모든 집의 소유주는 62세 이상이어야 하는 반면, 나이 조건 거주지의 경우
는 80% 이상이 55세 이상이어야 한다.

　이러한 주거 및 주택관련 법은 중고령자 및 시니어의 사회참여활동을 활
성화하는 데 도움을 준다. 이렇게 중고령자들이 모여서 함께 생활할 수 있
는 주거 공간의 존재는 건강하고 유능한 노인 인력의 모집을 용이하게 만든
다. 그리고 잠재적인 인력들이 한 곳에 모여서 생활한다는 점은 중장년 퇴
직 은퇴자의 사회참여활동을 활성화하고, 특히 인력모집, 교육, 네트워크
구축 등에 도움을 주는 것으로 밝혀지고 있다.

　한국에는 퇴직기에 있는 중고령자의 사회공헌 혹은 사회참여활동으로 유
도하려는 법제도가 아직 마련되어 있지 않기 때문에 이러한 「베이비부머의
인력활용촉진법」과 같은 법이 검토되고 제정될 필요가 있다. 그 속에서 유
급 및 무급의 다양한 사회참여활동과 같은 비영리 부문 일자리사업 확장이
논의되어야 할 것이다.

　현재 한국의 고령자 취업정책을 중심으로 법체계를 살펴보면 「장년고용
촉진법」, 「고용보험법」, 「노인복지법」, 「고용정책기본법」 등이 존재한다.
「장년고용촉진법」 이전의 「고령자고용촉진법」은 1991년에 제정된 법으로
서 고령자 고용을 지원하고 촉진하는 목적을 가지고 있다. 그러나 이 법은
고령자 기준 고용율과 정년제도 등과 관련하여 권고수준에 그치고 있어 이
행여부가 불투명하다는 문제점이 있다. 고용보험법은 실업예방, 고용촉진,
근로자의 능력개발향상을 목적으로 재정된 법이다. 고령자를 일정비율 이
상 고용하는 사업장에게 고용지원금을 지급하는 고령자 다수고용촉진 장려
금과 정년퇴직한 중장년을 재고용하는 사업장에게도 지원금을 지원하는 정
년퇴직자 계속고용 장려금제도가 있다. 노인복지법에서는 노인의 사회참여
확대를 위해 지역봉사활동 기회확대, 노인에게 적합한 직종개발, 노인취업

알선기관 등에 대한 지원을 명시하고 있다(김찬동, 윤형호, 2006).

이렇듯 한국에서는 은퇴 노령자의 근로나 고용에 관한 법만 존재하는 상황에서 중장년 인력을 사회참여활동 영역으로 유인하려는 목적을 가진 법의 제정도 필요해 보인다. 중고령 인력을 사회참여활동으로 유도하려는 것은 단순히 일자리를 제공하는 일 또는 자원봉사활동을 장려하는 것과는 다른 취지와 목적을 가지고 있다. 중고령자들이 복합적으로 가진 일에 대한 욕구, 안정적인 임금에 대한 욕구, 배움에 대한 욕구, 사회에 기여하면서 긍정적인 영향을 미치고 싶은 욕구 등을 반영하여 결과적으로 공공의 이익이 추구되고 개인에게는 심리적 만족과 금전적 안정을 제공하는 것이 궁극적인 목적이다. 따라서 이러한 목적과 취지에 맞는 법률과 제도가 반드시 필요할 것이다.

4) 사회참여활동 문화적 배경

한국 사회의 중고령 퇴직자들이 미국의 사례처럼, 유급과 무급을 막론하고 다양한 사회참여활동을 하나의 대안적 일자리처럼 만들어 제2의 인생을 보람 있게 보낼 수 있을까에 대한 답을 찾기 위해서는 한국의 사회 봉사 및 공헌 활동에 대한 전반적인 문화가 어떠한가? 즉, 한국의 베이비부머들은 얼마나 사회공헌 및 참여활동에 높은 인식을 가지고 있고, 어릴 적부터 체질화되어 있으며, 이에 따라 자연스럽게 퇴직과 은퇴기에 제3섹터 영역과 그 부문에서의 역할에 접맥될 수 있을까 하는 것을 분석해 보아야 한다.

한국의 현재 40대와 50대, 즉 베이비붐 세대의 자원봉사 참여율은 10대를 제외하고 타 세대에 비해 가장 높은 것으로 나타나고 있는데, 이것이 베이비부머들이 가지는 독특한 세대적 특성에 의한 것인지 아니면 40대와 50대가 되면 나타나는 연령적 특성(aging effect)인지를 구분하기는 힘들다는 논의가 존재한다(이금룡, 2011). 만약 세대적 특성이 강하다면, 베이비붐 세대가 노년기에도 지속적으로 봉사활동을 수행할 개연성이 높지만, 단지 연령적 특성에 의한 현상이라면 실제로 노년기 이후에는 지속적으로 높은 자원봉사 참여율은 기대하기 어려울 것이라는 점이다.

한국의 베이비붐 세대 은퇴자들은 이전 세대에 비하여 자원봉사경험이 많아 한국 사회의 사회참여문화의 척박함과 비영리부문의 영세함에도 불구하고 사회참여활성화의 가능성을 기대하게 한다. 그러나 이들 역시 영리부문의 주된 일자리에서 기업에 충성하는 '일' 문화에 찌든 세대이며 퇴직 시까지 별다른 과외활동이 없고, 지역사회와도 괴리된 채 삶을 영위해 온 인구 집단임에는 이전 세대와 큰 차이가 없는 것도 사실이다. 그러므로 준비된 은퇴로서 노후의 삶을 사회참여에 투자하는 데에는 대다수 어려움이 존재한다고 보인다.

한국의 경우 노인 일자리 사업 전국참여자 2,987명을 대상(응답률 94%)으로 참여만족도와 참여지속의사를 조사한 결과(한국노인인력개발원, 2008), 참여만족도는 5점 만점에 3.77점으로 비교적 높은 편이었지만, 월 20만 원 수준인 보수에 대해서는 만족도 수준이 낮았다. 경제적 형편이 비교적 양호하고, 교육형이나 복지형 사업(공익형, 교육형, 복지형)에 참여한 노인들의 만족도가 상대적으로 높았다. 또한 일자리 사업에 참여한 많은 노인이 보수가 없더라도 자원봉사의 형태로 계속 참여하기를 원했고, 교육형과 복지형에서 특히 이러한 경향을 보이며, 인적자본 수준이 높은 노인들의 경우 지속하기를 원했다. 앞으로 더욱 건강하고 교육수준과 전문지식을 갖춘 노인들의 비중이 큰 폭으로 증가하게 됨에 따라, 이러한 노인들이 자원봉사활동에 더 적극적인 태도를 보일 것이라는 점은 향후 노인일자리 사업과 노인인력

개발정책 전반에 걸쳐 충분히 인식될 필요가 있다.

또한 베이비부머의 자원봉사관련 연구에서 이금룡(2011)은 한국의 경우에 비해 미국시민들의 자원봉사성향은 연령효과(ageing effect) 현상이 두드러지게 나타난다고 보고한다. 이는 최근의 미국 은퇴자의 다양한 사회참여활동의 현황과 비교해 보면 어느 정도 확인될 수 있다. 현재 Senior Corps 등 노년층의 사회참여활동을 장려하는 프로그램들이 전국적으로 확산되어 있고, 참여하는 회원 수도 수백만 명에 이른다.

그러나 Harvard School of Public Health의 보고서는 베이비붐 세대의 사회참여활동 전망에 대해 우려를 표명한 바 있다. 먼저 미국 베이비부머들은 부모 세대에 비해 투표율, 신문 구독률, 지역사회 단체 가입률 등 사회참여활동의 지표에 있어서 모두 낮다. 이러한 현상에 대해 두 세대가 겪은 서로 다른 사건과 사회 환경을 이용해 설명한다. 부모 세대는 대공황, 제2차 세계대전 등을 겪었으며 또한 그 당시 미국은 다민족·다인종 사회가 아니었다는 점도 집단 응집력을 길러 주었다. 반면 베이비붐 세대는 경기호황 속에서 비교적 혜택을 누리며 자랐으며, 개인주의 성향과 미국사회의 다양성은 그들의 봉사정신과 사회응집력을 약화시켰다고 평가하였다. 그러나 한편으로는 이러한 미국 베이비부머의 성향이 미국 사회에 새로운 라이프스타일과 사고방식이 생겨나게 만든 밑거름이라는 긍정적인 인식도 존재한다. 결국 하버드 보고서는 제3섹터의 기관들이 베이비부머들의 인력을 흡수하기 위해서는 그들의 관심분야, 적성 그리고 다양성을 중요시하여야 하고, 또한 인력을 모집하여 교육한 후 연계할 수 있는 제3의 기관이 필요할 것이라고 강조한다.

베이비붐 세대의 사회참여율을 예측하는 다른 방법으로 사회자본과 교육이 있다. 봉사활동 및 사회참여활동과 사회자본의 연관성은 많은 연구에서 이미 밝혀진 바 있고(이현기, 2010; Alessandrini, 2006[16]) Putman(2000) 또한 『Bowling Alone』이라는 저서에서 교육과 사회참여활동의 긴밀한 관련성을 반복하여 강조한다.[17] 21세기 이후 OECD 주최의 다양한 심포지엄에서도 사회참여활동에 대한 교육의 영향이 심도 있게 논의된 바 있다(Campbell, 2006). 미국 베이비붐 세대의 사회 자본은 이전 세대보다 더 약화되었다는 평가를 받는다. 그들은 부모 세대보다 더 적은 친구들, 더 적은 자녀를 가지고 있지만, 독신율과 이혼율은 더 높다(이금룡, 2011). 한국의 베이비붐 세대도 산아제한 이후에 결혼과 출산을 하였기 때문에 부모 세대보다는 자녀가 적고 이혼율은 높을 것이라 생각된다. 하지만 반대로 교육수준은 다른 이전 세대보다 높다.

캠벨(Campbell, 2006)은 교육 중에서도 대학교육의 이수 여부가 사회참여활동률에 영향을 많이 준다고 하였다. 따라서 앞서 소개한 평생교육(lifelong education)의 정착으로 중장년 퇴직·은퇴자들이 새롭게 또는 다시 대학에 입학하여 교육을 받는다면, 캠벨의 주장대로 사회참여활동에 긍정적인 영향을 줄 것이라 기대된다.

결국 지금 당장 "과연 베이비부머들이 사회참여활동에 적극적일까?"와 "얼마나 적극적으로 참여할까?"에 대한 정확한 답을 찾기는 힘들지만, 이들의 지역사회참여를 예측하고 활성화시키기 위해서는 세대 내, 세대 간의 사

---

16) 인터넷 사용이 사회 자본을 강화시키고, 결국 인터넷을 사용하는 사람이 사회참여활동을 많이 한다고 설명하는 보고서다.

17) "Education is one of the most important predictors – usually, in fact, the most important predictor – of many forms of social participation – from voting to associational membership, to chairing a local committee to hosting a dinner party to giving blood. The same basic pattern applies to both men and women and to all races and generations. Education, in short, is an extremely powerful predictor of civic engagement(p. 186)."

회자본 정도와 교육 수준을 비교하는 연구가 필요할 것이고, 더불어 이 요소들을 강화시키는 노력도 함께 이루어져야 할 것이다.

5. 결론

지금까지 이 장에서는 미국과 한국의 베이비붐 세대의 경제적 여건, 사회참여활동의 토대로서의 제3섹터 상황, 사회참여활동에 대한 정부의 지원법 및 제도, 그리고 서로 다른 자원봉사문화와 환경 등을 비교 검토하였다. 한국과 미국은 이러한 네 가지 측면에서 상당한 차별성이 존재하므로 미국을 위시한 서구의 은퇴자 사회참여 성공사례들이 곧 바로 우리 한국의 현실이 될 수 있음을 기대하기 어렵다. 그러므로 현재 민간과 정부차원에서 준비, 혹은 추진하고 있는 베이비붐 세대의 사회참여사업의 활성화방안은 현실적 조건과 한계를 충분히 검토하여 마련되어야 할 것으로 보인다. 이러한 차원에서 이 글에서는 다음 몇 가지 제언을 하는 것으로 글을 마무리하고자 한다.

먼저 경제적으로 안정적이지 못한 상황에서 금전적 소득이 없는 사회참여활동은 호응도가 낮을 것으로 분석된다. 경제적 여건과 사회적 인프라와 함께 고려한다면, 미국의 앙코르 커리어스와 같이 중요한 세 가지 요소, 즉 '개인적 보람' '사회에서의 영향력' '소득'을 함께 만족시킬 수 있는 사회참여활동 위주로 개발되어야 한다. 또한 앙코르 커리어스에서 빠진 한 가지, '평생학습'과 '평생교육'에 대한 기회가 원하는 사람에게 제공되어져서 한층 더 전문적으로 공익활동을 할 수 있도록 지원하는 것도 중요하게 고려될 필요가 있다. 사회참여활동을 위한 필수 단계로서 단기 교육과정인 평생학습과 학위나 자격증을 위한 전문적 교육인 평생교육의 연계는 현실적으로 중요하다고 사료된다. 생애 주된 일과는 다른 분야에 도전하기를 희망하는 중고령자들[18]은 자신의 적성을 확인하기 위한 과정으로 평생학습과 사회참 여활동을 이용할 수 있을 것이고, 확신이 선 후에 비로소 평생교육을 접하는 것이 효율적일 것이다.

나아가 앞의 내용을 현실화하기 위해서는 사회적 환경이 갖추어져야 한다. 하지만 한국은 중장년 퇴직·은퇴자들이 활동할 수 있는 제3섹터의 시장이 매우 좁을 뿐만 아니라 비영리·비정부 기관의 태도가 냉소적이다. 비영리 노동시장 확대와 함께 재정적으로 취약한 한국의 비영리기관의 구조와 환경을 개선하는 데 많은 지원을 해야 한다. 규모와 재정적으로 확대된 시장이 마련된 후에는 준비된 퇴직·은퇴자가 환영받을 수 있도록 변화가 필요하다. 구체적으로 기관이 필요로 하는 사람으로 교육시켜서 연계하는 시스템이 가장 먼저 필요할 것이고, 중장년 퇴직·은퇴자 스스로도 개방적인 사고와 태도를 습득하는 것도 중요하다. 매력적인 피고용인으로서 이미지를 개선하기 위해 영리부문 출신의 퇴직·은퇴자들이 비영리부문에서 기관 운영 및 서비스제공 인력으로 성공하는 모형이 다양하게 제시되는 것도 중요하다.

기관과 개인뿐만 아니라 사회 전반에서도 생계형 근로 또는 여가라는 이분법적인 사고 대신 베이비붐 세대가 가지는 다양한 욕구, 즉 개인적 만족, 사회에서의 영향력, 평생학습 그리고 돈벌이를 모두 만족시킬 수 있는 활동으로 퇴직 이후의 삶이 꾸며져야 한다는 새로운 인식이 필요하다. 이와 함께 중장년 고용 기관에게 세제혜택 등을 제공한다면 중고령 퇴직·은퇴자와

---

18) 이소정(2011)에 의하면, 베이비붐 세대의 30%가 새로운 분야에서 일하기를 희망한다.

제3섹터 기관이 함께 발전하고 공생할 수 있는 환경이 조성될 수 있을 것이라 사료된다. 또한, 한국에는 노인의 사회참여활동에 직접적으로 관여하는 구체적인 지원법이 체계화되어 있지 못하다. 따라서 「비영리단체지원법」 「장년고용촉진법」 「자원봉사활동기본법」과 같은 법 이외에 노인의 유무급 사회참여활동 그리고 제3섹터에서의 재취업 등으로 이어지는 전문적이고 장기적인 사회참여활동을 적극적으로 장려하고 지원하는 법이 필요하다.

마지막으로 중장년층의 사회참여활동에 영향을 주는 요인들로 사회자본과 교육을 예로 들었다. 미국과 한국 모두 사회 자본에서 이전 세대보다 낮은 수준으로 그리고 교육에서는 높은 수준으로 평가되었다. 그러므로 지금 당장 전망을 예측하기는 힘들지만, 중요한 것은 세대 내, 세대 간 그리고 지역 간의 사회자본과 교육에 대한 많은 연구가 필요하고 이를 토대로 베이비붐 세대의 사회참여활동 활성화를 위한 정책들을 디자인해야 할 것이다.

■ 참고문헌

김수봉(2011). 베이비붐 세대의 소비실태와 고령친화 산업적 함의. 보건복지포럼.

김영나, 조윤직(2013). 지역별 비영리부문의 규모결정 요인분석-수요·공급·지역구조적 요인을 중심으로, 한국정책학회 동계학술발표논문집. pp. 970-992.

김영완(2010). 우리나라 베이비붐 세대의 노후생활 준비 실태에 관한 연구. 석사학위논문. 상지대학교 대학원.

김용하(2011). 베이비붐 세대 대책이 필요하다. 보건복지포럼.

김찬동, 윤형호(2006). NGO의 역할과 정체성비교: 고령자취업정책을 중심으로. NGO연구, 4, 77-107.

나일주, 임찬영, 박소희(2008). 한국 베이비붐 세대의 은퇴 대비를 위한 정책 방향: 국가인적자원개발측면에서. 노인복지연구, 42, 151-174.

박태규, 정구현(2002). 한국 비영리 부문의 규모추계와 구조. 한국비영리연구, 1, 3-31.

이금룡(2011). 베이비부머의 자원봉사 활성화. 제4차 베이비붐 세대 미래구상포럼.

이소정(2011). 베이비붐 세대의 경제활동 특성과 정책과제.

이소정, 정경희, 이윤경, 박보미(2011). 베이비붐 세대의 사회참여를 위한 인적자원 수
　　요조사 보고서. 보건복지부 · 한국보건사회연구원.

이현기(2010). 노인자원봉사활동과 사회자본: 사회자본 효과를 중심으로. 노인복지연구,
　　50, 263-290.

박세경(2010). 미국 국가봉사단 AmeriCorps의 활동 현황. 국제 보건복지 정책동향, 1.

방하남(2011). 베이비붐 세대: 그들은 누구인가? 월간 노동리뷰.

방하남, 신인철(2011). 강요된 선택: 생애 주된 일자리에서의 퇴직과 재취업의 동학분
　　석. 한국 사회학, 45, 73-108.

장수찬(2003). 분권과 균형발전 시대의 시민사회의 역할 변화 – 개별적 차원(at indi-
　　vidual Level)에서 알아본 분권사회에서의 시민적 참여(Civic Engagement)와
　　사회자본(Social Capital). 한국행정학회 비정기학술발표논문집, 2, 20-38.

정경희, 남상호, 오영희, 이소정, 이윤경, 정홍원, 이은진, 김성숙, 류건식, 신현구, 정정
　　숙, 천현숙, 한정림(2011). 베이비붐 세대 실태조사 및 정책 현황 분석. 보건복지
　　부 · 한국보건사회연구원 정책보고서.

정기성(2001). 미국 NPO의 다양성 분석: Internet에 나타난 Website Contents를 중심
　　으로. 비영리학회.

정호성(2010). 베이비붐 세대 은퇴의 파급효과와 대응방안: 주요국(미 · 일) 비교 포함.
　　삼성경제연구소 연구보고서.

한국일보(2012. 03. 19). 한 · 미 · 일 베이비붐 세대 비교(인터넷자료).

Adler, R. P., & Goggin, J. (2005). What do we mean by "Civic Engagement?.
　　Journal of Transformative Education, 3(3), 236-253.

Alessandrini, M. (2006). Getting Connected: Can social capital be virtual?. We-
　　bology, 3, (4). http://www.webology.org/2006/v3n4/a33.html

Campbell. D. (2006). What is education's impact on civic and social engage-
　　ment?. Measuring the effect of education on health and civic engagement:
　　Proceedings of the copenhagen symposium. OECD.

Coile, C., & Gruber, J. (2007). Future Social Security Entitlements and the Re-
　　tirement Decision. *The Review of Economics and Statistics, 89*(2): 234-
　　246.

Cullinane, P. (2006). Later life civic engagement enhances health for individuals
　　and communities. Journal on Active Aging, November/December, 66-72.

Employee Benefit Research Institute. (2007). *EBRI Notes, 28*(5).

FRB. (2009). Changes in US Family Finances from 2004 to 2007: Evidence from
　　Survey of Consumer Finances. Retrieved from http://www.federalre-
　　serve.gov/pubs/bulletin/2009/pdf/scf09.pdf

Harvard School of Public Health · MetLife Foundation. (2004). Reinventing Aging: Baby Boomers and Civic Engagement. Retrieved from http://www.hsph.harvard.edu/chc/reinventingaging/Report.pdf

Herd, P., & Meyer, M. (2002). Care work: invisible civic engagement. *Gender and Society, 16*(5), 665-688

Johnson, C., Parel, M., Mei. Cobb, & Uy, D. (2003). The Strength of the Infrastructure of Volunteer Agencies and Its Capacity to Absorb Baby Boomer Volunteers.

Kaskie, B., Imhof, S., Cavanaugh, J., & Culp, K. (2008). Civic Engagement as a Retirement Role for Aging Americans. *The Gerontologist, 48*, 368-377.

Lusardi, A., & Mitchell, A. L. (2007). Baby Boomer retirement security: The roles of planning, financial literacy, and housing wealth. *Journal of Monetary Economics, 54*, 205-224.

Morrow-Howell, N. (2010). Volunteering in Later Life: Research Frontiers. *Journal of Gerontology: Social Science, 65*(4), 461-469.

McBridge, A. M. (2007). Civic engagement, older adults, and inclusion. Generations, xxx. 66-71.

Peter D. Hart Research Associate (2008a). Tapping Encore Talent October. Retrieved from http://www.civicventures.org/publications/surveys/employerssurvey08/employsurvey_execsumm.pdf

Peter D. Hart Research Associate (2008b). Encore Career Survey June. Retrieved from http://www.civicventures.org/publications/surveys/encore-career-survey.cfm

Sherlock, M. F., & Gravelle, J. G. (2009). An Overview of the Nonprofit and Charitable Sector(CRS Report for Congress 7-5700 ed.). Washington DC: Congressional Research Office. Retrieved from www.fas.org.sgp/crs/misc/R40919.pdf

Tang, F. (2010). Volunteering by older adults in the United States. *China Journal of Social Work. 3*, 289-300.

Rozario, P. A. (2006). Volunteering Among Current Cohorts of Older Adults and Baby Boomers. *Generations, 30*.

베이비붐 세대의 건강

1. 서 론

　베이비붐 세대는 현재의 고령세대와는 다르게 경제성장 및 식습관변화 등의 환경적인 변화를 경험하였으며 이로 인한 건강상태도 차이가 있다. 베이비붐 세대의 현재 건강상태는 노후에 발생할 각종 만성질환, 기능제한과 장애와 관계있을 뿐만 아니라 삶의 질에도 영향을 미친다. 이러한 만성질환 및 활동 제한으로 인한 실직은 연쇄적으로 노후 경제적 불안정의 원인이 될 뿐만 아니라 의료비지출 상승을 초래하며, 부모님 간병수행이 어려워지고 본인을 돌봐야 하는 가족과 사회적 비용증가를 초래하는 등 사회에 직간접적으로 미치는 영향은 지대하다. 이러한 이유로 세대를 불문하고 미래 노후에 대한 염려는 (경제력을 제외하면) '건강'이 가장 많았다(김미령, 2011).

　베이비부머 기대수명은 남성이 80세, 여성이 85세까지 살 것으로 예측되지만 활동 제한이 없는 건강수명(disability-free health expectancy)은 남녀 각각 70세, 71세로 사망에 이르기까지 남성 베이비부머는 10년을, 여성 베이비부머는 약 15년을 일상생활이나 사회활동에서 제한을 받을 것으로 예측된다.[1] 따라서 국가 및 지방자치단체는 베이비붐 세대의 질환의 이환을 최대한 지연시켜서 건강수명을 연장시킬 수 있는 만성질환의 지속적, 체계적인 관리에 최선을 다해야 한다. 이를 위해서 질병의 진단과 치료를 중심으로 하는 급성질환의 체제에서 벗어나서 1, 2, 3차 예방을 통한 만성질환 중심의 관리체제가 유지되어야 한다.

베이비붐 세대의 1, 2, 3차 예방의 필요성과 근거를 제시하기 위하여 이 장에서는 다음의 영역을 기술하였다. 첫째, 베이비붐 세대의 현재 만성질환 이환율과 비만률을 조사하였고, 둘째, 베이비붐 세대의 1차 예방차원으로의 건강검진률, 셋째, 흡연, 음주, 규칙적인 운동과 같은 건강행태 실천률을 파악하고 각 주제에 따른 정책적 제언을 제시하고자 한다.

이 장에서 제시되고 있는 베이비붐 세대의 건강자료는 국민건강영양조사[2] 제5기 1차 조사자료를 분석하였다. 국민건강영양조사는 건강설문조사, 영양조사, 검진조사로 구성되었고, 건강설문조사는 건강면접조사와 보건의식 행태조사로 구성되었다. 이 장에 수록된 베이비부머들의 만성질환, 건강검진의 자료는 건강설문조사를 분석하였으며, 비만, 대사증후군과 관련된 자료는 검진조사를 분석하였다.

---

1) 한국의 베이비부머 연구(2011). 서울대학교 노화 · 고령화 사회연구소. Metlife Mature Institute

2) 국민건강영양조사는 국민건강증진법에 의하여 실시되는 건강 및 영양상태에 관한 국가승인 통계조사로 3년 주기로 시행되는 국내 유일의 전국 규모 역학조사다. 지금까지 제1기 (1998년), 제2기(2001년), 제3기(2005년), 제4기(2007~2009년)의 조사가 실시되었으며 현재 제5기 조사(2010~2012년)가 완료되었다.

2. 베이비부머들의 건강현황

1) 베이비부머들의 만성질환

국민건강영양조사 제5기 1차 조사자료 중 베이비부머에 해당하는 대상자 즉, 만 연령 47세에서 55세에 해당하는 사람은 총 1,140명이었으나 결측치를 제외하고 1,073명의 자료를 분석하였다. 다양한 만성질환 및 건강 관련 지표를 현재의 준고령, 고령자와 비교하기 위하여 987명의 55~65세의 준고령 그룹자료와 1,134명의 65세 이상 고령 그룹의 자료도 함께 제시하였다.

베이비부머의 47.2%가 적어도 한 개의 만성질환을 가지고 있었으며, 가장 이환율이 높은 질환은 고혈압으로 베이비부머들의 21.4%가 고혈압 유병이 있는 것으로 나타났다. 고혈압 다음으로 관절염(15%), 고지혈증(12.4%), 당뇨질환(6%), 심근경색 및 협심증(2.3%)의 순서로 나타났다. 이 같은 베이비부머들의 유병률은 성별과 전후기 베이비부머에 따라 차이가 있었다([그림 6-1] 참조).

남성 베이비부머는 여성과 비교 시에 고혈압, 당뇨, 폐결핵의 이환율이 높았고, 여성의 경우는 골관절염와 류마티스성 등 관절염 이환율이 높았다(여성: 20.3%, 남성: 7.2%). 또한, 갑상샘질환도 여성이 남성에 비하여 이환율이 높은 것으로 나타났다(여성: 7.4%, 남성: 1.8%).

성별뿐만 아니라 베이비붐 세대 내의 연령별로 이환율의 차이가 있었다([그림 6-2], [그림 6-3]). 1955~1959년에 출생한 전기 베이비부머들이 1960~1963년에 출생한 후기 베이비부머에 비해 만성질환 이환율이 높게

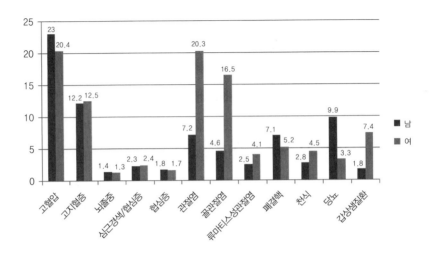

그림 6-1 성별 만성질환 이환율

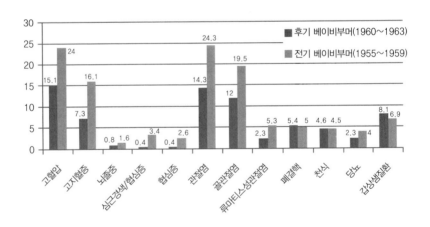

그림 6-2 여성 베이비부머 만성질환 유병여부(전기 vs 후기 베이비부머)

---

3) 전기 베이비부머들은 대학진학은 소수에게만 허용된 기회였고, 남아선호 및 여자에게는 고
등교육이 필요 없다는 인식이 있는 세대인 반면, 후기 베이비부머들은 TV의 보급, 소비문
화의 확산, 여성의 교육기회 확대, 노동시장 참여증가, 글로벌 자본주의의 확대를 경험한
세대 차가 존재한다(연금시리즈: 베이비부머 마케팅, 2011. 대신증권 퇴직연금운영부).

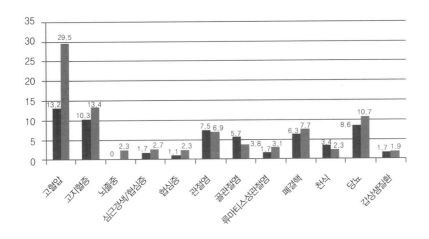

그림 6-3 **남성 베이비부머 만성질환 유병여부(전기 vs 후기 베이비부머)**

나타났는데 이는 베이비붐 전 세대와 이후 세대의 시대적, 환경적인 변화로 인하여 연령별, 성별 건강차이가 존재하는 것이라고 해석된다.[3] 남성 베이비부머의 전기와 후기의 차이는 고혈압에서 크게 나타난 반면, 여성 베이비부머의 전기와 후기 차이는 고혈압뿐만 아니라 고지혈증, 관절염에서 두드러진 차이를 보여 주고 있다.

만성질환 중 유병률이 높은 세 가지 질환인 고혈압, 고지혈증, 관절염 유병률의 노화에 의한 변화 추이를 보기 위하여 베이비붐, 55~65세의 중고령층, 65세 이상의 고령층별 유병률을 조사한 결과는 다음과 같다. 연령별 고혈압 유병여부는 베이비붐 세대, 55~65세, 65세 이상의 군에서 각각 21.5%, 39.1%, 51.3%로 연령이 증가함에 따라 유의하게 증가하였다 (p<.001, [그림 6-4] 참조). 뿐만 아니라, 이 같은 유병률의 차이를 교육수준별로 살펴보며 남성의 경우 고혈압 유병률은 교육수준에 의하여 차이가 나타나지 않으나, 여성의 경우 대졸 이상 집단의 고혈압 유병률은 초졸 이하

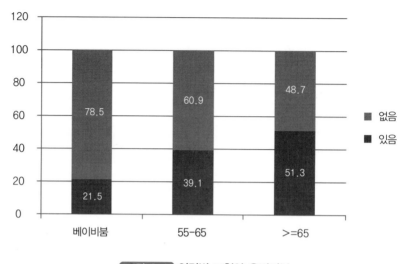

그림 6-4 연령별 고혈압 유병여부

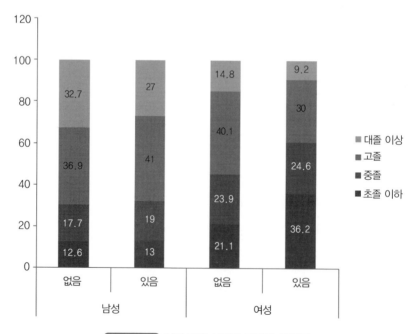

그림 6-5 성별 교육수준별 고혈압 유병률

집단의 1/4 수준이었다(p<.05, [그림 6-5] 참조).

관절염 유병률의 경우, 베이비붐 세대, 55~65세, 65세 이상 군에서 각각 15%, 27.6%, 37%로 유의한 증가를 보이며(p<.001, [그림 6-6] 참조) 성별, 연령별을 관절염 유병률을 분류 시, 남성의 경우 연령별 관절염 유병률이 7.2, 13.8, 15.9%로 증가폭의 차이가 크기 않았으나, 여성의 경우 20.3, 38.6, 54.1%로 남성에 비해 연령 증가에 의한 관절염 유병률이 높아짐을 알 수 있다(p<.01, [그림 6-7] 참조).

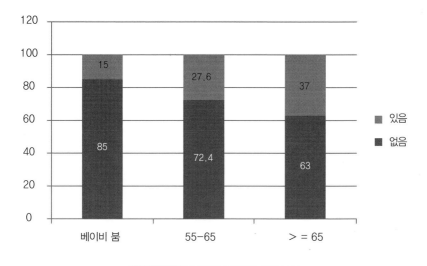

그림 6-6 연령별 관절염 유병여부

고혈압과 마찬가지로 교육수준별 남녀 관절염 유병률은 차이가 있었다. 남성의 경우 관절염 유병률은 교육수준에 의하여 차이가 나타나지 않으나, 여성의 경우 대졸 이상 집단의 관절염 유병률은 초졸 이하 집단의 1/3 수준이었다(p<.05, [그림 6-8] 참조).

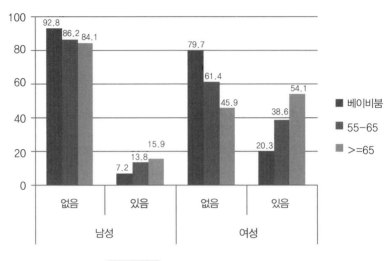

그림 6-7 성별 연령별 관절염 유병률

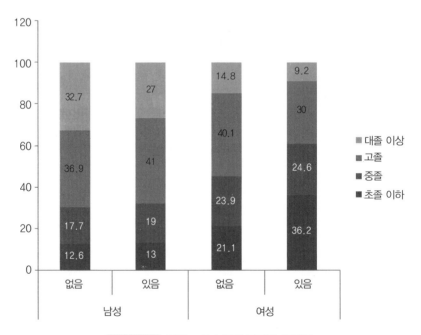

그림 6-8 성별 교육수준별 관절염 유병률

비만 유병률은 대한비만학회에서 채택한 2000년 아시아·태평양지역 지
침에 따라 체질량지수에 의하여 저체중군, 정상군, 과체중군, 비만군으로
분류하였다.[4] 남녀별 비만 분포는 유의한 차이가 있었으며(p<.01) 남성이
여성보다 과체중과 비만의 비율이 높았다(과체중: 남성 30.4%, 여성 27.1%;
비만: 남성 36.8%, 여성 29.9%, [그림 6-9] 참조).

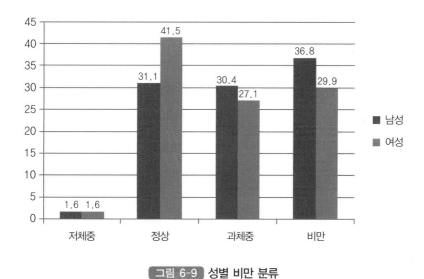

그림 6-9 성별 비만 분류

주관적 체형인식률은 남성이 35.2%가 약간 비만, 5.3%가 매우 비만으
로 인식한 반면, 여성은 41.1%가 약간 비만, 13.2%가 매우 비만으로 인식
함으로써 스스로를 비만으로 인식하는 비율은 남성에 비하여 여성에서 높
게 나타났다. 심혈관 질환의 이환율과 이로 인한 사망률을 증가시키는 것으
로 알려져 있는 대사증후군[5]의 유병률은 베이비붐에서 약 23.5%이었으며,

---

4) 아시아·태평양지역 지침에 따른 체질량지수(BMI)에 의한 비만 분류: 1) 저체중: BMI<
  18.5 kg/m², 2) 정상체중: BMI: 18.5~22.9 kg/m², 3) 과체중: BMI: 23~24.9 kg/
  m², 4) 비만: BMI≧25 kg/m²

남성은 25.9%, 여성은 21.9%으로 성별로 유의한 차이는 없었다.

이와 같은 만성질환 유병률을 가진 베이비붐 세대는 스스로의 건강을 30.2%가 좋음 이상으로 평가하고 있었으며, 성별 비교 시 여성이 남성에 비하여 스스로의 건강을 부정적으로 평가하는 경향을 보였다 (p<.05). 또한, 주관적 건강평가를 연령별로 비교한 결과, 55~65세, 65세 이상의 그룹에 비하여 베이비붐 세대는 본인의 건강을 보통 이상으로 평가하는 비율이 높았다 (p<.001, [그림 6-10] 참조).

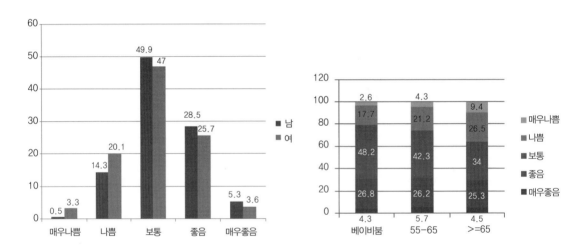

그림 6-10 성별 연령별 주관적 건강평가

---

5) 대사증후군은 Executive Summary of the Third Report of The National Cholesterol Education Program(NCEP ATP III의 기준(Wannamethee, Shaper, & Whincup, 2006)에 따라 혈압, 공복혈당, HDL(High Density Lipoprotein) 콜레스테롤, 중성지방, 허리둘레 다섯 가지 항목 중 3개 이상이면 대사증후에 속한다고 정의하며 혈압 130/85mmHg 이상, 공복혈당 110mg/dL 이상, HDL콜레스테롤 남자 <40mg/dL, 여자 <50mg/dL 이하, 중성지방 150≥mg/dL 이상, 허리둘레 남자> 90cm 이상, 여자 >80cm 이상이다.

2) 베이비부머들의 건강검진 및 예방접종

베이비붐 세대의 건강검진 수진비율은 68%였으며, 남녀 각각 67.2%, 68.6%로 성별 유의한 차이가 없었다. 건강검진을 받은 자 중 87%는 본인 부담이 없다고 답하였으며 85%가 건강보험에서 실시하는 일반검진을 실시하였다고 답하였다. 위암검사는 64.7%가 받았다고 답하였으며, 위암 검사를 받은 자 중 검사의 시기는 1년 이내가 48.5%로 가장 많았고, 1년 이상~2년 이내가 28.5%, 2년 이상이 23%였다.

대장암 검사를 받은 자는 44.1%였으며, 대장암 검사 역시 42.5%가 1년 이내에, 24.8%가 1년 이상~2년 이내, 23.6%사 2년 이상~5년 이내에 대장암 검사를 실시하였다고 답하였고, 이 같은 대장암 검진에는 성별 차이가 나타나지 않았다. 간암 검사는 32.9%가 실시하였으며, 남성 37%, 여성 30.2%로 남성이 여성보다 유의하게 높은 검진률을 보였으며, 간암 검사 시기는 6개월 이내가 25.6%, 6개월~1년 이내가 27%, 1년 이상~2년 이내가 21.3%, 2년 이상이 26.1%였다.

여성의 유방암 및 자궁경부암 검진 비율은 각각 83.5%, 84.4%였다([그림 6-11] 참조). 유방암의 검사 시기는 1년 이내가 49%, 1년 이상~2년 이내가 27.4%, 2년 이상이 23.6%였고, 자궁경부암의 검사 시기는 1년 이내가 47.3%, 1년 이상~2년 이내가 25%, 2년 이상이 27.7%였다. 건강검진 수진 여부 및 위암, 대장암, 간암, 유방암, 자궁암검진 수진율을 연령대별로 비교한 결과, 베이비붐 세대보다 55~65세에 높은 검진률을 보인 이후 65세 이후에는 검진 수진률이 낮아지는 경향을 보였다(〈표 6-1〉 참조).

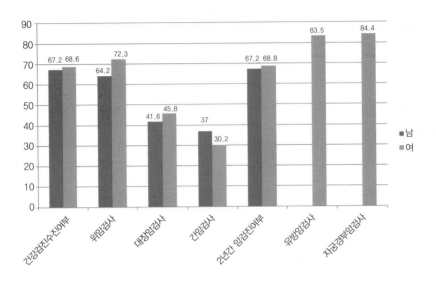

그림 6-11 건강검진여부

표 6-1 연령대 별 건강검진 수진율

	베이비붐	55~65	>=65
건강검진수진여부	68	71	59.2
위암검사	69	76.9	63
대장암	44.1	59.1	45.8
간암검사	32.9	37.3	23.9
2년간 암검진	65.6	69.6	53.8
유방암	83.5	87.5	65.9
자궁경부암	84.4	81.3	56.1

베이비붐 세대 중 남성의 7.4%, 여성의 12.6%가 활동 제한을 보고하였으며 활동 제한의 사유로는 남성의 경우 등·목의 문제(17.6%), 기타 사고

(11.8%), 관절염(8.8%)의 순서였고 여성의 경우 등·목의 문제 (24.4%), 관

절염(20.7)으로 남성보다 높은 비율을 나타냈다([그림 6-12] 참조).

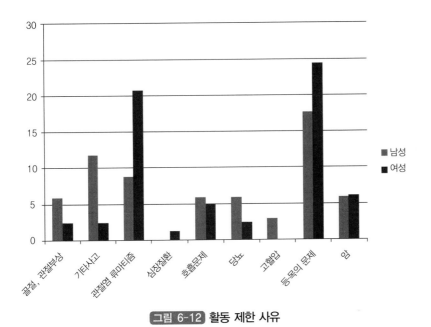

그림 6-12 활동 제한 사유

베이비붐 세대의 예방접종률과 신종인플루엔자 접종률은 각각 13.4%,

11.1%로 전체 평균보다 낮았다. 하지만, 예방접종률은 65세 이상의 경우

각각 61.8%, 53.1%로 연령증가와 함께 상승함으로 보여 준다([그림 6-13]

참조).

베이비붐 세대의 예방접종률과 신종인플루엔자 접종률은 각각 13.4%,

11.1%로 전체 평균보다 낮았다. 하지만, 예방접종률은 65세 이상의 경우

각각 61.8%, 53.1%로 연령증가와 함께 상승함으로 보여 준다.

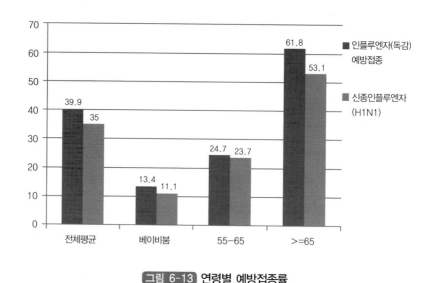

그림 6-13 연령별 예방접종률

3) 베이비부머들의 건강행태

베이비부머들의 흡연상태는 남성의 42.5%, 여성의 4.5%가 현재 흡연을 하는 것으로 나타났으며([그림 6-14] 참조), 현재 흡연자들의 하루 평균 흡연량은 남성이 19.6개비, 여성이 10.45개비였다. 현재 흡연자 중 1개월 내 금연계획은 조사한 결과 '1년 내 금연할 계획이 있음'이 19.1%(남성: 18.3%, 여성: 24.2%), '6개월 내 금연 계획 있음'이 10.4%(남성: 10.7%, 여성 9.1%), '6개월 내 아니지만 언젠가 금연생각 있음'이 42.6%(남성: 42.1%, 여성 45.5%), '전혀 금연 생각 없음'이 27.8%(남성: 28.9%, 21.2%)로 나타났다. 앞에서 보는 바와 같이, 현재 흡연자 중 금연계획이 있는 자의 비율이 전체 중 72.1%였다([그림 6-15] 참조).

베이비부머들의 음주습관으로 남성 중 27%는 주 2~3회로 음주를 하며,

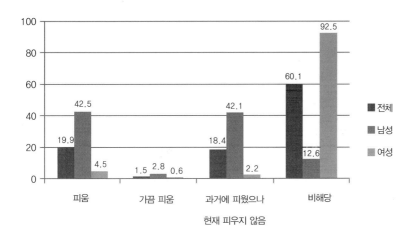

그림 6-14 성별 흡연여부

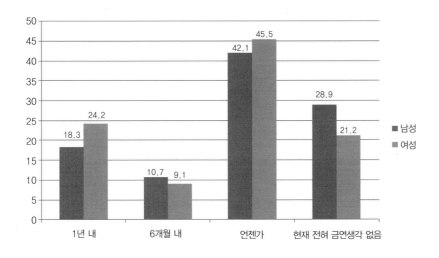

그림 6-15 현재 흡연자의 흡연계획

26%는 월 2~4회 음주를 한다. 여성의 경우 25.5%가 월 1회 미만으로 월 2~4회가 17.1%였다. 베이비부머들의 중등도 신체활동 실천률[6]은 남성이 10.3%, 여성이 13.8%로 여성의 실천률이 더 높았고 (p<.05), 격렬한 신

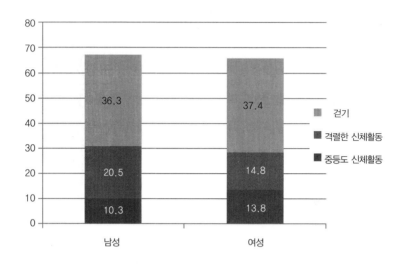

그림 6-16 **성별 신체활동 실천율**

체활동[7]은 남성이 20.5%, 여성이 14.8%였으며, 걷기 실천률[8]은 남성이 36.3%, 여성이 37.4%였다([그림 6-16] 참조).

4) 베이비부머들의 정신건강

정신건강측면에서 보면, 평소 일상생활 중에 스트레스인지 정도에서 스

---

6) 중등도 신체활동 최근 1주일 동안 평소보다 몸이 매우 힘들거나 숨이 많이 가쁜 중등도 신체활동을 1회 30분 이상, 주 5일 이상 실천한 경우(중등도 신체활동: 천천히 하는 수영, 복식테니스, 배구, 배드민턴, 탁구, 가벼운 물건 나르기 등의 직업활동 및 체육활동 단 걷기는 제외

7) 격렬한 신체활동 실천: 최근 1주일 동안 평소보다 몸이 매우 힘들거나 숨이 많이 가쁜 격렬한 신체활동을 1회 20분 이상, 주 3일 이상 실천한 경우(격렬한 신체활동: 달리기(조깅), 등산, 빠른 속도로 자전거 타기, 수영, 축구, 농구, 줄넘기, 스쿼시, 단식테니스, 무거운 물건 나르기 등의 직업 활동 및 체육활동)

8) 최근 1주일 동안 한 번에 적어도 걷기 1회 30분 이상, 주 5일 이상 실천한 날은?

트레스를 대단히 많이 느끼거나 많이 느끼는 경우는 전체 25.7%로 베이비부머 네 명 중 한 명이 스트레스를 많이 느낀다고 인지하고 있었고 남성은 24.1%, 여성이 26.7%로 여성 베이비부머들의 스트레스 인지정도가 다소 높은 것으로 나타났다([그림 6-17] 참조).

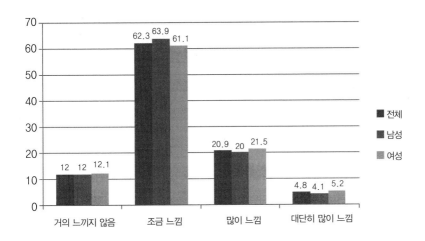

그림 6-17 **일상생활 중에 느끼는 스트레스**

베이비부머의 16.2%가 지난 2주 이상 연속 우울감을 경험한 바 있으며, 남성이 9.4%, 여성이 20.8%로 남성보다 여성 베이비부머들의 연속 우울감 여부가 높은 것으로 나타났다([그림 6-18] 참조). 지난 1년간 자살생각 여부를 조사한 결과 베이비부머의 15.1%가 자살을 생각한 적이 있으며, 남성이 10.3%, 여성이 18.3%로 여성이 남성과 비교했을 때 높은 자살생각을 하였다([그림 6-19] 참조). 이런 스트레스와 자살생각에 따른 행동으로 베이비부머 중 1%가 실제로 지난 1년간 자살시도를 한 바 있으며, 지난 1년간 정신문제를 상담 받은 경우는 2.1%로 남성(0.9%)에 비하여 여성(2.8%)의 정신문제를 더 많이 상담 받은 것으로 나타났다.

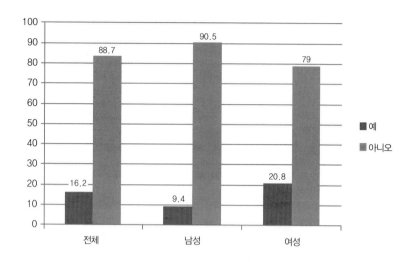

그림 6-18 2주 이상 연속 우울감 여부

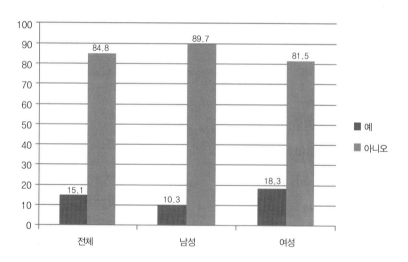

그림 6-19 1년간 자살 생각 여부

3. 베이비부머들의 건강관련 정책 및 시사점

1) 만성질환 관리의 중요성

베이비붐 세대가 노인그룹에 본격적으로 합류하기 시작하면 국민의료비 지출이 폭발적으로 늘어날 것이라는 우려가 높아지고 있다. 따라서 베이비붐 세대의 만성질환 관리의 중요성은 크게 의료비 및 요양의 관점에서 주목할 수 있겠다. 65세 이상 노인들의 만성질환 이환수가 평균 10% 줄어들면 건강보험 재정은 약 1조 원(급여비 지출 대비 2.9%)이 감소하며, 특히 발병 전 예방단계에서 흡연, 과음, 비만들의 비 건강행동 인구를 1%만 줄이더라도 약 72억 원의 건강보험 재정 절감효과가 발생한다(이은경, 2011). 따라서 이 장에서는 베이비붐 세대의 만성질환별 관리의 중요성과 이에 대한 관련 정책소개 및 제안을 제시하고자 한다.

(1) 고혈압

2011년 국민건강영양조사 결과, 47.2%의 베이비부머들이 적어도 한 개 이상의 만성질환을 가지고 있었으며, 이는 미국 50~64세 베이비부머의 60%가 적어도 한 개 이상의 만성질환을 가졌다는 통계와 비교했을 때 상대적으로 적은 숫자의 만성질환 이환율을 보임을 알 수 있다. 베이비붐 세대의 현재 질환관련 문제점으로는 고혈압, 비만, 대사증후군을 들 수 있는데 이 중 고혈압은 뇌졸중, 심근경색, 울혈성 심부전과 같은 심혈관 질환의 주요 위험요인으로서 고혈압 예방관리가 심혈관계 질환 발생률과 사망률을 낮추는 데 가장 효과적이다. 한 연구에서 고혈압이 뇌혈관질환 발생에 기여하는 정도는 35%, 허혈성 심장질환에 기여하는 정도는 21%라고 보고한 바와 같이 고혈압 관리 및 예방은 중요하다.

하지만, 춘천시에서 진행된 연구에 의하면 45세 이상 성인의 고혈압 인지율은 55.8%, 치료율을 89.6% 그리고 조절률은 34.4%(정세환, 2007)로 최근 많은 보건자원이 투입된 것과는 별개로 치료율과 조절률에서 가시적인 성과를 보이지 못하고 있다(정진영 et al., 2007). 고혈압인지 관련 요인이 남녀에서 다르게 나타나는데, 남자에서는 고혈압 가족력, 흡연, 음주, 운동과 같은 생활습관이 주요 관련요인이었던 반면, 여자에서는 교육수준, BMI, 자가 평가 건강수준이 관련요인으로 분석되었다. 이로 미루어보아, 고혈압의 예방 및 합병증 예방을 위해서 남녀 차별화된 관련 요인들에 대한 적절한 중재가 이루어져야 할 것이다.

또한 고혈압은 연령증가와 비례하여 급격히 증가할 뿐만 아니라, 단순한 약물치료만으로 소기의 결과를 가져올 수 없다는 점에서 관리가 어려우며 지역 사회적 접근 즉, 고위험군 등록관리 시범사업, 사례관리 사업 등 현재 보건소와 국민건강보험공단은 주축으로 이루어지고 있는 만성질환 관련 사업의 확장을 모색할 필요가 있겠다.

특히, 고혈압 관리에 있어서, 2012년 4월 의원급 만성질환관리제 시행에 따른 '의원급 만성질환관리제', 즉 고혈압 및 당뇨병 환자가 단골 의료기관을 지정하여 지속적으로 진료 받는 경우 동일의원에서 다음 진료부터 진찰료 본인 부담을 30%에서 20%로 경감하는 제도가 향후 베이비붐 세대에 미치는 영향은 기대해볼만 하겠다.

(2) 관절염

관절염은 연골이 마모되거나 손상되어 통증, 염증 등이 동반되는 질환으로 2011년 기준 베이비붐 세대의 관절염은 남성이 7%, 여성이 20%이며 연령 증가에 따라서 관절염 발생률은 증가한다고 보고하였다. 우리나라 65세 이상 노인 인구의 유병률은 1998년 1,000명당 356.7명, 2001년 365.0명, 2005년 505.0명으로 꾸준히 증가하고 있으며(Hur, Choi, Uhm, & Bae, 2008), 65세 이상 인구의 65%가 적어도 한 개의 근골격계 질환을 가지고 있으며 특히 여성의 관절염 환자 비율은 75%에 달한다.

관절염 환자는 신체적인 기능제한으로 인해 일상적 활동, 사회적 활동 및 생산 활동에 영향을 받으므로 장기적으로 사회 · 심리적 적응문제에 직면하게 된다(박청자, 1999). 또한 관절염은 개인의 기능적 능력을 변화시키는 만성질환이며 일상적인 생활을 할 때 타인에 대한 의존성을 증가시키는데, 무릎관절염을 가진 70세 이상 노인의 80%는 경도 일상생활 수행 제한을 경험한다고 하였다. 또한 25%는 일상생활 수행이 어려울 정도의 장애를 동반하는 것으로 보고되고 있다(Millennium, 2003). 이 같은 이유로 관절염을 보유한 사람의 삶의 질은 고혈압, 고콜레스테롤증, 당뇨병 보유자보다 낮았다[9]([그림 6-20] 참조). 또한 관절염은 완치되기 어려우며 환자의 의학적 또는 신체적 조건이 유사했어도 환자 자신의 질병관리 능력에 따라 신체적인 기능상태, 심리적인 건강상태, 적응상태가 다르다. 따라서 관절염을 조기에 발견하고 악화되지 않도록 예방하는 것이 보건정책의 우선과제라고 하겠다.

관절염 치료 및 관리의 목적은 통증 경감, 관절 파괴의 예방 및 환자 기능의 보조 또는 증진이며 이를 위해서는 환자 스스로가 휴식, 운동, 약물 등이 질병관리에 중요한 역할을 하는 것을 인식하고 자기 관리 기술을 습득할 수 있도록 교육하고 환경을 조성해 주는 것이 중요하다. 정부는 2012년 「제

---

9) 김영택 (2009) 노년기 건강검진 정책의 방향. 대한내과학회지, 76. 부록 2호

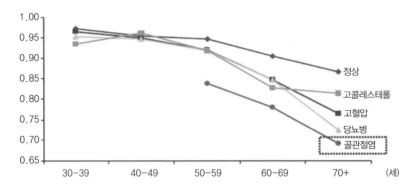

- 삶의 질 지수(EQ-SD index): 건강관련 삶의 질의 다섯 가지 차원의 기술체계를 통합한 지표(각 차원의 문제 수준의 조합에 대한 가중치 부여). 만 19세 이상
- 정상: 골관절염, 고혈압, 당뇨병, 이상지혈증, 골관절염으로 진단받지 않은 사람
  골관전염: 평생 골관절염을 앓은 적이 있다고 응답하거나 의사로부터 진단받은 사람
  당뇨병: 공복혈당 125mg/dl 이상, 또는 의사로부터 당뇨병 진단을 받은 적이 있거나 혈당감하제를 복용하거나 인슐린 주사를 투여 받은 사람
  고혈압: 수축기혈압 140mmHg 이상이거나 이완기 혈압 90mmHg 이상, 또는 혈압약을 복용하는 사람
  고콜레스테롤혈증: 총 콜레스테롤 240mg/dl 이상이거나 콜레스테롤 강하제를 복용하는 사람
- 출처: 2007년 국민건강영양조사(2005년 추계인구로 연령표준화, 각 질환은 동반질환을 고려하지 않고 분석)

그림 6-20 만성질환 별 삶의 질 지수(EQ-5D Index)

2차 저출산 고령화 사회 보완계획」에서 관절염 등 여성의 다빈도 질환에 대한 교육, 홍보, 생활수칙 교육 등을 진행한다고 한 바 있는데, 베이비붐 세대의 관절염 관리의 시작은 정기검진으로 조기 발견을 통하여 관절 기능을 회복하고 병의 진행속도를 늦추도록 해야 한다.

(3) 비만

비만은 체내에 지방이 과다 축적된 상태로 각종 성인병을 유발하는 독립적인 위험요인으로 인식되고 있다. 비만은 심혈관계 질환, 고혈압, 지방간, 담석증, 고지혈증, 당뇨병, 골관절염 등의 발생요인일 뿐 아니라 남성에 있어서 전립선 암, 대장암, 직장암과 관련이 있고, 여성의 경우 유방암, 자궁암, 난소암과 연관되므로 공중보건학적으로 중요하다.[10] 특히 비만에 따른 과체중은 심장질환의 주요 위험요소로 알려져 있다.

비만 그룹의 경우 각종 만성질환(예: 당뇨, 천식, 관절염) 및 이와 관련된 위험요인들(혈압, 불충분한 수준의 신체활동)과 관련이 있었으며, 소득수준이 낮은 계층이 비만 경향을 보였다(Hugo, Taylor, & Dal Grande, 2008). 또한 성인기의 비만군이 고령화됨에 따라 체질량 지수와 만성질환, 그리고 장애와의 관계는 유의하였으며, 이는 건강체계에 압력으로 작용하였다.

국외의 베이비붐 연구에 의하면 베이비부머들은 그 이전 세대에 비하여 성인기에 과체중과 비만률이 높았으며(Leveille, Wee, & Iezzoni, 2005), 과체중 또는 비만의 베이비붐 세대는 일찍 생을 마감하였고(Adams, et al., 2006) 병원 이용률이 증가하였다(Yan, et al., 2006).

이 같은 비만의 심각성으로 인하여 「국민건강증진종합계획 2020」에서는 체질량지수 25kg/m² 이상 성인비만 유병률을 남자 35%, 여자 25%로 상승을 억제하는 것과 성인의 복부비만 유병률을 남·녀 25% 이하로 유지하는 것을 목표로 하였다. 이를 위한 사업에는 ① 비만 관련 정보 제공과 홍보 캠페인, ② 비만 예방관리를 위한 비만 진단 기준 정립 및 국가적 비만 관리지침 개발 보급, ③ 직장인 비만예방 관리 서비스 제공, ④ 고도비만 관리지원 등이 있다(보건복지부, 2011).

보건복지부 건강정책국 건강증진과에서는 올바른 식생활 및 규칙적인 운동을 유도하기 위하여 생애주기별 식생활지침 개발 및 보급, 인터넷을 통한 식생활 및 신체활동을 매일 기록하고 평가할 수 있는 'e-건강다이어리' 개

---

10)Canada의 연구 결과 비만은 20% 이상이 고혈압, 당뇨, 담석, 자궁경부암의 원인이 된다 (WHO, 1999).

발, 공익광고(TV, 신문, 지하철) 제작 및 기업체 대상캠페인, '비만예방을 위한 바른 식사구성 가이드'를 통한 개인별 식생활 평가도구 및 음식군별 1회 섭취단위 개발 등 비만 관련 사업을 추진하였다.

또한 보건소에서 지역사회 건강행태를 조산 결과를 근거로 해당 연령의 비만 관련 교육 및 관리를 실시하는 '지역특화 건강행태 개선사업'을 운영 중이며 국민건강보험공단의 경우 2007년 비만관리 프로그램을 시범사업으로 실시한 바 있다. 하지만, 보건복지부 이외에 비만 관련 정책들은 교육과학기술부, 식품의약품안전청, 문화관광체육부, 노동부 등 부처 간의 유기적 협조 미흡과 역할분담 미흡으로 관계기관 사이에 조정 및 협력이 거의 되지 않고 있다는 비판을 받기도 한 바 있다. 따라서 비만 예방정책을 합리적으로 추진하기 위하여 비만 정책을 주도적으로 추진할 주무부처 선정, 다원화되어 있는 민간 정책과 추진체계의 효율적 조정을 위한 부처 간 역할분담 및 연계조정, 공신력 있는 정보 창구 확보 등이 추진방향으로 제안된다(김혜련, 2010).

2) 건강검진의 중요성

인구 노령화로 만성질환이 증가하는 현재 상황을 고려할 때 질병의 조기 발견과 치료에 중요한 역할을 하는 것이 검진이다. 또한, 선행연구에 의하면 건강검진을 받은 수검자와 미수검자의 10년 후 의료비 지출을 분석한 결과 수검자는 미수검자에 비해 의료비를 약 2배 이상 사용하였으며, 수검자에 비해 미 수검자는 평균 입원일수가 약 2배 이상 많았으며, 300만 원 이상의 고액입원과 50만 원 이상 고액 외래이용이 많았다. 또한 수검자에 비해 미 수검자에서 당뇨병 발생이 32% 많았다(건강보험공단, 2005).

 이 같이 건강검진은 국민 건강권 보장의 차원뿐만 아니라 건강보험 진료비의 사전적 절감차원에서도 중요하므로 국가건강검진 수검률 향상, 질 향상 및 효과적인 사후관리를 통해 만성질환의 예방과 조기 발견, 검진 사후 건강행태 개선을 도모하여 심뇌혈관 질환의 발생률, 사망률을 감소를 도모해야 한다.

 보건복지부의 「제3차 국민건강증진종합계획 2020(보건복지부, 2011)」에서는 2020년까지 일반건강검진 수검률을 80%, 전 국민 암검진 수검률을 80%로 증가시키고 지역편차를 줄이는 것을 목표로 하고 있다. 또한 건강검진기관 종사자 교육 이수 비율을 2015년까지 100%로 완료하며, 생애전환기 건강진단 2차 검진 수검률을 2020년까지 50%로 증가시키는 것을 목표로 하고 있다.

 특히, 보험가입자에 한 예방사업의 일환으로 사회보험의 초창기인 1980년부터 실시한 건강보험공단의 건강검진은 가입자인 97%의 국민을 대상으로 2년 주기로 건강검진을 실시하고 있으며, 2000년부터 특정 암 검사를 전 가입자로 확대, 2004년 5대 암 검진(위암, 유방암, 대장암, 간암, 자궁경부암)으로 확대, 2007년 만 40세, 66세 생애전환기 건강진단을 실시하여 왔다.

 건강검진 제도 내에서 2차 검진을 통해 검진결과에 대한 상담 및 보건교육이 제공되고 있다. 일반 건강검진의 경우 1차 검진결과 고혈압 및 당뇨질환 의심자에게는 2차 검진을 통해 고혈압, 당뇨질환 추가확진 검사뿐만 아니라 1차 검진결과를 상담하고 질병의 관리방법 등을 교육하도록 되어 있다. 특히, 고혈압, 당뇨병과 같은 유질환자의 경우 건강보험공단의 유선상담, 건강상담 콜센터 전문상담, 의원급 만성질환 관리제 연계를 하거나, 보건소와 연계를 통한 검진사업을 실시하며, 대사증후군을 기준으로 대사증후군 위험요인이 1~2개 있는 경우를 '주위군'으로 구분하여 건강정보를 제공하는 등 가입자의 건강관리를 지원하고 대사증후군의 위험요인이 3~5개인 경우 '위험군'으로 분류하여 건강증진센터 이용, 유선상담, 자가 측정기 대여, SMS 전공, 대사증후군 자가관리지침서 제공 등보다 적극적인 생활습관 개선을 유도한다(윤영덕 외, 2012, [그림 6-21] 참조).

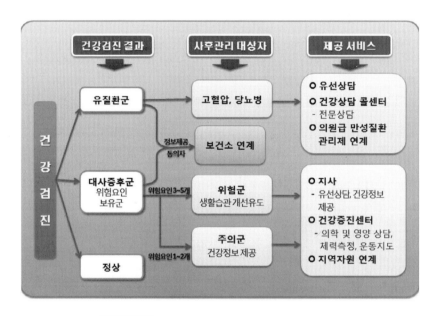

그림 6-21 국민건강보험공단 검진사후관리 개요도

이 같은 국가 건강검진 수검률 향상을 위하여 취약계층, 다문화 가정 등의 검진 참여율 향상을 유도하며, 국가검진의 질 향상과, 검진 후 사후관리 강화사업을 통하여 검진결과 맞춤형 상담서비스 제공 및 만성질환 관리체계와 연계한 사후관리를 강화하는 것을 사업으로 하고 있다.

3) 건강행태의 중요성

성인기 및 노년기의 건강행태, 즉 흡연, 비만, 규칙적인 신체활동 여부는 추후 장애를 예측할 뿐만 아니라(Vita, Terry, Hubert, & Fries, 1998) 여러 질병의 발생 및 사망과 관련된 잘 알려진 예방 가능한 위험인자다. 따라서 이들 요인들에 대한 지속적인 정책의 개발 및 사업의 확장은 각 질병에 의한 사망위험 및 사회적 질병부담을 감소시킬 수 있다. 따라서 이 장에서는 흡연, 음주, 신체활동의 영향 및 정부의 관련 정책을 소개하고자 한다.

(1) 흡연

흡연은 고밀도지단백 콜레스테롤(HDL-C)[11]을 낮추고 중성지방을 높여 심혈관 질환의 발생 위험을 증가시키며(Criqui, et al., 1980) 동맥의 경직성을 유도함으로써 혈압을 상승시키고(Mahmud & Feely, 2003) 이 같은 흡연으로 심혈관계질환과 만성폐쇄성폐질환, 폐암으로 인한 사망을 유도한다(Ezzati & Lopez, 2003). 여성의 경우 흡연은 심혈관계 질환뿐만 아니라 폐경 이후 골밀도 감소를 촉진시키는데, 비흡연 여성에 비해 흡연 여성의 골 감소에 의한 골절 위험률은 60대에 17%, 70대에 40%, 80대에 71% 증가한다(Law & Hackshaw, 1997).

한국인에서 흡연에 의한 폐암의 질병부담을 장애보정 생존년수(DALY: Disability-Adjusted Life Year[12])로 표시할 경우 10만 인년당 96.6년은 흡

---

11) HDL콜레스테롤이 높을수록 남녀에 상관없이 심혈관 질환의 발병률이 낮게 나타났고 LDL-콜레스테롤이 낮은 집단에서도 HDL-C이 높을수록 심혈관 질환의 발생이 HDL-C이 낮은 집단에 비해 감소하는 경향을 보였다(Goldon, 1977)
12) DALY는 조기사망으로 인한 생존년수의 상실(years of life loss: YLL)과 이환 및 상해

연으로 상실되는 것으로 추정된다(Lee, Yoon, & Ahn, 2006). 흡연관련 조기사망에 의한 질병부담을 측정한 연구에서 금연을 통해 예방 가능한 조기사망은 남녀 각각 60.9%, 17.7%인 것으로 나타났다(Yoon, Ha, Kang, & Chang, 2001). 이 같이 베이비붐 세대의 흡연율이 초고령 사회 도입 이후 발생 가능한 질병 및 사망에 영향을 미친다는 점으로 미루어 볼 때, 흡연율의 꾸준한 감소를 통하여 흡연관련 질환과 사망의 위험을 줄여 나가기 위해 노력해야 할 것이다.

정부는 2002년 2월부터 담배부담금을 150원 인상하였으며 2002년 10월부터 10개 보건소로 건강증진사업을 확대하였다. 이후 2004년 156개 보건소로 금연, 정부, 운동, 영양의 4개 건강생활 실천사업의 지원되었으며, 2004년 12월부터 354원으로 담배부담금이 인상되면서 2005년 전국 보건소에서 건강생활실천사업이 확대되었다.

정부는 「국민건강증진종합계획 2020(보건복지부, 2011)」에서 흡연의 예방, 흡연자의 금연 및 이를 지지하는 금연 환경을 실현함으로써 흡연율을 낮추고 비흡연자를 보호하는 데 주요 목표를 두고 있다. 그 예로 성인 흡연율을 감소시키며 2020년까지 성인 남성 흡연율을 2008년 47.7%에서 2020년 29.0%까지 낮추는 것, 성인 남성 흡연자의 금연 의지율을 2008년 18.1%에서 2020년 40%로 증대시키는 것, 완전 금연구역으로 지정된 사업장의 분율을 2020년 95%까지 확대하는 것을 목표로 하고 있다.

국민건강영양조사의 베이비붐 세대 남성의 42.5%, 여성의 4.5%가 현재 흡연하고 있었으나, 현재 흡연자 중 전혀 금연 생각이 없는 경우는 전체 흡

로 인한 장애에 따르는 건강년수의 상실(years lived with disability, YLD)의 합계를 의미한다.

연자 중 27.8%에 지나지 않았으므로, 「국민건강증진종합계획 2002」의 금연 의지율을 2020년에 40%까지 증대시키는 것은 불가능한 계획은 아니라고 판단된다.

「건강증진종합계획 2020」에 명시된 금연건물의 지정, 산책로 조성과 같은 환경적·제도적 접근 및 보건소와 국민건강보험공단의 건강생활실천의 확대가 주요 금연사업으로 진행될 것으로 예정된다. 이와 더불어 보다 다각적인 접근을 위하여 이미 고령화의 과정을 거치고 있는 일본의 예, 즉 운동, 영양, 흡연 및 음주 등의 생활습관에 대한 종합관리 시 생활습관변화 지도관리료 산정, 특히 니코틴 의존중 관리료라는 수가를 통해 금연상담 서비스가 급여로 제공하는 등의 사례를 주목해 볼 만하겠다.

(2) 음주

국내의 폭음인구 비율은 OECD 국가 중 1위를 차지하고 있으며 국내 음주율은 지속적으로 증가추세에 있다. 특히 급속히 증가하는 여성 음주율은 많은 우려를 낳고 있다. 알코올은 높은 칼로리를 가지고 있으며, 전반적으로 식욕을 자극하게 하여 음식 섭취를 늘리게 하고 지방조직 등의 기관에서 지방 산화를 방해해 체내 지방의 축적을 증가시킨다. 특히 복부비만의 위험을 높이게 된다.

알코올은 혈압상승을 유발한다. 한 메타분석에 따르면, 음주는 수축기 혈압을 2.7mmHg, 이완기 혈압을 1.4mmHg 정도 높이는 것으로 분석되었다. 또한, 적정량 이상으로 과음했을 때는 인슐린 저항성을 높이고 제2형 당뇨병의 위험을 높이는 것으로 보고하고 있다. 알코올은 심혈관질환의 주요 위험요인인 낮은 수준의 고밀도지단백 콜레스테롤(High Density Lipoplotein cholesterol: HDL-C)위험을 낮춘다. 국내외 자료에서 적정량 이상의 과량 음주는 대사증후군과 복부 비만의 위험을 높인다고 제시하고 있다.

이 같이 음주는 단순히 질병의 위험을 증가시킬 뿐만 아니라 의료비 및 간접비용에 영향을 준다. 정영호 등(2006)은 직접비용인 의료비뿐만 아니라 교통비, 간병비 등 간접비용을 포함한 우리나라 국민의 전체 질병비용 중에서 주요 위험요인이 기여하는 정보를 분석하였는데, 흡연, 음주, 운동부족, 비만, 영양결핍 등 건강행태가 질병의 사회경제적 비용에 기여하는 정도를 30.9%로 분석하였으며, 이 중 흡연과 음주는 각각 9.12%, 8.58%를 차지하였다. 또한 건강행태가 건강보험 진료비에 미치는 영향을 조사 분석한 결과 음주가 6.98%의 영향을 미쳤다(이애경 외, 2006).

따라서 국내 음주 현황을 고려해 볼 때에 과도한 음주를 조절하는 것은 비만과 대사증후군 등의 만성질환 예방과 조절뿐만 아니라 의료비에 영향을 미치는 우선순위가 높은 과제로 판단된다. 이에 정부는 「국민건강증진 종합계획 2020」에서 1인당 알코올 소비량을 2008년 8.3L에서 2020년 7.0L로 감소하는 것을 목표로 하였으며, 주류 판매 면허제도의 도입, 주류 가격조정사업, 음주조장환경을 개선하여 필요한 규제를 강화하고 교육 및 정보제공사업, 절주지침서제작, 미디어 홍보, 지역사회교육, 상담 및 홍보, 직장인 교육 등 건전한 음주 문화를 형성할 수 있는 다양한 수준의 전략을 수립하고 알코올 소비를 적절히 통제할 수 있는 법적, 제도적 장치를 마련하여 알코올로 인한 폐해를 감소시켜 궁극적으로 국민의 건강증진에 기여하는 것을 목표로 하고 있다.

(3) 신체활동

1970년대 이후 고도의 산업화와 생활의 자동화, 식습관의 서구화에 따른 절대적 신체활동 부족은 비만과 각종 퇴행성질환(예: 당뇨, 고지혈증, 고혈압, 심혈관질환, 뇌졸중 등)을 일으키는 한 가지 중요한 환경적 유발인자인 것으로 밝혀졌다. 1997년에 발표된 미국보건성장관의 보고서(President's Council on Physical Fitness Sports, 1996)에서는 신체활동량의 절대적인 부족현상이 체력저하는 물론, 나아가 각종 퇴행성 질병을 유발시키는 직간접적인 원인으로 작용한다는 사실을 인식하고 규칙적인 신체활동을 실천할 것을 강력하게 권유하고 있다. 보고서의 주요 메시지는 "미국인을 포함한 모든 성인은 적정량의 신체활동을 매일 규칙적으로 실시함으로 건강과 삶의 질을 실질적으로 향상시킬 수 있다."는 것이다

앞 장에서 현재 베이비부머들의 중등도 신체활동 실천률[13]은 남녀 각각 10.3%, 13.8%에 불과했으며, 격렬한 신체활동은[14] 남녀 각각 20.5%, 14.8%이었다. 「국민건강증진 종합계획 2020」에서는 성인의 걷기 제외 중등도 신체활동 실천률을 2020년까지 20%로 증가하며 일일 30분 이상씩, 주 5일 이상 걷기 실천비율을 2020년까지 55.0%로 증가할 것을 목표로 하였다.

이를 위하여, 2011년 제정된 신체활동 표준지침을 제정하고 2014년, 2017년, 2020년 보완하는 것을 목표로 하되, 연령, 성, 체력에 따른 신체

---

13) 중등도 신체활동 최근 1주일 동안 평소보다 몸이 매우 힘들거나 숨이 많이 가쁜 중등도 신체활동을 1회 30분 이상, 주 5일이상 실천한 경우(중등도 신체활동: 천천히 하는 수영, 복식테니스, 배구, 배드민턴, 탁구, 가벼운 물건 나르기 등의 직업활동 및 체육활동 단 걷기는 제외)

14) 격렬한 신체활동 실천: 최근 1주일 동안 평소보다 몸이 매우 힘들거나 숨이 많이 가쁜 격렬한 신체활동을 1회 20분 이상, 주 3일 이상 실천 한 경우(격렬한 신체활동: 달리기(조깅), 등산, 빠른 속도로 자전거 타기, 수영, 축구, 농구, 줄넘기, 스쿼시, 시, 단식테니스, 무거운 물건 나르기 등의 직업 활동 및 체육활동)

활동 목표달성을 위한 평가지표를 개발하며, 지자체 담당부서와 함께 걷기 운동 및 자전거 이용률 증가를 위한 물리적 환경을 꾸준히 개선하고, 신체 활동과 건강의 전문성과 역량을 갖춘 보건인력양성, 신체활동 보급을 위한 도구와 자원의 개발 및 보급을 세부사업 목표로 하고 있다.

4) 정신건강

베이비부머 네 명 중 한 명이 스트레스를 많이 느낀다고 인지하고 있었고 남성이 여성에 비하여 스트레스 인지 정도가 다소 높았다(24.1% vs. 26.7%). 또한 베이비부머의 16.2%가 지난 2주 이상 연속 우울감을 경험한 바 있으며 자살에 대한 생각은 여성이 남성보다 비교적 높았다(18.3% vs 10.3%).

스트레스 등의 원인으로 인한 정신질환의 사회 경제적 비용은 GDP의 2.01%에 이른다(이승철, 2012). 뿐만 아니라 한국 자살률[15]은 2009년 31.0로 OECD 국가 중 가장 높은 비율로 OECD 평균의 2배 이상이며 OECD국가 중 자살률이 증가하는 유일한 국가라는 점에서 국민의 스트레스, 우울, 자살시도와 같은 정신건강관련 통계 및 정책은 다른 어떤 지표보다 중요하다. 특히, 노인 자살률이 2010년 기준 OECD국가 중 1위를 기록함으로써, 베이비붐 세대의 고령화 이후 정신건강이 미치는 파장은 주목하고 예방해야 할 시급한 과제다.

베이비부머들은 기존에 사회생활 속에서 인정받고 존경받았던 생활이 한 순간에 상실됨에 따라 공허함에 빠지는 경우가 많으며, 가족들의 무관심 등

---

15) 인구 10만 명당 자살하는 사람의 비율

으로 인하여 제때 진단이나 치료를 받지 못하는 경우가 우울증을 심화시킨다. 현재의 고령층과 다르게 젊은 시절을 열정적으로 보냈기 때문에 은퇴 후 이 같은 현상은 현재 고령자와는 또 다른 결과를 초래할 수 있으므로 이를 위한 적극적인 개입이 요구된다.

「국민건강증진 종합계획 2020」에서는 국민의 정신건강증진과 정신질환의 치료 및 관리 강화를 통한 사회적 부담을 감소시키고 삶의 질을 향상시키기 위하여, ① 정신질환에 대한 긍정적 인식도를 2008년 65.9%에서 2020년 75.0%로 향상하며, ② 성인 우울증 치료율을 2020년까지 40.0%로 향상하며, ③ 성인 스트레스 인지율을 25.0%로 감소시키고, ④ 정신질환자 지역사회 등록 관리율을 2008년 19.2%에서 2020년 30%로 증가시키며, 자살 사망률(인구 10만 명당) 2008년 26명에서 2020년 18명으로 감소시킬 것을 목표로 하고 있다.

앞의 목표를 달성하기 위하여, ① 국립정신건강연구원을 통한 공공마케팅 강화, ② 광역 및 지역 정신보건센터 기능강화, ③ 지역사회 정신재활 및 사회복귀 강화를 위한 거주시설 확대, ④ 정신건강에 대한 접근성 강화, ⑤ 노인, 성인, 청소년 우울 및 스트레스 관리사업, ⑥ 중증정신질환자 삶의 질 향상을 위한 정신보건 치료적 환경개편 등의 사업추진을 계획하고 있다.

4. 결론

가령과 함께 증가하는 만성질환과 이로 인한 기능제한 및 장애는 활동적 고령화를 제한할 뿐만 아니라 자립적인 삶을 불가능하게 하여 궁극적으로 노후 삶의 질을 저하시킨다. 이 같이 노후의 삶의 질을 향상하기 위해서 건강은 필수적인 요인이므로 은퇴를 시작하고 고령의 범주로 진입하는 베이비붐 세대의 현재 건강상태를 파악하고 1, 2, 3차 예방의 관점으로 개인, 지역사회, 국가의 정책 및 전략을 수립하는 것은 국내 노인 정책의 매우 중요한 과제다.

이 장에서는 2011년 국민건강영양조사 자료를 분석하여 베이비붐 세대의 현재 건강상태를 주요 지표인 만성질환, 건강검진, 건강행태, 정신건강으로 정리함으로써 앞으로 노년기를 맞이할 베이비붐 세대의 삶의 질을 증진시키기 위한 기초자료를 제공하였다. 결과를 요약해 보면 다음과 같다.

1) 적어도 한 개의 만성질환 보유율: 47.2%

2) 베이비붐 세대의 이환율 순서 고혈압(21.4%), 관절염(15%), 고지혈증(12.4%), 당뇨(6%), 심근경색 및 협심증(2.3%)

3) 베이비붐 세대의 비만률: 남성: 36.8%, 여성: 1.9%

4) 베이비붐 세대의 건강검진 수진률: 68%(남성: 67.2%, 여성: 68.6)

5) 베이비붐 세대의 예방접종률과 신종인플루엔자 접종률: 13.4%, 11.1%

6) 베이비붐 세대의 건강행태

   – 흡연: 남성의 42.5%, 여성의 4.5%

   – 음주: 주 2~3회로 음주(남성: 27%, 여성, 17.1%)

   – 중등도 신체활동 실천률(남성: 10.3%, 여성: 13.8%)

   – 격렬한 신체활동 실천률(남성: 20.5%, 여성: 14.8%)

   – 걷기 실천률: (남성: 36.3%, 여성: 37.4%)

7) 베이비붐 세대의 정신건강

   – 일상생활에서 스트레스 인지율: 25.7%(남성: 24.1%, 여성: 26.7%)

- 2주 이상 연속 우울감: 16.2%(남성: 9.4%, 여성: 20.8%)

- 자살 생각 여부: 15.1%(남성: 10.3%, 여성: 18.3%)

- 실제 자살 시도: 1%

- 지난 1년간 정신문제를 상담 받은 경우: 2.1%(남성: 0.9%, 여성: 2.8%)

    이 장에서는 베이비부머의 노후 삶의 질을 높이기 위해서 각 영역의 중요성과 현재 진행되고 있는 각 영역의 관련 사업 및 추진 방향을 제시하였다. 베이비붐 세대의 건강과 삶의 질을 향상시키고 건강한 고령화를 통한 장애시기의 지연은 건강관리 비용을 감소시켜 잠재적이고 장기적인 이익을 도출할 것이다. 이를 위하여 포괄적 지역사회, 만성질환 관리 중심의 건강증진 프로그램의 연구개발과 효과 검증이 요구된다.

■ 참고문헌

건강보험공단(2005). 검진검진 수검자에 비해 미수검자 입원비용 2배 높아. 국민건강보험공단 보도자료(2005.6.9).

김미령(2011). 베이비붐 세대, X 세대, 중고령세대 여성의 삶의 질 구성요소 비교 연구. 노인복지연구, 51, 7-34.

김혜련(2010). 비만예방 정책의 방향과 과제. 보건복지포럼, 163, 39-49.

박청자(1999). 류마티스 관절염환자의 사회적 지지, 치료지시 이행 및 사회심리적 적응과의 관계 연구. 류마티스건강학회지, 6(2), 211-225.

보건복지부(2011). 제3차 국민건강증진종합계획(2011~2020).

윤영덕, 이선미, 문성웅, 김경아, 나영균(2012). 건강증진 및 질병예방 영역에서의 건강보험 역할 설정: 국민건강보험 건강보험정책연구원 연구보고서. 2012-02.

이승철(2012). 비만이 사회경제적 위협과 기회. 삼성경제연구소.

이애경, 박일수, 한준태, 이정석, 이상이, 정백근(2006). 건강 위험요인에 따른 진료비 지출 비교분석: 국민건강보험공단 건강보험 정책연구원. 연구보고서. 2006-14.

이은경(2011). 고령화와 노인의료비 연구: 한국조세연구원. 연구보고서 11-11.

정세환(2007). 국민건강영양조사 제3기(2005) 심층분석: 건강면접 및 보건의식 부문. 서울: 질병관리본부, 한국보건사회연구원, 157-179.

정영호, 서미경, 이종태, 정형선, 고숙자, 채수미, 김명희(2006). 우리나라 국민의 건강결정요인 분석. 한국보건사회연구원 건강증진사업지원단. 정책보고서. 2006-08.

정진영, 최용준, 장숙랑, 홍경순, 최영호, 최문기, 김동현(2007). 춘천지역 중년과 노인의 고혈압 인지율, 치료율, 조절률 및 인지율 관련 요인: 한림노년연구. 예방의학회지, 40(4), 305-312.

Adams, K., Schatzkin, A., Harris, T., Kipnis, V., Mouw, T., Ballard-Barbash, R., Hollenbeck, A., & Leitzmann, M. (2006). Overweight, obesity, and mortality in a large prospective cohort of persons 50 to 71 years old. *New England Journal of Medicine, 355*(8), 763-778.

Criqui, M., Wallace, R., Heiss, G., Mishkel, M., Schonfeld, G., & Jones, G. (1980). Cigarette smoking and plasma high-density lipoprotein cholesterol. The Lipid Research Clinics Program Prevalence Study. *Circulation, 62*(4Pt2), IV70.

Ezzati, M., & Lopez, A. (2003). Estimates of global mortality attributable to smoking in 2000. *Lancet, 362*(9387), 847-852.

Gordon T, Castelli WP, Hjortland MC, et al.(1977). High density lipoprotein as a protective factor against coronary heart disease. The Framingham Study. *American Journal of Medicine, 2*, 707-714.

Hugo, G., Taylor, A., & Dal Grande, E. (2008). Are baby boomers booming too much?: An epidemiological description of overweight and obese baby boomers. *Obesity Research & Clinical Practice, 2*(3), 203-214.

Hur, N., Choi, C., Uhm, W., & Bae, S. (2008). The prevalence and trend of arthritis in Korea: results from Korea National Health and Nutrition Examination Surveys. *The Journal of the Korean Rheumatism Association, 15*(1), 11-26.

Law, M., & Hackshaw, A. (1997). A meta-analysis of cigarette smoking, bone mineral density and risk of hip fracture: recognition of a major effect. *British Medical Journal, 315*(7112), 841-846.

Lee, H., Yoon, S., & Ahn, H. (2006). Measuring the burden of major cancers due to smoking in Korea. *Cancer science, 97*(6), 530-534.

Leveille, S., Wee, C., & Iezzoni, L. (2005). Trends in obesity and arthritis among baby boomers and their predecessors, 1971-2002. *Am J Public*

Health. 95(9), 1607‒1613.

Mahmud, A., & Feely, J. (2003). Effect of smoking on arterial stiffness and pulse pressure amplification. *Hypertension, 41*(1), 183‒187.

Millennium, W. (2003). The Burden of Musculoskeletal Conditions at the Start of the New Millenium: Report of a WHO Scientific Group. *Geneva: WHO Technical Report Series, 919*, 2003, 218‒229.

President's Council on Physical Fitness Sports. (1996). *Physical activity and health: a report of the Surgeon General*: Jones&Bartlett Learning.

Vita, A. J., Terry, R. , Hubert, H., & Fries, J. (1998). Aging, health risks, and cumulative disability. *New England Journal of Medicine, 338*(15), 1035‒1041.

Yan, L., Daviglus, M,. Liu, K., Stamler, J., Wang, R., Pirzada, A., Garside, D., Dyer, A., Van Horn, L., Liao, Y., Fries, J., Greenland, P. (2006). Midlife body mass index and hospitalization and mortality in older age. *Journal of the American Medical Association, 295*(2), 190‒198.

Yoon, S., Ha, B., Kang, J., & Chang, H. (2001). Estimation of attributable burden due to premature death from smoking in Korea. *Korean Journal of Preventive Medicine, 34*(3), 191‒199.

제7장

베이비붐 세대의 정보화환경 적응역량

1. 서론

베이비붐 세대는 712만으로 전체 인구의 14.6%를 차지하고 있다. 그러나 이들은 아날로그 세대이지만 디지털 시대에 살면서 지식정보화 시대에 적응을 해야 한다. 개인은 환경의 영향을 받으며 환경에 적응하는 것은 개인의 복지에 중요한 요소다(Lawton, 1982). 한국은 1990~2000년에 디지털 방식의 2세대 이동통신의 상용화(조선일보, 2012) 및 1995년 윈도우 95의 보급으로 본격적으로 디지털 시대에 접어들었으며, 2012년 8월 현재 스마트폰 소유자는 전체 인구의 60%인 3,000만 명이며(한국방송통신위원회, 2012), 2014년 10월 현재는 4,000만 명 이상으로 전국민의 80%가 스마트폰을 소유하고 있다(한국경제신문, 2014). 아날로그 시대는 가정의 TV도 모두 디지털방송으로 바뀌게 되는 2012년 12월 31일을 기점으로 그 막을 내렸다고 할 수 있다.

지식정보화 시대에는 다른 사람들과 온라인상의 의사소통을 통한 정보

지지나 지지는 중요한 사회적 지지의 한 영역이 되고 있으며 인터넷뱅킹, 홈쇼핑 등 다양한 디지털 기기의 활용은 디지털 시대에 사는 현대인들의 생활의 편리를 도모하지만 디지털 기기를 사용할 줄 모를 때는 불편함과 손실이 클 뿐 아니라 사회통합감의 저해 및 소외감으로 디지털 기기의 활용은 삶의 질과도 직결된다고 할 수 있다. 그러므로 베이비붐 세대가 디지털 시대라는 새로운 환경 속에서 학교교육을 통해서 배우지 못한 디지털 기기를 활용하고 소통하는 것은 새로운 환경에 적응하는 것으로 삶의 질을 향상시킨다고 볼 수 있다.

베이비붐 세대는 자녀를 양육하며 부모를 부양해야 하지만 자녀로부터는 부양을 받지 못하는 '샌드위치 세대'라고 불린다. 그러나 부양측면뿐 아니라 학교교육을 통해 컴퓨터에 접해 보지 못한 베이비붐 세대는 마지막 아날로그 세대이면서 디지털 시대에 살고 있는 '정보화의 샌드위치 세대', '정보화의 낀 세대'라고도 할 수 있다(김미령, 박충선, 권순재, 2012). 그러나 이들은 '콩나물시루'의 열악한 환경에서 교육받으며 생존전략을 익혔고(함인희, 2002) 산업화의 역군으로 부지런함과 근면성 등의 세대 특성을 갖고 있으며 나이 많은 세대 중 가장 교육의 혜택을 많이 받은 세대로 학습능력도 뛰어나다(손유미, 김찬훈, 2010). 이들은 학교교육을 통하여 디지털 기기에 대해 배우지는 않았지만 한국의 근대화, 산업화의 역군으로서의 근면성과 성취욕 등으로 직장에서의 생존, 생활에 활용 및 다양한 경로를 통해 새로운 정보화 기술을 습득하는 것 등 디지털 시대에 적응하는 방법 등을 익혀왔다고 할 수 있다. 그러므로 이 장에서는 베이비붐 세대가 디지털 시대에 적응하기 위한 디지털 기기의 사용에 영향을 미치는 개인적인 여러 역량을 살펴보고 이러한 개인적인 적응역량이 디지털 기기 접근, 디지털 기기를 활용한 의사소통, 디지털 기기 활용능력 등에 미치는 영향 정도를 살펴봄으로써 베이비붐 세대의 정보화 활성화를 위한 방향제시가 가능할 것이다.

디지털 시대에 온라인 커뮤니티는 정보교환 등의 사회적 지지 역할을 한다고 할 수 있으며 네티즌들은 지지나 정보의 자원이 된다. 그러므로 정보에 쉽게 접근하고 의사소통을 하며 디지털 기기를 활용할 수 있는 능력은 디지털 시대에 살고 있는 베이비붐 세대의 복지에도 중요하다고 할 수 있다. 실질적으로 인터넷의 활용은 장년층의 일상생활의 활성화에도 긍정적인 영향을 미친다고 한다(한국정보화진흥원, 2009). 그러므로 이 장의 목적은 베이비붐 세대가 학교교육을 통하여 배우지 못했던 디지털 기기에 대해 새로운 것을 배우고 적응하는 능력인 자기효능감, 정보화에 대한 자신감, 정보화 기술에 대한 효과성 인지 등의 디지털 기기 접근, 디지털 기기를 활용한 의사소통, 디지털 기기 활용능력에의 영향을 살펴봄으로써 이들이 디지털 시대에 좀 더 적극적이고 능동적으로 대처하는 방향을 제시하고자 한다. 이러한 목적에 근거해 이 장에서는 첫째, 인구사회적인 특성에 따라 적응역량 및 디지털 기기 접근, 디지털 기기를 활용한 의사소통, 디지털 기기의 활용능력에는 차이가 있는지, 둘째, 적응역량에 따라 디지털 기기 활용 정도는 차이가 있는지, 셋째, 적응역량은 디지털 기기 활용에 영향을 미치는지 등을 파악하고자 한다.

2. 베이비붐 세대의 정보화환경 적응역량

베이비붐 세대에 대한 연구는 2010년, 베이비붐 세대의 맏형 격인 1955년생이 공식적인 은퇴를 시작하면서 급부상하기 시작하였고 특히 712만 명으로 전체 인구의 14.6%를 차지하는 거대 인구 집단이 노년기로 진입하게 될 것으로 예상되어 고령화 사회의 이슈와 맞물려 이들이 노년기에 진입하게 되면 한국은 초고령 사회가 되므로 베이비붐 세대의 노후준비 여부는 국가의 노인부양의 재정적인 문제뿐 아니라 거대하고 교육받은 집단의 인적 자원이라는 측면에서도 중요하다. 또한 디지털 시대에 정보화 교육을 받지 않은 베이비붐 세대의 정보화 활용 정도는 디지털 시대라는 환경의 적응으로 자신들의 삶의 질에도 중요한 역할을 할 것이므로 베이비붐 세대의 디지털 기기 활용 정도 및 이에 미치는 영향의 파악은 중요하다고 하겠다.

베이비붐 세대가 2010년을 기점으로 1955년생이 공식적으로 은퇴를 시작함과 동시에 베이비붐 세대에 대한 연구가 은퇴나 노후준비를 중심으로 노년학자들 사이에 현재 활발히 진행되고 있다(박창제, 2011; 서미경, 최희진, 2011). 그러나 베이비붐 세대의 정보화에 대한 연구는 드문 편이며(김미령, 권순재, 박충선, 2012; 정영미, 2009) 노인들의 정보화에 대한 연구는 좀 있는 편이다(구자순, 2005; 손연기, 2000; 홍명신, 2003). 그러나 노인의 정보화에 대한 연구도 대부분이 정보화 교육에 관한 것으로(김혜경, 2003; 신용주, 구민정, 2010; 이금룡, 2007) 정보화의 활성화를 위한 정보화에 영향을 미치는 개인적인 특성에 초점을 맞춘 연구나 정보화의 적응역량의 효과 등에 초점을 맞춘 연구는 드물다(김봉화, 2006).

개인은 환경의 영향을 받는다(Bonfenbrenner, 1979). 특히 로톤(Lawton, 1982)의 환경적응역량모델(Competence-Environmental Press Model of Adaptation)은 개인과 환경과의 상호작용의 영향 및 외부의 환경이 개인에게 요구할 때 개인이 갖고 있는 역량이나 능력에 따라 개인이 어떻게 적응하는가를 설명하고 있다. 이 이론은 노인들이 환경에 어떻게 적응하는가를 설명하기 위해 나온 이론으로 개인과 환경의 상호 협조적인 관계를 설명한 이론이다(Wahl, 2001). 로톤(1991)에 의하면 개인이 환경의 영향을 받는 것뿐 아니라 개인도 자신의 필요에 따라 환경을 선택한다. 그러므로 지식정보화 사회에 새로운 정보화라는 환경에 적응하기 위한 베이비붐 세대의 적응역량이 외부환경을 받아들이고 활용하는 데 어떠한 영향을 미치는가를 로톤(1982)의 환경적응역량모델에 근거하여 분석하고자 한다.

환경적응역량모델에 의하면 개인이 환경에 얼마나 잘 적응하는가는 환경의 절박한 요구와 개인들이 환경의 요구에 잘 적응할 수 있는 역량에 달려있다. 한 개인이 사회에 수용되는 것은 환경의 요구를 잘 받아들일 때다 (Kail & Cavanaugh, 2007). 변화하는 디지털 환경에 개인이 잘 적응할 경우 디지털 시대에 소외되지 않고, 즉 정보화 소외계층으로 살지 않고 정보화 사회에 수용되었다고 설명할 수 있을 것이다. 정보화 환경이 개인에게 요구하는 것은 다양할 것이다. 단순한 컴퓨터의 사용, 인터넷 사용, 스마트 기기의 사용, 소셜네트워크 프로그램을 알고 활용하는 것, 디지털 기기를 활용한 여러 가지의 소셜네트워크의 활용, 필요한 정보의 검색, 인터넷뱅킹, 폰뱅킹의 활용, 게시판의 글을 읽어보고 댓글을 다는 것 등 인터넷은 이제 우리의 환경과 뗄 수 없는 관계에 놓여있다. 개인이 디지털 시대에 제대로 기능하기 위해서는 디지털 기기에 접근, 디지털 기기를 활용한 의사소통, 디지털 기기 등을 잘 활용할 수 있는 능력 등이 있어야 하는데 디지털 시대에 개인의 환경을 구성하고 있는 디지털 기기 등을 잘 활용할 줄 모를 경우 정보화라는 환경이 스트레스로 작용할 수가 있다. 반면 개인은 디지털 시대에 적응하기 위해 자신이 필요하다고 생각되는 정보화 활용능력 등을 선별적으로 선택할 것이다.

그러므로 이 장에서는 개인과 환경과의 관계에서 개인의 심리적 적응역량인 자기효능감, 정보화에 대한 자신감, 정보화의 효과에 대한 인지 등이 디지털 기기에 접근하고, 디지털 기기를 활용한 의사소통을 하며, 디지털 기기를 잘 활용하는가 등의 디지털 환경을 활용하는 것에 얼마나 영향을 미치는가를 파악할 것이다.

1) 베이비붐 세대의 디지털 기기 활용

한국은 IT강국으로 정보통신발전지수(ICT-Development INdex)에서 세계 154개 중 2위를 차지하고 있다(김동배, 김상범, 김세진, 2011). 또한 초고속인터넷 보급률은 세계 1위다(이금룡, 2007). 우리나라의 인터넷 이용 인구는 2010년 3,700만 명이며 이 숫자는 10년 전의 1,900만에 비해 44.5% 증가한 것으로(한국인터넷진흥원, 2010) 거의 두 배 증가한 숫자다. 이러한 외부적인 환경은 아날로그 시대에 학교교육을 받았지만 디지털 시대에 살고 있는 베이비붐 세대의 생활에 많은 영향을 미치고 있다. 장년층의 인터넷 이용률은 계속 증가하고 있으며 2008년 베이비붐 세대의 반 정도가 50대인데 장년층 인터넷 이용률은 53.6%를 나타내고 있다. 이러한 이용률은 일반국민의 이용률보다 낮은 수준이다(한국정보화진흥원, 2009). 베이비붐 세대의 디지털 기기의 활용을 통한 정보 활용 및 사회적 네트워크의 구축은 곧 노년기에 접어들 베이비붐 세대의 노후준비 중 한 영역이라고 할 수 있으며 노년기의 소외 및 역할상실을 성공적으로 예방한다는 측면에서도 바람직하다고 할 수 있다.

장년층의 인터넷이나 컴퓨터의 이용률은 해를 거듭할수록 증가하고 있지만 이러한 숫적인 증가와는 별개로 이들의 애로사항은 인터넷을 충분히 활용하지 못하는 것이 가장 크다(한국정보화진흥원, 2009). 디지털 시대로 인터넷을 활용할 경우의 혜택은 사회, 경제, 문화, 정치 등 개인을 둘러싼 모든 환경에서 이루어지고 있다. 그러나 장년층들이 가장 많이 활용하는 것은 정보검색이나 사회참여, 대인관계 형성 등이며 가장 낮은 것은 개인의 홈페이지 운영이나 구직활동, 게시판 댓글달기 등으로 나타나고 있다. 50대의 정보화 수준은 PC, 무선인터넷 접속기기 보유, 인터넷 이용 필요시 사용가능 여부 등의 접근지수 101.3, 컴퓨터와 인터넷 활용능력인 역량지수는 53.5, PC나 인터넷 이용 여부인 활용지수는 68.2로 접근이 가장 높게 나타나고 있다(한국정보화진흥원, 2009). 그러나 인터넷 이용자의 활용도에 따라 이용자 간의 정보화 격차가 일어나고 있으며 특히 학력, 성별, 계층 등에 따라 차이를 보이고 있다(한국인터넷진흥원, 2006).

연령에 따른 차이를 보면 50대가 20대에서 40대보다 인터넷 이용률이 낮다. 영역별로 보면 업무용 정보수집이나 여가용 정보수집, 또한 뉴스/신문보기 등에서는 커다란 차이를 보이고 있지 않지만 영화/음악 감상 등의 레져에 활용하는 것, 금융거래나 물건 구매 등 경제적인 영역, 전자민원서비스 등 일상생활의 편의를 위한 활동, 사람들과의 교제 등은 50% 미만으로(한국정보화진흥원, 2010) 다른 연령대의 1/3에서 1/2수준으로 50대의 인터넷 이용 영역은 제한되어 있다.

디지털 기기의 활용은 베이비붐 세대의 일상생활을 활성화하는 데도 도움을 준다. 50대는 인터넷을 통하여 정보나 자료의 습득뿐 아니라 여가나 취미활동의 기회를 삼고 타인과의 관계도 형성하며 때로는 사회적인 의견을 개진하기도 한다(한국정보화진흥원, 2009). 사회참여나 커뮤니티 활동은 인터넷 이용자의 53.8%가 활용하고 있지만 경제활동을 위한 구직활동은 14.9%, 창업활동은 10.2%, 재택근무는 8.2%로(한국정보화진흥원, 2009) 실질적으로 은퇴가 시작되는 베이비붐 세대가 사회참여나 커뮤니티 활동의 사회적 네트워크의 구축도 필요하지만 일자리와 관련된 구직, 창업, 재택근무 등 자신들이 필요한 영역에 디지털 기기를 활용하는 것이 필요하다고 하겠다(한국인터넷진흥원, 2010).

2) 디지털 기기활용에 인구사회적인 차이 및 적응역량

베이비붐 세대는 남녀의 성별에 따라서 삶의 유형에도 다양한 차이를 보이고 있다(정경희, 오영희, 이윤경, 박보미, 2011). 성별에 따른 컴퓨터 활용을 보면 남성은 여성보다 훨씬 유리한 위치에 있다. 학교교육을 통해서 남성들이 여성들보다 컴퓨터 활용에 더 접근하도록 사회화되었다(Ware & Stuck, 1985). 성별에 따른 인터넷 이용률은 남성이 여성보다 높다(한국정보화진흥원, 2009). 인터넷뱅킹이나 인터넷을 활용한 주식거래에서 남성은 여성보다 높았으며 유일하게 여성의 이용률이 남성의 이용률보다 높은 영역은 인터넷쇼핑 이용률로 남성의 57.5%보다 훨씬 높은 72.3%다(한국인터넷진흥원, 2010). 또한 컴퓨터 활용에 대한 효능감도 성별에 따라 차이가 있다(Murphy, Coover & Owen, 1989).

직장과 디지털 기기 활용의 관계를 보면 특히 관리직이나 사무직은 90% 이상이 인터넷을 이용하고 있어(한국정보화진흥원, 2009) 컴퓨터를 통한 정보습득, 활용, 의사결정 등 디지털 시대의 직장에서 업무를 수행하는 데 필수적이라 할 수 있다. 그러므로 직장의 유무에 따라 컴퓨터의 접근이나 컴퓨터 활용능력은 다를 것이다. 연령도 저연령일수록 고연령보다 이용률은 높게 나타나고 있다(한국정보화진흥원, 2009). 학력별로도 대졸 이상이 고졸이나 중졸보다 인터넷 이용률이 훨씬 높아 학력에 따른 차이가 있음을 알 수 있다. 특히 여성이나 저학력자는 남성이나 고학력자보다 인터넷 이용 시 다양한 용도로 활용을 하지 못하고 있다(한국정보화진흥원, 2009). 직장인들의 인터넷 이용률은 79.5%며 학력별로는 대졸 이상의 인터넷 이용률이

98.1%로 고졸이나 중졸보다 훨씬 높다(한국인터넷진흥원, 2010).

역량(competence)은 적응역량의 표명으로(Latwon, 1983) 역량을 측정하는 것은 직접적인 행동보다는 행동을 하게 만드는 인지나 상황 등으로 본다(Lawton, 1982). 그러므로 이 장에서는 정보화를 활용하기 위한 자기효능감이나 정보화에 대한 자신감, 정보화의 효과성에 대한 인지를 디지털 기기의 활용을 통해 환경에 대한 적응을 가능케 하는 역량으로 개념 정의한다. 자기효능감은 자기 자신이 예측되는 상황을 잘 관리하여 무엇을 할 수 있다는 능력에 대한 신념(Bandura, 1995)으로 정보화 시대에 새로운 디지털 기기에 대해서 배우려고 하는 것은 자기효능감에서 나온다는 것을 알 수 있다. 그러므로 정보화 시대에 디지털 기기를 활용하는 것을 배우려고 하는 자기효능감은 디지털 시대라는 환경에 적응하려는 개인의 역량이라고 할 수 있다.

정보화에 대한 자신감은 정보화라는 환경에 대한 통제력을 느끼는 것이다. 특히 통제력과 삶의 질과는 상관관계가 있으며 통제력은 환경에 대한 반응능력이다(Abeles, 1991). 자신감은 정보화라는 환경에 대한 반응능력으로 자신감이 있을 경우 디지털 기기에 더 잘 접근하고 활용할 수 있을 것이다. 자신감은 자기효능감보다는 조금 약한 개념으로 반두라(Bandura, 1997)에 의하면 자신감은 강한 확신으로 정확성을 설명하는 것은 아니므로 결과와는 무관하다고도 할 수 있다. 그러나 자기효능감은 자신의 능력에 대한 확신으로 성취력과 관계가 있으며 자신의 능력을 확인하는 것까지도 포함한다. 즉, 성공을 예상한다. 이러한 관점으로 본다면 개인의 자기효능감은 단지 디지털 기기를 활용할 수 있다는 확신보다 좀 더 강한 개념으로 자신의 능력을 활용하며, 디지털 시대의 적응 메커니즘으로써 디지털 기기에 좀 더 적극적으로 접근하여 활용한다는 것을 알 수 있다.

개인이 자원을 활용할 때는 과거의 사용경험을 통해서 효과를 인지할 수가 있다(Ensel, 1991). 그러므로 정보화 시대에의 정보화의 효과에 대한 인지가 높을수록 정보화를 실질적으로 사용하고 활용할 가능성이 높다. 또한 환경에 대한 인지는 개인의 행동이나 삶의 질에 영향을 주는 중요한 요소가 된다(Lawton, 1983). 그러므로 개인의 정보화에 대한 자신감이나 정보화의 효과성에 대해 인지할 경우 디지털 기기의 활용에 적극적인 행동을 보일 것이며 디지털 기기 등을 적극적으로 활용할 것이다.

베이비붐 세대의 디지털 기기에 대한 역량을 약화시키는 것은 학교교육을 통하여 디지털 기기에 대해 배울 기회가 없었다는 것이다. 그러나 이들은 성취에 대한 강한 욕구가 있으며(손유미, 김찬훈, 2010) 자신감에 차 있다(Levy & Weitz, 2002). 그러므로 높은 자기효능감, 정보화를 활용하는 것에 대한 자신감, 정보화의 효과성을 인지하는 것 등은 디지털 기기 활용에 대한 영향을 미침으로써 환경에 어느 정도 적응하도록 하며 나아가서는 통제한다고 할 수 있을 것이다.

3) 환경의 요구로써의 디지털 기기 사용

개인이 디지털 기기에 접근하고 디지털 기기를 활용한 의사소통, 디지털 기기를 활용하는 능력 등은 디지털 시대의 환경적인 요구, 즉 정보화 시대에 소외되지 않고 사회통합감을 느끼며 살아갈 수 있는 사회적인 요구로 개인이 정보화 시대의 사회적, 환경적인 요구에 적응하는 한 가지 방법이라고 할 수 있다. 개인이 환경에 잘 적응하는 것은 환경이 그들에게 하도록 요구하는 것과 그들이 할 수 있는 것이 잘 합치되는가에 달려있다. 환경의 요구는 변화하는 생활환경에 적응하는 것으로 자신들의 능력이 요구와 잘 합치되면 사람들은 잘 적응하고 합치가 잘 안되면 적응을 못한다(Kail &

Cavanaugh, 2007). 즉, 정보화의 입장에서 볼 때 디지털 시대에 디지털 기기를 잘 활용하는 것이 환경의 요구에 적응하는 것이라 할 수 있다.

외부의 디지털 시대의 요구를 현재의 능력으로 감당할 수 있다면, 즉 배울 능력이나 정보화에 대한 자신감이나 효과를 인지하고 있다면 개인은 자신의 필요에 따라 환경을 선택하는 것으로 디지털 기기에 접근하여 디지털 기기로 의사소통하고 활용하는 능력 등을 갖춘다면 환경에 적응했다고 할 수 있을 것이다. 반면 자기효능감이 낮은 사람은 기술을 두려워한다(Bandura, 1997). 그러므로 효능감이 낮을 경우는 익숙하지 않은 환경의 요구인 디지털 기기에 대해 접근하여 배우고 활용하는 것에 적응하는 것이 쉽지 않을 것이다. 이러한 환경의 요구에 적응하기 위한 역량이 심리적인 적응역량으로 이 장에서는 개인들의 심리적인 여러 역량인 자기효능감, 정보화를 활용하는 것에 대한 자신감, 정보화의 효과에 대한 인지가 정보화 시대에 디지털 기기 등을 사용하는 환경의 요구에 얼마나 영향을 미쳐 적응하는가를 살펴볼 것이다.

3. 베이비붐 세대의 디지털 기기 활용 특성

1) 연구대상 베이비붐 세대

이 장의 연구대상은 1955년에서 1963년 사이에 태어난 베이비붐 세대로 제주도를 제외한 전국을 인구 센서스에 근거하여 연령과 성별에 근거한 인구 할당 비례로 표집, 그중 인터넷을 사용할 줄 아는 대상 400명을 무작위로 추출하였다(제주도를 제외한 전국의 베이비붐 세대로 서울, 인천/경기/강원, 대구/경북, 부산/울산/경남, 호남권, 충청권의 6개 권역으로 구분하여 성별, 연령별 인구비율에 따라 비례 할당하여 자료를 수집함.). 컴퓨터나 인터넷의 사용이 가능하여도 베이비붐 세대가 과연 어느 정도 디지털 기기를 활용하여 디지털 환경에 적응하는지, 또 무엇이 이들로 하여금 디지털 기기를 활용하는 것에 잘 적응하게 하는지를 파악하는 것은 중요하다고 하겠다. 즉, 디지털 시대에 단순한 컴퓨터나 인터넷의 이용, 접근하는 것이 아니라 다양한 영역의 디지털 기기 활용을 파악하는 것으로 연구대상의 디지털 기기 활용의 다양한 면을 측정하기 위해 베이비붐 세대 중 디지털 기기 활용이 가능한 대상으로 한정하였다.

적응역량과 디지털 기기에 접근, 디지털 기기를 활용한 의사소통, 디지털 기기의 활용능력 등이 성별과 직업 및 연령에 따라 차이가 있는지를 조사하였다. 개인의 적응역량에 따른 디지털 기기의 활용 정도의 차이를 검증하기 위해서는 자기효능감, 정보화에 대한 자신감, 정보화 효과에 대한 인지를 보통 이상, 보통 미만의 두 집단으로 나누어 디지털 기기 활용정도의 차이를 비교하였다. 인구사회적인 특성인 연령, 성별, 교육, 결혼, 직업, 소득은 통제되었다. 적응역량인 자기효능감, 정보화를 활용하는 것에 대한 자신감, 정보화의 효과성을 인지하는 것 등의 디지털 기기에 접근 및 디지털 기기를 활용한 의사소통과 디지털 기기의 활용능력의 영향 정도를 각각 살펴보았다.

2) 디지털 기기 활용 정도

(1) 디지털 기기 접근

디지털 기기 접근은 디지털 정보 기기 이용이 필요할 때 컴퓨터, 인터넷, 스마트폰 등에 접근하여 디지털 정보 기기를 원할 때 항상 사용할 수 있다는 것, 사용하는 것에 친숙함을 느낀다는 것, 편하게 사용한다는 것 등을 의미한다.

(2) 디지털 기기를 활용한 의사소통

디지털 정보 기기를 활용한 의사소통으로 인터넷이나 스마트 기기에서 제공되는 채팅 프로그램을 통하여 대화를 한다, 게시판의 글에 답글을 달기도 한다, 이모티콘을 사용한다, 인터넷이나 스마트 기기에서 제공되는 채팅 프로그램(카카오톡, 네이트온 등)을 이용한 대화를 한다 등의 의사소통능력을 의미한다.

(3) 디지털 기기 활용능력

디지털 기기 활용능력은 다양한 소프트웨어의 활용능력으로 스마트 기기 등을 이용하여 사진을 찍는다, 음악을 듣는다, 게임을 한다, 인터넷을 사용한다 등이다.

3) 인구사회적 특성

디지털 기기 접근, 디지털 기기를 활용한 의사소통, 디지털 기기 활용능력 등에 영향을 줄 수 있는 인구사회적인 특성으로 연령, 교육, 성별, 결혼, 직업, 소득이 사용되었다.

4) 정보화에 대한 개인의 적응역량

새로운 것을 배우려는 동기를 부여하는 자기효능감과 디지털 기기에 접근, 활용 등을 가능하게 할 수 있는 정보화에 대한 자신감, 정보화기술에 대한 효과성 인지 및 디지털 기기 접근, 디지털 기기를 활용한 의사소통, 디지털 기기 활용능력을 비교하기 위해 베이비붐 세대 중 만 47~50세를 베이비붐 후기 세대로, 51~55세를 베이비붐 전기 세대로 두 집단으로 구분하였다(1960년을 기점으로 1955~1959년 출생은 베이비붐 전기, 1960~1963년 출생은 베이비붐 후기로 나누었다. 베이비붐 후기 세대는 386세대로 민주화의 중심세력이며 베이비붐 세대 내에서 베이비붐 전기 세대와는 좀 다른 세대 특성을 갖고 있다. 역자 주).

(1) 자기효능감

자기효능감은 반두라(1997) 것을 기초로 한 13문항이 사용되었으며(배나래, 박충선, 2009) '나를 위해 무엇인가를 배우고 있다' '나는 주변사람들에게 필요한 사람이다' 등으로 이루어져 있으며 리커트 5점 척도다. 내적일관성 신뢰도는 크론바흐 알파=.89로 높은 편이며 최저 13점에서 최고 65점 범주다.

(2) 정보화 자신감

정보화에 대해 새로운 것을 할 수 있다는 자신감을 측정한 것으로 리커트 5점 척도로 이루어져 있다.

(3) 효과성 인지

정보화 기술발달로 인한 사회생활에의 적응 정도로 효과성 인지를 측정한 것으로 리커트 5점 척도로 이루어져 있다.

4. 연구결과

[그림 7-1]~[그림 7-9]는 연구대상 베이비붐 세대의 인구사회적인 특성이다.

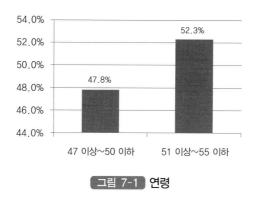

그림 7-1 연령

[그림 7-1]은 베이비붐 전기 세대와 후기 세대로 베이비붐 전기(51~55 이하)는 52.3%, 베이비붐 후기(47~50 이하)는 47.8%로 구성되어 있다.

[그림 7-2]는 연구대상자의 성별로 남성 50.5%, 여성 49.5%로 비슷한 구성비다.

[그림 7-3]은 결혼상태로 결혼상태에 있는 경우가 94.5%로 그렇지 않은 경우가 5.5%로 대부분이 결혼상태에 있다.

[그림 7-4]는 직업에 대한 것으로, 직업이 있는 경우는 71.5%이고 직업이 없는 경우는 28.5%, 즉 70% 이상이 직장생활을 하고 있다.

[그림 7-5]에 의하면 학력은 고졸이 26.3%, 대학중퇴와 대학졸업은 약 53.8%다. 연구대상이 디지털 기기를 사용할 줄 아는 베이비붐 세대로 일반

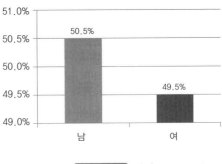

그림 7-2 성별

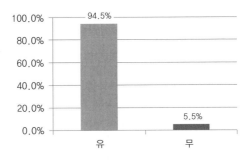

그림 7-3 결혼

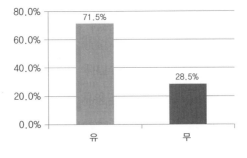

그림 7-4 직업

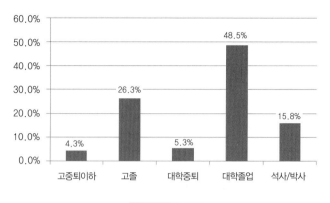

그림 7-5 학력

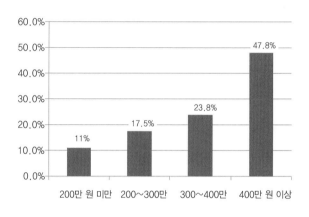

그림 7-6 소득

베이비붐 세대보다 학력이 더 높다.

[그림 7-6]에 의하면 소득도 400만 원 이상이 47.8%로, 이 연구대상은 디지털 활용이 가능한 베이비붐 세대로 일반적으로 학력이나 소득이 높은 편이다.

[그림 7-7]은 성별에 따라 적응역량 및 디지털 기기의 활용능력에 차이가 있는가를 살펴본 것이다. 성별에 따라 적응역량이라고 할 수 있는 자기

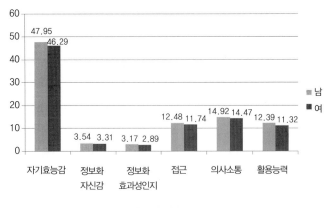

그림 7-7 성별

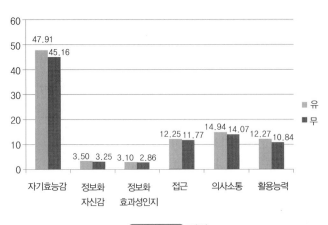

그림 7-8 직업

효능감, 정보화 기술에 대한 자신감, 정보화 활용에 대한 효과성 인지 모두 남성이 여성보다 유의하게 높았다. 디지털 기기 활용에서도 디지털 기기 접근과 디지털 기기 활용능력에서 남성이 여성보다 높아 성별에 따라 디지털 기기 활용능력에 차이가 있음을 알 수 있다.

[그림 7-8]은 직업에 따른 적응역량으로 자기효능감, 정보화 기술에 대

한 자신감, 정보화 활용에 대한 효과성 인지 모두 직업이 있는 경우가 직업이 없는 경우보다 유의하게 높았다. 직업에 따른 디지털 기기 활용에서는 의사소통과 활용능력이 직업이 있는 경우가 없는 경우보다 유의하게 높았다.

[그림 7-9]는 연령에 따른 적응역량으로 베이비붐 전기 세대와 베이비붐 후기 세대에 유의한 차이가 없음을 알 수 있다. 연령에 따른 디지털 기기 활용능력의 차이를 살펴보면 디지털 기기 접근과 활용능력에서는 베이비붐 전기 세대가 후기 세대보다 유의미하게 높았다.

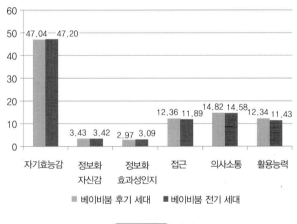

그림 7-9 연령

[그림 7-10]~[그림 7-12]는 적응역량에 따른 디지털 기기 활용 정도 차이를 비교한 것이다.

[그림 7-10]은 자기효능감 정도에 따른 디지털 기기 활용정도의 차이를 비교한 것이다. 자기효능감이 높을 경우 디지털 기기에 접근, 디지털 기기를 활용한 의사소통, 디지털 기기 활용능력 등에서 모두 자기효능감이 낮은 경우보다 유의미하게 높게 나타났다.

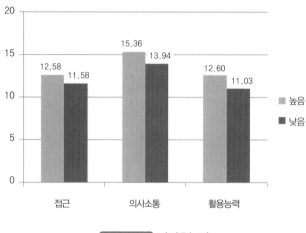

그림 7-10 자기효능감

[그림 7-11]은 정보화에 대한 자신감에 따른 디지털 기기 활용 정도의 차이를 비교한 것이다. 정보화에 대한 자신감이 높은 경우에도 디지털 기기에 접근, 디지털 기기를 활용한 의사소통, 디지털 기기 활용능력 등에서 정보화에 대한 자신감이 낮은 경우보다 모두 유의미하게 높은 것을 알 수 있다.

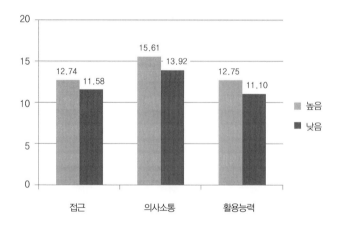

그림 7-11 정보화 자신감

[그림 7-12]는 정보화 효과성 인지에 따른 디지털 기기 활용 정도의 차이를 비교한 것이다. 정보화 효과성에 대한 인지가 높을 경우 디지털 기기에 접근, 디지털 기기를 활용한 의사소통, 디지털 기기 활용능력 등에서 정보화 효과성에 대한 인지가 낮은 경우보다 유의하게 높았다.

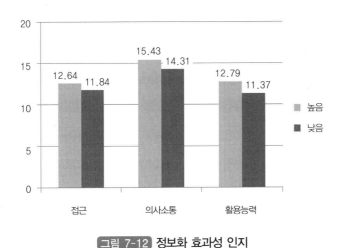

그림 7-12 정보화 효과성 인지

[그림 7-13]~[그림 7-15]은 적응역량인 자기효능감, 정보화에 대한 자신감, 정보화에 대한 효과성 인지가 디지털 기기를 활용하는 디지털 기기 접근, 디지털 기기를 활용한 의사소통 및 디지털 기기의 활용능력에 각각 영향을 미치는가를 회귀분석한 결과다(회귀분석 결과의 유의한 것만 표시하였다. [그림 7-13]-[그림 7-15]의 숫자는 회귀계수인 b 값이며 *p<.05; **p<.01; ***p<.001로 유의도를 표시하였다.).

[그림 7-13]의 적응역량이 디지털 기기 접근에 미치는 영향을 파악한 것으로 연령이 많을수록 디지털 기기에의 접근은 유의하게 줄어들고 있다(b=-0.08). 성별에 따른 디지털 기기 접근에 미치는 영향에는 차이를 보이

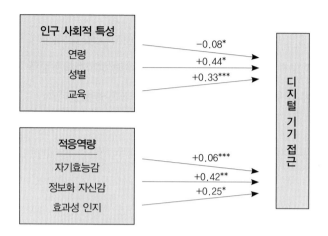

그림 7-13 적응역량의 디지털 기기 접근 영향

고 있으며 남성이 여성보다 디지털 기기 접근을 더 많이 한다(b=0.44). 또한 교육을 많이 받을수록 디지털 기기 접근이 더 많다(b=0.33). 적응역량인 자기효능감(b=0.06), 정보화에 대한 자신감(b=0.42), 정보화에 대한 효과성 인지(b=0.25)는 모두 디지털 기기 접근에 유의한 영향을 미쳤다.

[그림 7-14]는 적응역량이 디지털 기기를 활용한 의사소통에 미치는 영향이다. 소득이 높을수록 디지털 기기를 활용한 의사소통 영향은 높았다(b=0.28). 적응역량인 자기효능감은 디지털 기기를 활용한 의사소통에 유의한 영향을 미쳤으며(b=0.11), 정보화에 대한 자신감도 디지털 기기를 활용한 의사소통에 유의한 영향을 미쳤다(b=0.39).

[그림 7-15]은 적응역량이 디지털 기기 활용능력에 미치는 영향을 파악한 것으로 연령이 많을수록 디지털 기기 활용능력은 유의하게 줄어들고 있는 것을 알 수 있다(b=-0.24). 디지털 기기 활용능력에 영향을 미치는 적응역량은 자기효능감, 정보화 자신감, 효과성 인지 중 자기효능감만이 유의한

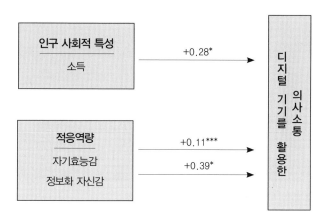

그림 7-14 적응역량의 디지털 기기를 활용한 의사소통 영향

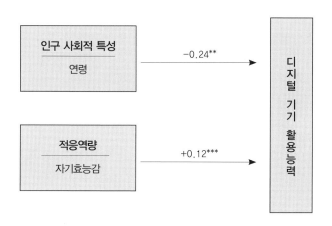

그림 7-15 적응역량의 디지털 기기를 활용능력 영향

영향을 미쳤다(b=.12). [그림 7-13]~[그림 7-15]에서 살펴보았듯이 인구 사회적인 특성에 따라 디지털 기기 활용능력에 미치는 영향도 차이가 있으며 적응역량의 종류에 따라서도 디지털 기기 활용능력에 미치는 영향에는 차이를 나타내고 있다.

5. 결 론

　　디지털 기기 활용능력에서 베이비붐 세대의 성별에 따른 사회화의 차이 및 환경의 선별적인 선택에서 정보화에 많이 노출될 수밖에 없는 남성은 적응역량이 높고 디지털 기기 활용능력이 여성보다 높았다. 반면에 디지털 기기를 활용한 의사소통 등은 일반적으로 여성이 남성보다 뒤지지 않는 것이 반영된 것으로 남성과 여성의 디지털 기기를 활용한 의사소통은 유의한 차이를 보이고 있지 않다. 정보화를 통한 의사소통이나 정보화를 활용하는 능력에서는 디지털 시대에 직업을 갖고 있는 베이비붐 세대가 그렇지 않은 베이비붐 세대보다 높아 환경적응의 측면에서 필요에 잘 부응함을 알 수 있다. 개인의 적응역량이 높을 경우는 낮은 경우보다 디지털 기기 활용능력이 모두 유의하게 높게 나타나 적응역량이 높은 것은 새로운 환경인 디지털 기기의 활용능력에 높게 작용함을 알 수 있다.

　　적응역량의 디지털 기기 활용에 대한 영향 파악에서 인구사회적인 특성의 디지털 기기 활용에 대한 연구결과를 보면 성별에 따른 차이는 선행연구에서도 지적하였듯이(Ware & Stuck, 1985) 남성이 디지털 기기 접근, 디지털 기기의 활용 등에서 여성보다 높은 경향을 나타내고 있다. 같은 베이비붐 세대라도 연령이 많을수록 디지털 기기 활용정도는 낮음을 알 수 있다. 베이비붐 세대가 학교교육을 통하여 디지털 기기 활용에 대한 교육을 받지 않았더라도 지식정보화 시대에 직업이 있는 경우 업무의 많은 부분이 디지털 기기를 활용하여 이루어지기 때문에 직업이 있는 경우와 직업이 없는 경우가 디지털 기기 활용능력에 미치는 영향에는 유의한 차이를 나타냄을 알 수 있다.

인구사회적인 특성 중 성별과 교육은 디지털 기기 접근에, 소득은 디지털 기기를 활용한 의사소통에, 연령과 직업은 디지털 기기 활용능력에 영향을 미쳐 인구사회적 특성도 디지털 기기의 활용에 다양하게 영향을 미침을 알 수 있다. 개인의 적응역량을 보면 자기효능감, 정보화에 대한 자신감, 정보화의 효과성 인지는 디지털 기기 접근에, 자기효능감과 정보화에 대한 자신감은 디지털 기기를 활용한 의사소통에, 자기효능감은 디지털 기기 활용능력에 유의한 영향을 미쳐서 개인의 적응역량에 따라 디지털 기기 활용에 다양하게 영향을 미침을 알 수 있다.

이처럼 [그림 7-13]~[그림 7-15]에서 살펴보았듯이 인구사회적인 특성에 따라 디지털 기기 활용능력에 미치는 영향도 차이가 있으며 적응역량의 종류에 따라서도 디지털 기기 활용능력에 미치는 영향에는 차이를 나타내고 있다. 그러므로 특정한 능력의 활용능력을 위하여서는 구체적인 적응역량을 강화할 필요가 있다. 자기효능감은 어떠한 경우에도 새로운 환경인 디지털 기기 접근, 디지털 기기를 활용한 의사소통, 디지털 기기 활용능력 등에 유의한 영향을 미쳐 반두라(1997)가 설명한 것처럼 자기효능감은 자신의 능력에 대한 확신으로 성취력과 관계가 있음을 입증하고 있다. 이 장에서 활용한 로톤(1982)의 환경적응역량모델에 의해서도 자기효능감은 개인의 적응역량으로 환경적응에 영향을 미치는 중요한 요소로 나타나고 있으며 개인이 환경을 선별적으로 받아들이듯이 개인의 적응역량에 따라 변화하는 디지털 환경에서 디지털 기기의 활용정도에 미치는 영향이 다르게 나타남을 알 수 있다.

지식정보화 시대에 정보화소외계층을 대상으로 하는 정보화교육은 시행되고 있으나 대상에 따른 차별화된 교육이 시행되어야 할 것이다. 베이비붐 세대는 50% 이상이 디지털 기기를 사용하고 있으며, 해를 거듭할수록 이용률은 증가하고 있으나 이들의 디지털 기기 이용률을 높이는 것뿐 아니라 다양한 영역의 컴퓨터나 인터넷 활용교육을 통해 생활에 더욱 편리하게 활용할 수 있도록 해야 할 것이다. 또한 이러한 정보화교육을 통하여 정보화에 대한 인식이 긍정적으로 바뀌며 정보화 활용에 대한 자신감과 정보화 활용의 효과에 대한 인식을 개선하는 것도 필요하다.

앞으로 베이비붐 세대나 장년층에 대한 인터넷 활용교육이 더 필요하지만 이러한 교육에 앞서 중요한 적응역량인 자기효능감을 활성화하는 것도 중요할 것이다. 또한 교육내용에 인터넷 활용뿐 아니라 산업화 역군이었던 베이비붐 세대의 장점 등을 통한 동기부여와 임파워먼트 등 베이비붐 세대가 변화하는 환경에 잘 적응할 수 있는 적응역량들을 강화함으로써 다양한 유형의 디지털 기기를 일상생활 속에서 활용할 수 있도록 하는 것이다. 더불어 계속 발전되는 디지털 환경에 적응하여 성공적인 노후를 대비하기위한 방향으로 정보화교육이 시행되어야 할 것이다. 이러한 정보화를 통하여 노년기에도 사회에서 소외되지 않고 사회통합감을 느낄 수 있을 것이므로 노년기의 복지에도 기여할 수 있을 것이다.

디지털 시대에 디지털 기기에의 활발한 접근, 디지털 기기를 활용한 의사소통, 디지털 기기의 활용능력 등은 사회와 소통하는 역할을 하므로 신체적으로 연약한 고령층이라도 소외감을 느끼지 않을 수 있을 것이다. 그러므로 곧 노년기에 들어갈 베이비붐 세대가 정보화교육을 통하여 다양한 영역의 디지털 기기 활용능력을 갖춘다면 이들이 노년기에 들어갔을 때도 소외감을 예방하고 사회통합감을 느끼며 사회적인 관계의 활성화라는 측면에서도 디지털 기기의 활용능력을 갖추는 것이 필요하며 디지털 시대에 적응하는 노후준비의 측면에서도 필요하다고 하겠다.

이 장은 김미령(2012)을 재구성한 것임
이 장은 2011년도 정부재원(기초연구지원 인문사회)으로 한국연구재단의
지원을 받아 연구되었음(NRF-2011-32A-B00137)

■ 참고문헌

구자순(2005). 고령층의 온라인 공동체 활동에 관한 연구: 남성과 여성 간에 차이를 중심으로. 사이버커뮤니케이션학보, 16, 241-271.

김동배, 김상범, 김세진(2011). 서울지역 장 노년층의 인터넷활용능력, 대인관계능력, 사회활동에 관한 연구: 잠재평균분석을 활용한 집단비교. 한국노년학, 31(3), 733-749.

김미령, 권순재, 박충선(2012). 베이비붐 세대의 정보활용이 정보화 생활만족도에 미치는 영향-자기통제력의 매개효과. 노인복지연구, 57, 113-136.

김미령(2012). 베이비붐 세대의 적응능력이 디지털 기기 활용에 미치는 영향. 노인복지연구, 58, 303-324.

김봉화(2006). 노인의 정보활용, 적응기제 및 삶의 만족도간의 구조방정식 분석. 노인복지연구, 33, 225-256.

김혜경(2003). 노인 정보화교육의 실태에 관한 탐색적 연구. 노인복지연구, 20, 69-94.

박창제(2011). 베이비부머의 노후를 대비한 사적 재무적 준비에 영향을 미치는 요인. 사회보장연구, 27, 327-351.

배나래, 박충선(2009). 노년기 삶의 질에 영향을 미치는 생태체계적 요인에 관한 연구. 한국노년학, 29(2), 761-779.

서미경, 최희진(2011). 비취업 베이비부머와 예비노인의 취업의사 결정요인 비교 연구. 노인복지연구, 53, 125-154.

손연기(2000). 노인복지에 있어서 정보화의 역할. 노인복지연구, 여름호, 7-29.

손유미, 김찬훈(2010). 베이비붐 세대 일자리 창출과 지원, 한국직업능력개발원.

신용주, 구민정(2010). 노인 정보화 교육과 노인의 생활만족도에 대한 탐색적 연구. Andragogy Today: Interdisciplinary Journal of Adult and Continuing Education, 13(4), 119-147.

이금룡(2007). 정보화교육을 통한 인터넷 활용이 노년기 적응과정에 미치는 영향에 대한 탐색적 연구. 노인복지연구, 37, 7-30.

정경희, 오영희, 이윤경, 박보미(2011). 베이비부머의 삶의 다양성에 관한 연구, 한국보건사회연구원.

정영미(2009). 중년층을 위한 웹기반 노년기 준비프로그램의 학습효과. **한국노년학**, 29(3), 1025-1041.

조선일보, 2012년 10월2일. 이동통신기술의 발달.

한국방송통신위원회(2012). 유무선 통계자료, 8월.

한국경제신문, 2014년 10월31일. 스마트폰의 보안재 만드는 '애플리케이션 개발자'

한국인터넷진흥원(2006). 장 노년층 인터넷이용실태 분석.

한국인터넷진흥원(2010). 2010년 인터넷이용실태조사.

한국정보화진흥원(2009). 2008 장 노년층 정보격차 실태조사.

한국정보화진흥원(2010). 2010 정보문화 실태조사.

함인희(2002). 베이비붐 세대의 문화와 세대경험. 한국의 문화변동과 가치관, 임희섭편 저,경기: 나남출판사. 215-248.

홍명신(2003). 노인의 인터넷이용에 관한 연구: 초기노인을 중심으로. **한국노년학**, 23(2), 187-203.

Abeles, R. P. (1991). Sense of control, quality of life, and frail older people(pp.297-314), In J. E. Birren, J. E. Lubben, J. C. Rowe and D. E. Deutchman (Eds.), *The concept and measurement of quality of life in the frail elderly*. San Diego, CA: Academic Press, Inc.

Bandura, A. (1995). Exercise of personal and collective efficacy in changing society(pp.1-45), In A. Bandura (ed.), *Self-efficacy in changing societies*. New York: Cambridge University.

Bandura, A. (1997). *Self-efficacy: The exercise of control*. New York: W. H. Freeman and Company.

Brenfenbrenner, V. (1979). *The ecology of human development*. Cambridge, MA: Harvard University Press.

Ensel, W. M. (1991). "Important" life events and depression among older adults: The role of psychological and social resources. *Journal of Aging and Health, 3*(4), 546-566.

Kail, R. V., & Cavanaugh, J. C. (2007). *Human development: A life-span view*. Belmont, CA: Wadsworth, Cengage Learing,

Lawton, M. P. (1982). Competence, environmental press, and the adaptation of older people, In M. P. Lawton, P. G. Windley, & T. O. Byerts(Eds.), *Aging and the environment: Theoretical approaches*(pp.33-59). New York: Springer.

Lawton, M. P. (1983). Environment and other determinants of well-being in older people, *The Gerontologist, 23*(4), 349-357.

Lawton, M. P. (1991). A multidimensional view of quality of life in frail elders(pp.3-27). In J. E. Birren, J. E. Lubben, J. C. Rowe & D. E. Deutchman (Eds.), *The concept and measurement of quality of life in the frail elderly*. San Diego, CA: Academic Press, Inc.

Levy, M. and Weitz, B. (2002). *Retailing Management*, 오세조, 박진용, 권순기 역, 서울: 한올출판사.

Murphy, C. A., Coover, D., & Owen, S. V. (1989). Development and validation of the computer self-efficacy scale. *Educational and Psychological Measurement, 49*, 893-899.

Ware, M. C. & Stuck, M. F. (1985). Sex-role messages vis-a-vis micro computer use: A look at pictures. *Sex Roles, 13*, 204-214.

Wahl, H. W. (2001). Environmental influences on aging and behavior. In J. E. Birren & K. W. Schaie(Eds.). *Handbook of the psychology of aging*(5th ed., pp.215-237). San Diego, CA: Academic Press.

베이비붐 세대의 은퇴 후 부부관계 적응

1. 서 론

한국은 최근 '베이비붐 세대'라는 용어의 등장과 함께 중장년층이라는 용어는 조용히 뒷자리로 물러앉은 상황이다. '베이비붐 세대'는 국가적으로 큰 위기를 거친 후 정책적으로 인구를 제어하기 시작했던 1955년부터 1963년까지 태어난 세대를 지칭하는 말로, 이 세대에 속하는 사람들 대부분은 부모를 모시고, 다음 세대를 양성하는 데 노력하고 또 독립시키는 1세대와 3세대 사이 중간 입장에 있는 집단이라고 할 수 있다.

'베이비붐 세대'는 다음 세대를 양성하고 독립시키기 위해 노력하는 35세에서 60세까지의 '장년기'로 인생 전반에 대한 개방적인 수용과 자기역량을 발휘하며, 성숙된 부모로서의 역할을 수행하고 자녀의 양육과 교육에 대한 책임을 완수한 이후 은퇴를 준비하며, 노후생활대책을 준비해야 하는 중요한 발달과업을 완수해야 된다. 하지만 부모와 자녀세대에 소요되는 많은 지출로 인해 자신을 위한 투자와 노후준비는 부족한 상태임에도 불구하고 자녀로부터 부양받기 어려운 '샌드위치 세대(Miller, 1981; 정순둘, 이현희, 2012 재인용)'이기 때문에 가족 내 지위를 재정립함과 동시에 부부관계의 변화에 주목해야 한다.

2. 가족관계의 변화

가족관계는 가족이 한 단계에서 다음 단계로 성공적으로 넘어가는 데 있어서 중요한 역할을 한다. 현재 베이비붐 세대로 대표되는 중년기는 성장한 자녀들을 떠나보내고 부부만의 관계를 재정립하는 시기로 각자의 역할을 다시 생각해 보고 노년기의 시기를 준비해야 함에도 불구하고 예측할 수 없는 많은 변화가 일어날 수 있는 시기이기도 하다. 일반적인 변화는 은퇴와 함께 사회적 관계망의 변화, 가족 내 구조의 변화로 새 가족원을 받아들이거나 혹은 독립시켜 역할의 변화가 생기고, 사별 혹은 소원했던 부부관계를 이혼으로 정리하거나, 가족원들 간의 긍정적 · 부정적 상호작용의 변화 등 다양한 변화를 경험할 수 있는 시기다. 그러므로 베이비붐 세대는 신체적, 심리 · 정서적, 사회적 변화를 동시에 겪어야 하는 시기로써 부부관계의 재정립과 역할변화에 대한 적응을 통해 성공적인 노후를 위한 준비 작업이 충분히 이뤄져야 할 것이다.

특히 베이비붐 세대에는 퇴직 등으로 인하여 2차 집단과의 관계가 축소되면서 이들의 관심은 가족이나 자녀에게로 집중된다. 이 시기의 가족관계는 중요한 사회적 지지를 제공해 주고 안정감, 유대감, 소속감을 제공해 주는 가장 중요한 사회관계망이기 때문에 더욱 중요하다. 가족구조 내에는 다양한 가족관계선이 존재한다.

1) 부부관계

전통사회에서는 부부관계가 주변적 가족관계였으므로 중요성을 지니지 못했지만 현대사회에서는 핵심적 가족관계로 자리 잡게 되었다. 최근 들어 소자녀 가치관, 평균수명의 연장으로 부부가 함께 지내는 자녀양육 후 기간 또는 빈 둥지 기간이 연장됨에 따라 은퇴 후 부부 관계는 삶의 만족도를 결정하는 중요한 요인으로 자리 잡게 되었다.

(1) 베이비붐 세대의 결혼만족도

부부관계는 친밀감, 상호의존성 그리고 소속감을 제공한다. 즉, 부부관계에서는 상호 간의 애정, 관심, 신뢰를 바탕으로 하여 친밀한 정서적 관계와 성적 친밀감을 형성하고 가사활동과 가족성원의 부양, 경제적 협력 등을 통하여 상호 의존하며, 개인적 정체감을 유지하면서 상호소속감을 느끼게 해준다. 이러한 부부관계의 질은 생활주기에 따라서 변화하는데, 부부간의 결혼만족도에 관한 기존 연구결과는 결혼기간과 반비례하는 방식으로 낮아진다는 경우와 U자형 만족도를 보인다는 경우로 서로 상반되고 있다(권중돈, 김동배, 2004; 서병숙, 2000). 하지만 최근에는 부부간의 결혼만족도는 대체로 U자형 만족도를 보인다는 데 어느 정도 합의를 하고 있다. 성인 초기, 즉 신혼부부기에 결혼만족도는 높지만 자녀의 출산이나 양육에 대한 부담으로 인하여 중년기에는 결혼만족도가 점차로 감소하고, 자녀를 모두 출가시킨 이후에는 다시 높아지는 것으로 나타나고 있다(White et al, 1986).

노년기에도 대부분 만족스럽고 행복한 부부관계를 유지하는 것으로 나타나고 있지만, 67% 정도만이 만족스러운 부부관계를 유지하고 있는 것으로 나타나고 있다(보건복지부, 한국보건사회연구원, 2012). 이러한 노부부 간의 결혼만족도를 결정하는 요인은 자녀양육 책임, 중년기까지의 결혼만족도, 가사분담 정도, 은퇴에 대한 지지, 경제적 사정과 건강, 현재의 상호작용의 양과 질 등이다(Atchley, 2003). 먼저 자녀양육이나 교육에 대한 책임을 모두 이행한 노부부의 경우, 첫째, 둘만의 시간을 가질 수 있는 여유가 생기고 재정부담도 줄어들기 때문에 부부간의 결혼만족도가 높아지는 경향이 있다. 둘째, 노년기에 접어들기 전까지 원만한 부부관계를 유지해 왔으며, 중년기로의 전환에 특별한 어려움이 없었던 노인의 경우에는 노년기가 되어서도 만족스러운 부부관계를 유지할 가능성이 높아진다. 셋째, 부부간에 융통성 있게 가족 내 역할을 분담하고, 부부 모두 양성적 역할을 수행할 경우에 부부간의 결혼만족도는 높아지는 경향이 있다. 넷째, 은퇴한 남편이 긍정적 자아개념을 유지할 수 있도록 부인이 지지하고 동반자관계를 형성하게 될 경우 노년기의 결혼만족도는 높아진다. 다섯째, 경제적 사정이 좋고 건강상태가 좋을수록 부부는 원만한 부부관계를 맺을 가능성이 높아진다. 여섯째, 부부가 함께 하는 시간이 많고, 평등한 관계를 유지하는 경우에 노년기의 결혼만족도는 높아지는 것으로 나타나고 있다(Atchley & Miller, 1983).

(2) 노년기의 역할전환과 부부관계의 적응

노년기로의 전환과 함께 나타나는 역할상의 변화 중에서 노년기의 부부관계에 중요한 영향을 미치는 요인은 자녀의 진수(Launching)와 본인 또는 배우자의 은퇴다. 먼저 소자녀 가치관, 평균수명의 연장 등으로 인하여 노년기의 자녀양육 후 기간 또는 빈 둥지 기간이 연장됨으로써 노부부는 부부관계를 재조정하여 적응해 나가야 한다. 자녀가 결혼이나 취업 등으로 인하여 모두 진수한 이후의 빈 둥지 기간은 자녀양육에 대한 의무에서 벗어나서 부부간의 응집력과 애정을 강화할 수 있는 기회가 되며, 자녀양육에 따른 재정지출의 감소로 여유 있는 부부생활의 향유가 가능해지는 시기다. 또한 자녀성장에 따른 부모로서의 성취감을 향유할 수 있으며, 활발한 사회활동 참여 기반과 기회를 가질 수 있게 되는 이점이 있다. 하지만 노부부가 자녀의 결혼, 직업 등으로 인한 진수를 수용하지 못하게 되면 불행을 경험하게 될 가능성이 높다.

　노년기 부부관계의 또 다른 적응과제는 은퇴다. 가장으로서의 역할을 수행한 남편은 은퇴로 인하여 사회관계가 축소되고 소극적이고 의존적이 되며, 생소한 환경인 가정 내에서 생활하는 시간이 늘어나지만, 표현적 역할 수행에 익숙하지 못하므로 고독과 소외를 경험할 가능성이 높아지게 된다. 이에 반해 부인은 노년기에 접어들면서 사회친화력이 증가하여 사회관계가 확대되고 적극적이며, 자립생활이 가능한 경우가 많다.

2) 노년기의 이혼과 재혼

　우리나라의 이혼율은 OECD 국가 중에서도 높은 쪽에 속할 정도로 급격히 증가하고 있지만, 소위 '나리타의 이혼'이라고 불리는 황혼이혼(December divorce)의 증가 추이는 더욱 빠른 것으로 알려져 있다. 황혼이혼이란 결혼생활을 20년 이상 지속해 온 부부가 혼인관계를 해소하는 경우를 의미하지만, 노년학 분야에서는 65세 이상 노부부가 이혼하는 경우를 말한다. 통계청(2010)의 인구동태 조사에 따르면 남편의 연령을 기준으로 할 때 65세 이상 노부부의 이혼 건수는 2000년 1,354건에서 2010년 4,346건으로 3.2배 정도 증가한 것으로 나타났다. 2011년 현재 우리나라의 총 이혼 건수는 11만 4,234건 중 남자 고령자는 4,484건으로 전체의 3.9%, 여자

고령자는 1,789건으로 1.65%를 차지한다.

2011년 현재 고령자의 재혼 건수는 남자 2,234건, 여자 799건으로 2000년에 각각 2.3배, 4.0배 증가하였다. 특히 고령자의 이혼 후 재혼 건수가 크게 증가하였는데, 2000년에 비해 각각 남자는 4.5배, 여자는 6.4배로 증가하였다.

우리나라에서 황혼이혼에 관심을 기울이게 된 것은 1990년대 후반부터의 일이지만, 황혼이혼은 세계적인 추세로 자리 잡고 있다. 일본의 경우 황혼이혼은 흔한 일이며, 은퇴 후 이혼을 당하고 홀로 사는 남성노인의 문제가 사회적 이슈로 제기될 정도다. 영국의 경우 전반적인 이혼율은 12년 전에 비해 8% 감소한 반면 60세 이후의 이혼율은 20% 이상 증가하였으며, 미국의 경우 지난 10년 동안 이혼한 노인의 수가 33% 이상 증가한 것으로 나타나고 있다. 우리나라도 황혼이혼 건수가 급격히 증가하고 있다. 2011년 현재 우리나라 총 이혼 건수는 11만 4,284건 중 남자 고령자는 4,484건으로 전체의 3.9%, 여자 고령자는 1,789건으로 1.6%이나 30년 이상 결혼생활을 하다 이혼하는 황혼이혼 건수는 전체 이혼 건수의 23.8%로 최근 들어 그 비율이 빠르게 증가하고 있다(통계청, 2010).

이와 같이 황혼이혼이 크게 증가하게 된 원인을 살펴보면, 일부종사(一夫從事)의 유교적 결혼관과 가부장적 가족위계구조의 약화, 여성의 권리에 대한 인식 개선으로 인하여 '늙어서까지 부당한 대우를 받으며 참고 살기보다는 이혼하여 편히 내 인생을 살고 싶다'는 의식이 형성되었기 때문이다. 이러한 의식변화가 황혼이혼의 주된 이유가 되고 있다는 것은 여성노인이 먼저 이혼을 제기하는 경우가 대다수라는 점을 통해서도 증명되고 있다. 또다른 원인으로는 경제력을 갖춘 여성노인이 증가하고, 가족 관련법 개정으로 재산분할 등 여성이 이혼 후 경제적 자립을 할 수 있는 가능성이 더욱 높아진 것을 들 수 있다. 더군다나 최근에는 부부사이에 강간도 성립된다. 그러나 황혼이혼을 '억눌려 살아온 노처(老妻)의 권리 찾기'로만 이해하려는 사회 분위기로 인하여 이혼의 가장 주된 사유인 부부간의 불화, 경제적 문제, 가족갈등 등과 같은 부부 또는 가족관계상의 요인이 간과되고 있다는 점을 고려하면, 노부부가 노년기의 역할이나 권력관계의 변화에 원만하게 적응하지 못하는 것 또한 황혼이혼의 주요 원인이라 할 수 있다.

어떤 이유에서든 노년기에 이혼을 하게 될 경우, 이혼으로 인하여 얻게 되는 것도 있지만 잃는 것 또한 많다. 평생 동안 억압받고 불평등한 대우를 받았던 여성 노인의 경우 황혼이혼으로 잃어버린 자아를 찾고 심리·사회적으로 독립적인 생활을 영위함으로써 삶의 만족도가 높아질 수 있다. 이와는 반대로 황혼이혼으로 인해 부부관계는 물론 자녀나 이웃주민과의 관계가 단절됨으로써, 사회적 소외나 고독을 경험할 가능성과 경제적 어려움에 직면할 가능성이 높아지게 된다.

황혼이혼 못지않게 사회적 관심의 대상이 되고 있는 것이 노년기의 재혼이다. 노년기의 재혼을 '고독한 세계에서의 탈출이자, 잃어버렸던 인간관계의 회복'이라고 보는 시각이 있을 정도로 우리 사회에서는 노년기의 재혼에 대해 좀 더 수용적 태도를 보이고 있다. 이러한 노년기의 재혼에 대한 의식 변화를 반영하듯이, 2000년 1,002건이던 65세 이상 남성의 재혼 건수가 2010년 2,099건으로 늘었고, 65세 이상 여성의 재혼 건수도 2000년 209건에서 2010년 702건으로 늘어났다(통계청, 2010). 그리고 실제 재혼을 하지는 않더라도 배우자와 사별하여 홀로 된 이후에 이성교제와 재혼에 대한 태도가 긍정적으로 변화되고 있다(보건복지가족부, 2009; 서혜경, 2004; 통계청, 2010).

이와 같이 노년기의 재혼을 고려하는 이유를 보면, 심리적 고독감의 해소, 자녀에 대한 부담 경감 그리고 질병 시 간호해 줄 사람이 없는 문제의 해결 등을 들 수 있다(한국노인의 전화, 2002). 그러나 이러한 현실적 이유 이외에 재혼을 통해 인생의 동반자 찾기, 친밀감 유지와 사랑에 대한 욕구, 성적욕구 충족, 자기표현의 욕구, 재정 및 경제적 안정, 자녀와의 불편한 관계 해소 및 독립과 같은 심리 · 사회적 욕구를 충족하고자 하는 동기도 있는 것으로 나타나고 있다(홍숙자, 2001).

노년기의 재혼은 젊은이의 결혼과는 다른 특성을 지닌다. 첫째, 결혼에 대한 동의와 관련하여, 젊은이는 스스로 배우자를 선택하여 부모의 동의를 구하지만 노인은 자신의 선택한 재혼 상대에 대해 자녀의 동의를 얻는 특성이 있다. 둘째, 젊은이의 경우 연애를 통한 결혼이 많은 데 비하여 노인의 재혼에서는 중매를 통한 결혼이 주류를 이룬다. 셋째, 재혼을 원하는 남성 노인은 사별하고 자녀가 없는 여성을 선호하는 다소 이기적인 성향이 있다. 넷째, 재산 문제로 인한 가족갈등을 피하기 위하여 정식 결혼보다는 동거를 택하거나 일부 유산을 사전에 배분하는 변형된 계약결혼을 선택하는 경우도 있다.

이러한 특성을 지닌 노년기의 재혼이 성공에 이르기 위해서는 많은 노력이 필요하다. 노년기 재혼의 가장 중요한 장애요인으로 지적되는 자녀의 반대를 사전에 막거나 줄이기 위해서는 재산, 상속문제를 사전에 해결하고, 자녀에게는 부담을 주지 않고 독립적으로 생활할 수 있도록 연금과 금융자산 등으로 독자적인 경제력을 확보해야 하며, 새로운 가족관계에 적응하기 위한 노력을 소홀히 해서는 안 된다. 그리고 시간을 갖고 자신에게 어울리는 재혼 상대자를 찾는 노력을 기울이고, 오랜 교제기간을 가짐으로써 서로를 충분히 이해하고, 상대방에게 전적으로 의존하기보다는 상호의존적인 생활을 영위하고자 하는 의지가 있어야 한다. 또한 주변의 반대를 이겨낼 수 있는 재혼에 대한 확고한 신념이 있어야 한다.

가족관계는 가족성원간의 인간관계로서 비타산적이고 무조건적이고 비합리적 속성을 지닌다. 이러한 가족관계는 사회문화적 배경, 경제적 조건, 가족생활주기, 개인의 발달주기 등에 따라 상호작용 유형에 의미 있는 차이가 있다(송성자, 2002). 특히 노년기에는 퇴직 등으로 인하여 2차 집단과의 관계가 축소되면서 노인의 관심은 가족이나 자녀에게로 집중된다. 노년기의 가족관계는 중요한 사회적 지지를 제공해 주고 안정감, 유대감, 소속감을 제공해 주는 가장 중요한 사회관계망이기 때문에 더욱 중요하다.

미국의 노인들 중 결혼한 사람들보다 혼자 사는 사람들이 덜 건강하다. 여성의 높은 수명으로 인해 65세의 여성 중 60%가 배우자 없이 살고 있다. 고든 모스와 워터 모스(Gordon Moss & Water Moss)는 노인들의 결혼생활이 갖는 가치에 대해 "노인 부부들은 함께 보내는 시간이 늘어났다. 하지만 모든 결혼생활이 부부와 함께 하는 시간을 증가시켜 주지는 않는다. 좋은 결혼생활 혹은 좋은 재혼생활을 위하여 노인들에게 동반자 의식과 정서적 지지 그리고 상대가 아플 때 보호해 줄 것이라는 믿음, 일상생활의 공유가 동반되어야 하며, 특히 상당부분 독립이 요구된다. 성 역할은 모호해지며 남편의 가사 일은 가정의 평화에 기여한다."라고 하였다.

한국보건사회연구원(이하 보사연)이 2010년 조사한 베이비부머의 생활실태 및 복지욕구 중에서 부부관계 만족도를 살펴보면, 9.1%가 '매우 만족한다', 62%가 '만족한다', 26.3%가 '보통이다', 2.5%가 '만족하지 않는다', 0.2%가 '매우 만족하지 않는다'라고 응답하여 불만족자는 2.7%로 낮은 수준이다. 특성별로 비교해 볼 때 지역별 차이는 크지 않으며 후기 베이비부머의 경우 만족한다는 비율이 상대적으로 높고 여성에 비하여 남자의 경우 만족도가 높은 것으로 나타났다. 또한 취업 중인 경우 만족도가 높고 가구

소득이 500만 원 이상인 경우 그 이하의 소득을 갖고 있는 경우에 비하여 만족도가 높은 것으로 나타났다. 이와 같이 취업과 소득은 결혼만족도의 중요한 요소임을 알 수 있다.

한국여성의 71.8%가 평균수명이 늘어나면서 여성이 남편을 돌봐야 하는 기간이 길어져 노부부간 갈등이 발생할 것이라는 데 동의했다고 한다. 보사연이 전국 20세 이상 남녀 300명을 대상으로 설문조사한 결과, 남성의 동의율도 66.4%라고 한다. 노부부가 서로 배우자를 필요로 하는 정도를 이보다 더 잘 표현할 수는 없을 것 같다. 남성도 대체로 그런 사정을 알고 있다는 얘기다. 그렇다면 갈등해소법은 간단하다. 남편이 부담을 덜어 주면 된다.

2011년 현재 우리나라의 총 이혼 건수(11만 4,284건) 중 남성고령자는 4,484건으로 전체의 3.9%, 여성 고령자는 1,789건으로 1,6%를 차지한다. 반면, 2011년 고령자의 재혼 건수는 남성 2,234건 여자 799건으로 2000년에 비해 각각 2.3배, 4,0배가 증가하였다. 또한 한국에서는 남성노인의 자살률이 늘어나고 있다. 따라서 가족관계와 부부관계를 떨어트려서 생각하지 않을 수 없다.

우리는 언젠가 죽거나 늙어간다. 그밖에 대안이란 있을 수 없다. 괴테가 쓴 바와 같이 나이란 불시에 우리에게 들이닥친다. 그러므로 부부관계를 되돌아보고 남은 생애의 행복을 위해서 결속할 수 있는 계기가 필요하다. 가족의 기둥들이 든든해야 사회도 건강할 수 있다.

나이가 들어갈수록 사회적 유대망이 좁아지기 때문에 노년에는 부부관계가 사회적 지지보다 큰 부분을 차지하게 된다. 따라서 초혼을 그대로 유지해 온 사람이든 재혼을 했든 노후에는 결혼관계가 모든 대인관계에서 가장 중요해진다. 대체로 결혼생활을 하고 있는 노인이 홀로 사는 사람보다 수명이 더 긴데, 그 이유는 사회적 유대관계나 사회경제적 상태에도 기인하겠지만, 혼자 사는 데서 오는 심리적 스트레스가 수명을 단축시키는 데 상당한 기여를 하는 것으로 추측되고 있다(Blazer, & Manton, 1986).

노후의 행복한 부부관계의 핵심에는 성적인 만족감보다 동반자 관계, 정서적 편안함, 서로에 대한 존경심이 자리 잡고 있다(Aiken, 1995; Reedy, Birren, & Schaie, 1981). 즉, 노후에는 서로 흥미나 습관이 같고, 서로를 믿고 존경할 수 있으며, 정서적으로 편안함을 느낄 때 결혼생활이 행복하다. 대체로 노후까지 부부관계가 원만하게 유지되며 결혼만족도가 높은 경우를 보면(금혼식까지 치른) 동반자적 사랑, 정서적 편안함, 동등성이 있는 것이 특징이다. 즉, 이런 결혼생활에서는 정서적 긴장이 적고, 대화소통이 원활하며, 감정과 경험을 매우 솔직히 나누는 경향이 있다. 또한 늙어 갈수록 상대방의 단점이나 기벽을 더욱 참고 이해하며, 결혼에 대한 목적과 태도가 서로 유사해진다. 이들은 많은 시간을 함께 보내는 데 큰 즐거움을 느끼며 서로를 가장 좋은 친구로 생각한다(Bengston, Rosenthal, & Burton, 1990). 또한 이들 부부 사이에는 동등성이 있다. 비록 늙으면 자신의 욕구에 더욱 집착한다 할지라도, 노부부는 역할관계에서는 더욱 동등해진다(Aiken, 1995).

노부부는 갈등을 원만하게 해결할까? 나이가 들수록 성 역할 구분이 모호해지고, 생리적 각성수준도 낮아질 뿐 아니라 정서조절능력이 발달하기 때문에 젊은 성인이나 중년에 비해 노부부는 부부갈등이 더욱 적고 갈등을 원만하게 해결하지 않을까? 카스텐센 등(Carstensen et al., 1996)은 결혼생활이 행복 혹은 불행한 중년과 노년, 네 집단을 표집해 세 가지 주제(그날의 일, 결혼생활 중 갈등의 원천, 의견이 합치된 즐거운 일)에 대해 토론하게 했다. 그리고 토론장면을 녹화한 기록을 수량화해 아울러 실시한 부부갈등검사와 함께 분석해 보았다. 그 결과 노인은 중년보다 부부갈등이 더 적을 뿐 아니라 결혼생활을 더욱 즐기고 있었다. 즉, 중년부부는 주로 자녀문제, 돈, 종교, 여가와 관련된 일로 가장 갈등이 많았으나 노부부는 이를 포함한 열 가지 주제 모두에서 갈등이 더 적었다. 노부부는 자녀나 손주 이야기, 뭔가 함께 하기, 꿈·휴가 등을 통해 중년보다 훨씬 즐거움을 맛보고 있었다. 그리고 노부부관계에서는 분노, 혐오, 호전성, 푸념은 줄어들고 애정은 더욱 증가했다. 이처럼 노년기에 부부관계가 더욱 조용해지는 이유를 연구자들은 다음과 같이 추론하고 있다. ① 장기간의 결혼생활에서 상대방의 행동이 변화했거나 혹은 자녀출가로 갈등의 소지가 된 문제가 저절로 사라져 버렸을 수 있다. ② 갈등이 습관화되어 그 독성이 덜할 수도 있다. ③ 노년에는 최적의 정서 상태를 유지하려 하기 때문에 열띤 말다툼까지 하면서 갈등을 해결하려 하지는 않는다.

그러나 늙어도 부부갈등 상황에서의 상호작용 패턴은 별로 변하지 않는 경향이 있다. 즉, 아내는 요구하고 남편은 철회하는 양상은 노인들도 중년이나 젊은 성인과 마찬가지다. 아내는 긍정적이든 부정적이든 정서를 많이 표출하나, 남편은 '입을 꼭 다물고 철회하는 행동(Stonewalling)'을 많이 보인다(Carstensen et al., 1996). 남성의 이러한 철회행동은 심리적 고통에 대한 일종의 방어행동으로 풀이되고 있다. 즉, 남자는 심리적 고통을 당하면 각성수준이 매우 민감하게 높아지는데, 이것이 일종의 경보체계로 작용해 철회행동을 이끌어 냄으로써 건강을 보호한다는 것이다. 그러나 여자는 그런 신호를 자각하지 못하고 장시간 높은 각성상태를 지속하는데, 나이가 들수록 이러한 상호작용이 반복될 경우 건강을 해칠 수 있다. 아마도 불행한 결혼생활이 상대적으로 남자보다는 여자의 건강에 더욱 악영향을 미치는 것은 이런 이유 때문일 것이다(Levenson, Carstensen, & Gottman, 1994).

많은 결혼생활이 사랑을 바탕으로 시작된다. 그러나 처음의 사랑관계를 변함없이 유지할 수 있는 사람은 얼마나 될까? 아마도 어느 인간관계보다 처음의 좋은 관계를 계속 유지하기가 어려운 것이 결혼관계일 것이다. 결혼한 사람 중 일부만 말년까지 행복한 관계를 유지할 뿐, 시간이 지나면서 애정이 식은 공허한 관계 속에서 살아가는 사람이 많다. 최근 들어 심리적 이혼상태에서 무덤덤하게 살아가거나, 술·혼외정사로 도피한 채 가까스로 결혼생활을 유지하고 있는 사람들 그리고 별거나 이혼, 재혼을 하는 사람들이 점점 증가하고 있다.

(1) 이혼

통계청(2010) 자료에 의하면, 지난 10년 동안 전국 이혼율 추이는 2000년에 절정에 달했다가 차츰 감소해 2010년에는 5.6%에 달하고 있다. 연령대별로 보면, 2002년에 남자는 35~44세 사이에, 여자는 30~39세 사이에 이혼율이 가장 높았으나, 2010년에는 남자는 40~49세 사이(10.2%), 여자는 35~44세 사이에(10.5%) 이혼율이 가장 높다. 즉, 이혼연령이 5세 정도 높아졌다고 할 수 있다. 10년 전만 해도 결혼기간이 3~7년 미만인 30대의 이혼율이 가장 높았으나 요즈음은 40대 중년기의 이혼율이 가장 높다. 특히 남성의 경우, 50대 이혼율이 30대 이혼율과 비슷하며, 60대 이혼율은 20대 이혼율을 능가하고 있다. 이처럼 이혼연령이 높아지고 있는 이유는 사회적 시계의 변화로 초혼연령이 높아진 데도 기인할 것이나, 중·노년기의 이혼율이 높아진 데는 보다 다양한 요인이 복합적으로 작용하는 것으로 보인다.

이혼사유를 보면, 어느 연령층에서나 '성격차이'가 가장 많다. 그 다음이 경제문제, 배우자 부정, 가족 간 불화, 정신·육체적 학대 순이다(통계청, 2012). 그러나 가정법률상담소를 찾는 사람들의 이혼상담 사유는 보다 심각하다. 한국가정법률상담소(2007~2010) 통계에 의하면 남녀 모두 '혼인을 계속할 수 없는 중대사유'가 1순위인데 여기에는 경제 갈등, 성격차이, 생활무능력, 이혼강요, 불성실한 생활 등이 포함되어 있다. 여성은 경제 갈등, 성격차이, 생활무능력으로 인한 이혼상담이 많은데 비해, 남성은 성격차이, 이혼강요로 인한 이혼상담이 가장 많다. 즉, 부부 사이에 경제적 갈등이 야기되면 친밀감이 없는 경우 역경을 이겨내지 못하고 이혼의 위협에 처하게 되는 것을 말하고 있다. 그 다음으로 남자는 아내의 가출, 외도로, 여자는 남편의 폭력, 외도로 이혼상담을 하는 경우가 많았다. 여성의 이혼상담 1/3 이상이 남편의 폭력으로 인한 것이었다. 여기서 폭력은 물리적 폭행뿐 아니라 습관적인 폭언도 포함된다. 외도로 인한 이혼상담 역시 남자보다 여자가 더 많았다. 이것은 아직도 많은 여성이 가정폭력 속에서 고통 받고 있다는 것을 말하고 있다.

이상과 같이 표면적인 이혼사유들이 있지만, 그 근저에는 도도하게 흐르는 사회적·심리적 변화들이 이혼에 대한 취약성을 높이고 있다. 우선 가정을 유지해 오던 사회적 규범이나 관습의 힘이 약화되었다. 이제 결혼생활은 그 유지여부가 부부당사자의 능력에 달려 있으며, 성숙한 사랑을 발달시키려는 노력과 능력이 결혼의 성패를 좌우하는 주요한 요인이 되고 있다. 또한 여성의 사회진출과 경제력 신장으로 인해 이들의 결혼과 모성역할에 대한 가치가 변화했으며, 여성들의 의식화는 고통스런 결혼생활을 인내하려는 동기를 약화시키고 있다.

그런데 왜 중년부부가 헤어지는가? 여기에는 인생의 전환기에 오는 심리적 변화와 같은 발달적 문제가 큰 몫을 하고 있다고 본다. 예컨대 40세 이후부터 부부관계는 성적인 필요성이나 만족감보다는 인간적인 편안함을 바탕으로 재구성되는 경향이 있다. 이제 낭만적인 사랑 감정보다는 즐거움과 고통, 슬픔을 함께 나누며 서로를 잘 이해하고, 신뢰감과 성실함이 있는 동반자 관계로 발전되어 나갈 때, 보다 원숙한 결혼생활로 접어들 수 있다. 즉 동반자적 사랑관계로 발전하는 것은 중년기 이후 성공적인 결혼관계를 위한 필수조건이다. 그런데 이런 관계는 결혼 초부터 친밀감을 계속 발달시켜 온 부부에게만 가능하다. 이러한 친밀감을 발달시키지 못하고 둘 사이에 정신적 공동이 클 때, 중년의 부부관계는 심리적 이혼상태에 빠질 수 있다(김애순 역, 2004). 즉, 애정이 메마른 공허하고 침체된 관계 속에서 사회적 체면이나 자녀 때문에 법적으로 매여 있게 된다. 이런 상태를 더 이상 인내할 의미가 없어졌을 때 부부는 실제로 갈라서게 된다.

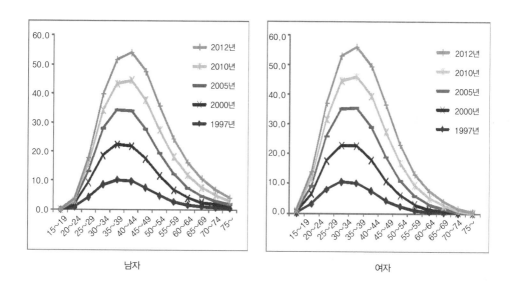

그림 8-1 연령대별 이혼율(해당연령 천 명당)

출처: 통계청(2012e), 인구동향 이혼

이혼이란 일순간에 일어나는 사건이라기보다는 장기간에 걸쳐서 몇 개의 절차를 거쳐야 하는 복잡한 과정이다. 보하난(Bohannan, 1972)은 이혼

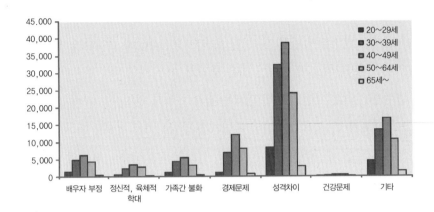

그림 8-2 연령별 이혼사유

출처: 통계청(2012e). 연령별 이혼사유

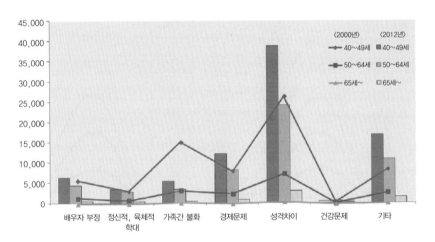

그림 8-3 2000년, 2012년 중년기 이혼사유에 따른 이혼율 변화

출처: 통계청(2012e). 연령별 이혼사유

과정을 다음의 여섯 절차로 구분하고 있다. ① 정서적 이혼, ② 법적 이혼, ③ 경제적 이혼, ④ 공동부모로서의 이혼, ⑤ 지역사회와의 이혼, ⑥ 정신적 이혼 등이 그것이다. 이러한 과정을 거치면서 이혼한 본인은 경제적 지지기

반을 상실할 수 있으며, 인생의 중요한 부분을 실패했다는 생각 때문에 자기비하감, 우울, 후회, 죄책감에 빠질 수 있다. 친구관계가 소원해지거나 공적인 생활에서도 자신감을 잃고 떳떳하지 못할 가능성이 있다. 그러나 그동안 억압되었던 자아를 찾아 보다 독립적이고 자유로운 삶을 살아가는 사람도 있다. 물론 이혼으로 인해 고통스러운 관계에서 벗어난 홀가분함도 있겠지만, 많은 경우 이혼이란 삶의 여러 측면에 스트레스를 몰고 오는 괴로운 사건임에는 틀림이 없다.

그래서 우리는 이혼을 염두에 두는 상황에 처하게 되면 '한순간의 감정 때문에 이런 고통을 자초하지 않는지' '조그만 불만을 참지 못하고 관계개선을 위한 노력도 없이 이혼에 돌입해 버리지 않는지'를 심각하게 생각해 보아야 할 것이다. 특히, 한창 성장하는 자녀를 둔 부모는 이혼이 자녀에게 미칠 영향을 우선적으로 고려할 필요가 있다. 자녀가 어릴수록, 부부간의 전쟁터에 자식을 끌어들일수록 부모의 이혼이 자녀의 발달에 미치는 영향이 부정적이다(Coleman, 1979).

그러나 상습적인 갈등과 불화, 문제행동(외도, 폭력, 알코올중독) 속에서 결혼생활을 가까스로 지탱해 가면서 자녀들을 그 속에 방치하는 것은 오히려 이혼보다 바람직하지 못할 수 있다. 아마도 이혼을 못하는 이유는 경제적 무능력, 체면, 수치심, 자식에게 주는 상처, 자식 상실에 대한 두려움, 혼자 살 자신이 없는 것 등 다양할 것이다. 하지만 행복을 찾는 데는 용기가 필요하며, 문제의 와중에서 해결의 실마리를 찾기 어려울 때는 상담기관의 도움을 받는 것이 현명한 선택일 것이다.

황혼이혼으로 인하여 지난 10년 동안 50대 이전의 이혼율은 감소하고 있지만, 50대 이후의 이혼율은 꾸준히 증가하고 있으며, 특히 60대의 이혼율은 약 2배 가까이 증가하고 있다(통계청, 2010e). 이혼상담 역시 20대는 감소한 반면에 50~60대는 꾸준히 증가해서, 최근에는 총 상담건수의 30%를 넘어서고 있다(한국가정법률상담소, 2010). 즉, 결혼생활을 30~40년 동안 지속해 온 50, 60대의 부부가 헤어지고 있는 것이다. 이것은 수년 동안 불만족한 결혼생활을 참아 내면서 '휴전상태'에 있던 부부가 자녀출가 후 별거하거나 결혼관계를 끝내는 경우가 많아지고 있기 때문이다. 그동안 심리적 이혼상태에서 살아오던 부부가 50대 후반에 자녀들이 출가하고 나면, 이제 더 이상 두 사람 사이에 공유할 것이 없음을 깨닫게 된다. 이들은 남아 있는 여생을 함께 살 것인지를 심각하게 스스로에게 묻게 된다. 이때 이혼을 제기하는 쪽은 주로 아내다.

노후에는 은퇴 이후의 역할상실, 돈의 부족, 만성적 질병, 감소된 성관계 등 많은 요인이 결혼생활을 위협한다. 대부분의 노인이 결혼생활을 그대로 유지하려 하지만, 흔히 수입이 없고 신체적으로 무능력하며 교육수준이 낮은 노인일수록 결혼생활을 지탱하는 데 심각한 어려움을 겪고 있다. 특히 일생동안 결혼관계가 원만하지 못했던 사람은 노후의 결혼생활을 지탱하는 데 많은 어려움이 있다. 가끔 이럴 경우 남편은 이혼에 대한 위험 때문에 경제권을 거머쥐고 이를 통해 아내를 통제하려 하며, 아내는 보살피는 일을 방치하거나 가출, 별거 등의 행동으로 맞서는 것을 볼 수 있다.

통계청(2010) 자료에 의하면 황혼의 이혼사유는 성격차이, 경제문제 다음으로 가족 간 불화, 배우자 부정 순이다. 즉, 성격차이 이외에 노년의 경제적 빈곤이나 가족 간 불화가 결혼관계를 위협하고 있다. 또한 노년의 외도나 폭력은 갑자기 생긴 것이라기보다는 혼인기간 내내 지속되어 온 경우가 많다. 주로 여성이 피해자인데, 이들은 일생 동안 '늙으면 보자' 하면서 살아오다가 황혼에 마음에 품은 한을 풀고 있는 것이다. 그러나 70대 이후에는 이혼율도 낮고 증가폭도 별로 크지 않은 것을 보면, 아마도 60대를 어렵사리 넘기면 서로 의지할 곳이 없어서 남아 있는 여생을 함께 살아갈 가능성이 높아지는 것 같다.

어느 연령에서나 이혼이란 부부 당사자뿐 아니라 가족, 친지, 가까운 친구에게까지 정서적 아픔이 뒤따라오게 마련이다. 그러나 그 어느 시기보다 노년의 이혼은 경제적 타격, 외로움, 절망감을 더욱 몰고 온다. 남자 노인인 경우 당장에 먹고 입는 의식생활에 어려움을 겪게 될 뿐만 아니라, 이혼한 부모의 거취문제로 자녀들 간에 불화가 싹틀 수도 있다. 물론 황혼의 이혼이 오랫동안 불행한 결혼생활을 버티어 온 인고의 고통에서 벗어나려는 마지막 몸부림일 경우, 마땅히 이들을 위해서는 마지막 평안을 찾을 기회가 주어져야 할 것이다. 그러나 서로를 용서하고 수용하는 부부관계 개선프로그램 역시 노인들을 위해 마련될 필요가 있다.

(2) 홀로됨

중년 이후에는 사별, 이혼, 별거 등 홀로 사는 사람이 증가한다. 홀로 사는 노인 중에는 남자보다 여자가 훨씬 더 많다. 그 이유는 여자보다 남자의 평균수명이 더 짧고, 또 남자는 재혼 가능성이 더 높기 때문이다. 아내나 남편을 잃고 홀로된 노인은 사회적 활동이 감소하는 경향이 있는데 특히 여성은 남편으로 인해 맺었던 사회적 유대관계나 지위를 상실하게 되며 생활수준이 하락할 수가 있다.

그러나 홀로된 여성은 이웃, 친구와 친교를 맺고 취미활동을 하거나 교회, 사회기관 등에서 자원봉사나 사회활동을 하면서 혹은 자녀와 도움을 주고받으며 독신생활에 비교적 잘 적응해 나간다. 특히 남편이 살아 있을 때보다 더욱 유능해지고 독립적이 되는 경우가 있는데, 남편과 자녀를 보살피느라 억눌러 왔던 흥미와 재능을 계발하는 데 자신을 헌신할 수 있는 기회를 가질 수 있기 때문이다. 그러나 지나치게 남편에게 의존적이었거나 불행한 결혼생활이었을 경우 죄책감, 자포자기, 분노로 적응이 어려울 수도 있다(Aiken, 1995).

홀로된 여자보다는 남자가 더 외로움을 타고 동반자 관계를 절실히 필요로 하며 독신생활에 잘 적응하지 못하는 경향이 있다. 특히 평소에 동성친구들과 친밀하게 지내지 못한 사람은 아내가 사별 후 사회적으로 더욱 고립될 수 있다. 일반적으로 남자보다 여자에게서 우울증과 같은 정신적 질환이나 신체적 질병의 유병률이 높다(Stroebe & Stroebe, 1983). 그러나 홀로된 노인만을 비교하면, 여자보다는 남자의 신체·정신건강이 더 취약하며 사망률도 더 높다. 예컨대 결혼한 사람에 비해 홀로된 남자 노인은 신체·정신질환의 유병률이 더욱 높으며, 사망률 역시 동년배의 결혼한 남자보다 더욱 높다(Helsing & Szklo, 1981). 이것은 노후에 홀로 사는 데는 여자보다 남자가 훨씬 더 취약하다는 것을 말하고 있다.

(3) 재혼

"인간은 존재하는 동시에 사랑하며, 고통을 당하고 또 잊어버리며, 그리고 다시 시작한다―지금 이 순간이 영원하기를 바라면서." 클라크(C. Moustakas)의 이 말은 불행한 결혼생활로 인해 그토록 고통을 당한 사람이 왜 또 다시 결혼생활 속으로 들어가려고 하는지를 잘 묘사해 주고 있다. 이혼이나 사별한 사람은 상실의 상처로 텅 빈 가슴을 메우기 위해서도 새로운 사랑관계나 친구관계가 더욱 필요하게 된다. 그러나 현실적인 문제(경제, 의식주 해결, 자녀양육 등) 때문에 재혼하는 경우도 많다.

최근 들어 이혼이 증가하고 있는 추세에 발맞추어 재혼 역시 꾸준히 증가하고 있다. 재혼 남성과 초혼 여성의 혼인은 물론, 이혼 여성에 대한 사회적 시각이 부드러워지고 가부장적 결혼형태가 약화되면서 초혼 남성과 재혼 여성의 혼인도 증가하고 있다. 대체로 재혼한 경우, 참을 수 없는 구체적인 사유가 없는 한 조금은 더 결혼생활을 인내하려는 경향이 보인다고 한다. 그러나 최근 들어 재혼부부의 재이혼상담 역시 증가하고 있다(한국가정법률 상담소, 2010). 재혼가정은 초혼보다 더 복잡한 갈등상황과 폭력, 가출 등으로 인해 혼인을 지속하기 어려운 지경에 있는 경우가 많다. 특히 한국의 재혼가정에서는 자녀문제가 부부갈등의 주요한 구조적 요인으로 등장해 왔다 (한국가정법률상담소, 1999; 2010). 그래서인지 재혼가정의 재이혼상담이 초혼남 재혼녀, 재혼남 초혼녀보다 재혼남 재혼녀인 경우가 더욱 많다.

황혼의 재혼은 지난 10년 동안 괄목할만하게 증가하고 있다. 여자보다 남자의 재혼이 훨씬 많고 증가폭도 크다. 2010년 남자의 재혼 건수는 이혼의 50%를 능가하지만 여자의 재혼 건수는 이혼의 40% 수준이다. 이제 노인의 건강과 경제적 상태가 향상되었고, 차츰 자식과의 동거가 어려워지고

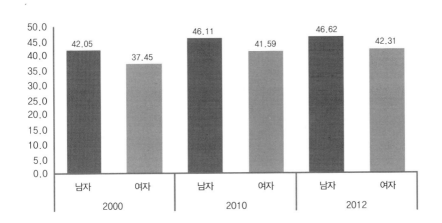

그림 8-4 재혼연령의 변화(2000~2012)

출처: 통계청. 인구동향조사

독립된 생활을 추구하기 시작하면서 황혼의 재혼은 점점 증가하고 있다. 특히 노후에는 여자보다 남자가 재혼하려는 욕구가 강하며, 훨씬 더 재혼하는 데 유리한 입장에 있다. 그것은 홀로된 남자보다 여자의 수가 훨씬 더 많기 때문이다(남1 : 여5). 남자는 아내와 사별한 후 대개 1~2년 이내에 재혼을 하게 되는데, 주로 이전 몇 년 동안 알고 지내던, 자신보다 더 젊은 여성과 재혼하는 경우가 많다(Bengtson et al., 1990).

노후에 재혼하는 동기는 성적인 욕구나 낭만보다는 주로 동반자 관계, 애정, 관심, 돌보아 주고 싶은 마음, 친밀감 때문이다. 특히 남자 노인은 동반자 관계, 성적인 욕구, 신체·정서적 지지가 재혼의 주요한 이유지만 여자 노인은 동반자 관계, 경제, 가정유지가 더 주된 이유다. 노인이 성적인 관계에서 얻는 것도 신체적 긴장의 해소나 쾌락보다는 정서적 따뜻함과 함께 있다는 느낌이다(Aiken, 1995).

대체로 50대 이후의 재혼인 경우, 자녀문제와 같은 갈등에서는 벗어날

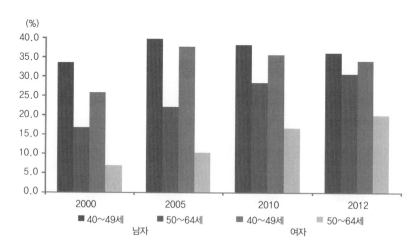

그림 8-5 성별에 따른 재혼율추이(2000~2012)

출처: 통계청(2012e), 인구동향조사.

수 있으나 또 다른 요인이 재혼을 방해한다. 노년에는 경제문제, 건강문제, 그리고 무엇보다 자녀의 반대, 체면 등이 재혼의 장애요인으로 작용하고 있다. 한 연구(서병숙, 김혜경, 1998)에 의하면, 노부모의 재혼에 대해서는 여자보다 남자가 더 긍정적으로 지각하고 있으나, 남녀를 불문하고 어머니의 재혼에 대해서는 매우 부정적이고 소극적인 태도를 보이고 있다. 그 근저에는 전통적 성 역할 태도, 새로운 가족관계에의 적응 그리고 상속 및 법률문제 등을 우려하는 마음이 있다.

노년에 재혼한다고 해서 꼭 행복이 보장되는 것은 아니지만, 대체로 혼자 사는 노인보다는 더 행복하다. 특히 건강이 좋고 경제력이 있으며, 이전의 결혼생활이 원만했을수록 재혼의 성공률은 더욱 높아질 가능성이 있다. 또한 자녀나 친구가 재혼에 대해 지지적일 때 노부부의 재혼생활은 더욱 행복해질 수 있다(Aiken, 1995). 그러나 노후에 재혼을 하려 할 때는 서로를 얼마나 잘 아는가? 친족, 친구들의 인정을 받는가? 수입은 어느 정도이며 어떻게 사용할 것인가? 재산분배는 어떻게 할 것인가? 어디서 살 것인가? 남아 있는 여생은 어떻게 보낼 것인가? 등의 문제를 잘 생각해 봐야 한다. 노년의 재혼이 성공할 확률은 아직 낮은데, 특히 경제적인 문제로 서로 의견이 맞지 않으면 정감이 쉽사리 식어 버릴 수 있다.

4) 부부가 잘 지낼 수 있는 노하우

우선 은퇴파티는 끝났다. 이제 당신과 남편은 남은 인생을 함께 헤쳐 나가야 한다. 직장을 다니든 가정주부이든 미래에 어떤 변화가 일어날지 걱정스러울 것이다.

당신이 반드시 해야 할 일 첫 번째 일은 은퇴한 남편과 살아야 하는 당신의 감정을 평가하는 것이다. 새로운 삶을 공포심 또는 걱정 또는 우려의 심정으로 접근하는 것은 아닌지? 긴장을 풀어라. 미지의 세계에 대한 공포가 누구에게나 있다. 그러나 미지에 대한 공포가 새로운 경험으로 나아가는 길을 방해하거나 마비시켜서는 안 된다.

다음은 부부가 잘 지낼 수 있는 노하우다.

① 남편의 은퇴를 플러스 시대의 개막으로 생각해라.
② 부부에게 알맞은 레저 활동을 즐겨라.
③ 남편의 새로운 면모를 찾아라.
④ 속도를 늦추고 우선순위를 새롭게 정해라.
⑤ 당신은 지금 은퇴한 전업남편과 살고 있다는 사실을 잊지 말아야 한다.
⑥ 풍요로운 미래를 위해 와이프 자신이 어디까지 헌신하고 동시에 지켜 나갈 것인지 결정할 필요가 있다.

은퇴란 출생, 죽음 그리고 사춘기 때와 함께 스트레스를 가장 크게 받는다는 게 전문가들의 공통된 지적이다. 지금 자기 남편이 은퇴 이전의 사람과 같은 사람이 될 수 없다는 것이다.

남편의 은퇴 이후 첫 몇 개월 동안 와이프들이 느끼는 감정들은 다음과 같다.

① 좌절(Angry)과 노골적인 적개심과 분노가 밀려온다. 그 이유는 남편이 은퇴하기 전까지는 마음껏 즐기며 이른바 인생의 보너스를 향유하고 살았지만 이제부터는 남편이 집에서 당신의 모든 움직임을 주시하고 더 나아가 의문을 제시한다.

② 두려움(afraid): 미지의 공포만큼 더 두려운 것은 없다.

③ 은퇴생활에 필요한 4C 은퇴기는 지금가지 일상의 결혼생활과는 크게 달라진다. 은퇴기가 이전과는 크게 달라질 거라는 두려움이 온다. 와이프를 가장 불안하게 만드는 요인이고 이는 부부가 이전보다 더 많은 시간을 보낸다는 점이다. 어떨 때는 24시간을 함께할 날도 있을 것이다. 성공적인 부부관계를 만들어 주는 핵심인 4C를 다시 배워 훈련하지 않으면 점심때마다 놀라게 될 것이다. 대화소통(communication), 배려(compassion), 동정심(compromise), 양립(compatibility)이다.

아내가 원하는 것은 항상 우선순위에서 두 번째였다. 하지만 자식들이 성장한 후에는 선택의 권리를 누릴 수 있었다. 아내의 자유는 이제 끝났다. 전지전능한 남편이 집에서 24시간 당신을 지켜보고 있기 때문이다.

앞에서 거론한 세 가지 감정 중 하나 또는 모두를 느껴도 초초해 하지 말라. 지극히 정상적이다. 당신이 해야 할 일은 이 같은 우려를 어떻게 처리하는지를 배우는 것이다. 남편이 은퇴하면 아내는 일단 한발 물러서 과도기를 갖는 전략이 중요하다. 다양한 의견 제시 등으로 남편을 숨 막히게 해서는 안 된다. 남편 스스로 상황을 해결하도록 해야 한다.

은퇴한 남편과 사는 열 가지 비결을 숙지하자.

① 매순간 사랑하는 남편과 가능한 한 많은 시간을 함께 하라. 과거에 대한 향수와 추억도 중요하지만 부부가 함께 사는 많은 부분은 현재와 미래 위에 세워져야 한다. 새로운 다른 시도를 두려워하지 말라. 오늘과 내일의 추억을 만들 당신의 좌우명이 되어야 한다.

② 대화하는 것을 배워야 한다. 대화는 말하는 것보다 듣는 것이 중요하

다는 것을 잊지 말라. 남편이 말하는 모든 얘기를 들어줘서 말하는 용기를 북돋워 주어라. 그리고 말을 끊지 말고 그가 자신의 생각을 표출할 수 있도록 해야 한다.

③ 유머 감각을 향상 유지하라. 재치 있는 언행은 남편의 분노를 억제하는 데 도움을 준다.

④ 당신이 남편을 돌보는 동안 당신이 학대 받는 일은 결코 있어서는 안 된다. 당신은 은퇴한 남편만큼 중요한 사람이다.

⑤ 비난조의 언급은 제거하라. "왜 그랬죠?" "당신은 왜 항상" 등으로 시작되는 질문과 언급은 결혼생활을 파괴한다. 다툼에 이르러도 아픈 과거를 꺼내지 말라. 오늘은 오늘이다.

⑥ 당신이 깊은 인상을 주고 싶은 사람에게 행하듯 남편에게도 예의 바르고 점잖게 행동하라.

⑦ 공평하고 열린 마음으로 행동했고 배우자의 필요를 만족시켜 주었다고 확신하는지 여부를 스스로 평가하라. 문제가 있다면 해결을 위해 부부가 함께 노력하면 된다.

⑧ 첫눈에 당신을 반하게 만든 그때를 결코 잊지 말라. 남편에게 과거의 사랑스러운 자취를 때때로 상기시켜 주어라. 남편의 내면은 끊임없는 사랑을 필요로 한다.

⑨ 감성적인 표현이지만 배려하라. 이 세 가지를 주는 부인과 사는 남편은 정말 행운아다.

⑩ 황금의 시간을 맞고 있다(golden years). 시간을 낭비하지 말라.

■ 참고문헌

김애순(2011). 장·노년 심리학, 시그마프레스.

김애순(2008). 장·노년 상담, 시그마프레스.

김용하, 임성은(2011). 베이비붐 세대의 규모, 노동시장 충격, 세대 간 이전에 대한 고찰, 보건사회연구, 제31권 2호, pp. 36-59.

김혜영(2005), 가족의식의 세대적 특성, 가족과 문화, 제17권 1호, pp. 115-146.

박덕배(2005), 베이비붐 세대(1955-1963), 노후대책 막막하다, 현대경제연구원.

박현식(2012). 베이비부머의 노후준비와 성공적 노후관계연구, 노인복지연구 제58권, pp. 281-302.

서병숙, 김수현(2000), 노년기 부부의 결혼만족도 연구, 한국노년학, 제20권 1호, pp. 55-67.

송성자(2002). 가족과 가족치료, 서울: 법문사.

유인순, 최수일(2012). 베이비부머의 성격특성이 노후준비행동에 미치는 영향: 천안지역 공단 근로자를 중심으로, 한국콘텐츠학회논문지, 제12권 4호, pp. 245-262.

정순둘, 이현희(2012). 가족특성과 노후준비의 관계: 베이비붐 세대와 예비노인세대의 비교, 노인복지연구, 제5권, pp. 1-24.

정경희(2012), 베이비부머의 가족생활과 노후 생활 전망, 보건복지포럼, 5월, pp. 40-49.

정경희, 남상호, 정은지, 이지혜, 이윤경, 김정석, 김혜영, 진미정(2012). 가족구조 변화와 정책적 함의: 1인 가구 증가현상과 생활실태를 중심으로, 보건복지부·한국보건사회연구원.

조흥식, 김인숙, 김혜란, 신은주(2012). 가족복지학, 서울: 학지사.

주영숙 역(1998). 노년을 사는 지혜(B.F. Skinner 저).

통계청(2012). 인구동향조사.

통계청(2010). 인구동향조사.

한국가정법률상담소(2010). 베이비붐 실태조사.

홍숙자(2011), 노년학개론, 서울: 도서출판 하우.

Adams & R. Blieszner (1989), Conceptual and methodological issues in studying friendships of older adults. Older adult friendship: Structure and process, *Sage focus editions, Vol. 103,* pp. 17-41.

Adams, R. G. & Blieszner, R. (1989). *Older adult friendship: Structure and process. Vol. 103.* Sage Publications, Inc.

Aiken, Lewis R.(1995), *Aging: An introduction to gerontology.*

Allan G. A. & Adams, R. G. (1989), Aging and Structure of friendship. In R.G.

Allan G. A., & Adams, R. G., (1989), *Aging and Structure of friendship.* In R.G.

Atchley, R. C. & Miller, S. J. (1983). *Types of elderly couples. Family relationships in later life*, edited by Timothy H. Brubaker.

Atchley, R. C. (2003). Why most people cope well with retirement, *Mental wellness in aging: Strengths-based approaches*, pp. 123-138.

Banko E. A. (1983). Social Support and adaptation to windowhood, *Journal of Marriage and the Family, Vol. 45*, pp. 827-839.

Bankoff E. A. (1983) Social Support and Adaptation to Widowhood, *Journal of Marriage and the Family, 45*, pp. 827-839.

Bengston, Rosenthal, & Burton, (1990). Families and ageing, Handbook of ageing and the social sciences.

Bengston, Rosenthal,& Burton (1986). Patterns of Intellectual Development in Later Life, *Journal of Family Issues. vol. 7*(2), pp. 115-130 .

Blazer & Manton (1986). Patterns of Intellectual Development in Later Life, *Journal of Gerontology, vol. 41*(4). pp. 486-499.

Bohannan, P. (1970). The six situation of divorce. In Bohannan, P.(Ed.), *Divorce and after.* New York: Doubleday.

Carstensen (1996). The process of successful ageing, *Ageing and Society, vol. 16*(4), pp. 397-422.

Carstensen et al., (1996). The Process of Successful Ageing. *Ageing and Society, Vol. 16*(4). pp 397-422.

Coleman, M., & Ganong, L. H. (1997). Stepfamilies from the stepfamily's perspective. *Marriage & Family Review, 26*(1-2), 107-121.

Finnegan Alfored-Cooper (1998). For keeps: Marriages that last a lifetime.

Gloria Bledsoe Goodman (1989). Keys to living with a retired husband.

Howard, J. H., Marshall, J., Rechnitzer, P. A., Cunningham, D. A., & Donner, A. (1982). Adapting to retirement. *Journal of the American Geriatrics Society, 30*, pp. 488-500.

J. Helsing & Moyses Szklo, (1981). MORTALITY AFTER BEREAVEMENT, *American Journal of Epidemiology. Vol. 114*(1) pp. 41-52.

Levenson, Carstensen & Gottman (1996). Handbook of Emotion, *Adult Eevelopment, and Aging.* chapter 13. pp. 227-247.

Levenson, Carstensen & Gottman (1996). Newberg Park; Sage Publication.

Levenson, Carstensen, & Gottman (1994). Influence of age and gender on affect, physiology, and their interrelations: A study of long-term marriages, *Journal of Personality and Social Psychology, Vol. 67*(1), pp. 56-68.

Paul James Bohannan With Bernard, Jessie. (1970). Divorce and After. *Garden City*, NY: Doubleday.

Reedy, Birren, & Schaie (1981). Age and Sex Differences in Satisfying Love Relationships across the Adult Life Span, *Human Development, Vol. 24*(1), pp. 52-66.

Stroebe, M. S., & Schut, H, (2001). Models of coping with bereavement: A review, *Handbook of bereavement research: Consequences, coping, and care*, pp. 375-403. American Psychological Association.

Stroebe, M. S., & Stroebe, W. (1983) Who Suffers More?. Sex Differences in Health Risks of the Widowed. *Psychological Bulletin, 93*, pp. 297-301. Enjoy old age-living fully in your later life(1983). 서울: 배영사

Stroebe, M. S., & Stroebe, W. (1983). Who suffers more? Sex differences in health risks of the widowed. *Psychological Bulletin, Vol. 93*(2), pp. 279-301.

Stroebe, M.S., & Schut, H., (2001). Models of coping with bereavement: A review. In M.S. Stroebe, R.O. Hansson, W. Stroebe, & H. Schut, (Eds.). Handbook of bereavement research: Consequences, coping and care. pp. 375-403. Washington, D.C. : American Psychological Association.

Suh, E., Diener, E., Fujita, F. (1996) Events and subjective well-being: Only recent events matter, *Journal of personality Social Psychology, 70*, 1091-1102.

Suh, E., Diener, E., Fujita, F. (1996). Events and subjective well-being: Only recent events and subjective well-being: only recent events matter, *Journal of personality Social Psychology, Vol. 70*, pp. 1091-1102.

베이비붐 세대의 노후준비

-노후준비 관련 국내 문헌 고찰-

1. 서 론

2013년 2월 스마트폰에서 자신의 노후준비 수준을 점검할 수 있는 애플리케이션이 등장했다. 바로 보건복지부에서 마련한 '노후준비지표'라는 서비스다. 무료로 다운받을 수 있는 노후준비지표 앱에 자신의 대인 관계, 건강, 재무상태, 여가활동 등을 입력하면 각 영역의 수준을 진단해 주고, 그 결과에 따라 맞춤형 노후준비 방법을 제공해 준다. 이와 같은 '노후준비지표' 애플리케이션은 정부의 「제2차 새로마지 플랜 2015」의 핵심과제인 노후설계지원사업의 일환으로 만들어진 것이다. 정부는 고령화 사회에 선제적으로 대응하기 위해 노후설계서비스를 지원하는 법과 제도를 추진하는 한편 국민 개개인이 노후준비에 관심을 갖도록 이와 같은 스마트폰 앱 서비스를 제공하고 있다. 베이비부머들의 본격적인 은퇴와 함께 '준비 안 된 노후는 재앙'이라는 표현이 공공연하게 회자되면서 노후준비에 대한 사회적 관심이 증가하는 현상을 배경으로 하고 있다.

그렇다면, 노후준비란 무엇을 의미하는 것일까? 다음에서 보다 구체적으로 살펴보겠지만 노후준비에 대한 명확한 개념적 정의는 아직 내려지지 않고 있다. 은퇴를 대비한 경제적 준비 차원에서 은퇴 준비 또는 은퇴 계획의 의미로 일컬어지던 노후준비는 학자에 따라 노후생활준비, 노후설계, 인생설계 등의 다양한 용어와 함께 비슷한 맥락에서 사용되고 있다. 이 장에서는 현재 많이 사용되고 있는 노후준비라는 용어를 사용하고자 한다.

제9장에서는 노후준비 관련 국내 선행 연구들을 살펴봄으로써, 베이비부머의 노후준비 연구에 보탬이 되고자 하는 목표를 가지고 기술되었다. 이장은 다음과 같은 내용으로 구성되었다. 첫째, 베이비부머와 노후준비의 필요성에 대해 살펴본다. 둘째, 노후준비에 관한 국내 학술 연구들의 동향을 살펴보면서, 노후준비에 대한 개념적 설명과 연구 동향을 정리한다. 셋째, 기존 노후준비 연구에 대한 분석 결과를 바탕으로 후속 연구를 위한 제언을 하고자 한다.

2. 베이비붐 세대 그리고 수면 위로 등장한 노후준비의 필요성

우리는 바야흐로 호모 헌드레드(Homo Hundred)를 꿈꾸는 시대를 맞이하였다. 기대수명 100세를 언급하는 것이 더 이상 신화 또는 공상과학 소설 속의 이야기처럼만 들리지 않게 된 것이다. 다시 말하면, 우리의 평균 수명이 연장되었다는 것인데, 그만큼 삶의 후반기가 길어졌다는 의미이기도 하다. 그러나 안타깝게도 평균 수명의 증가를 축복이라기보다는 걱정으로 여기는 시선이 존재한다. 우리나라의 노인 빈곤율 및 노인 자살률이 OECD

국가 중 1위라는 사실을 통해 우리 사회에서 살아가는 노인들의 삶이 얼마나 열악한지를 보고 있기 때문일 것이다. 여기에 베이비부머의 은퇴와 함께 더욱 심화될 인구사회학적 · 경제적인 변화는 길어진 노년기를 더욱 불안하게 여기게 한다. 베이비부머들은 우리나라 전체 인구의 14.6%를 차지하는 만큼 절대적인 규모면뿐만 아니라 총 인구에서 차지하는 상대적 비중이 상당한 세대다. 인생 후반기에 접어든 베이비부머들의 삶은 곧 우리나라 노인인구뿐 아니라 사회 전체적인 삶의 질과 밀접한 관련이 생기게 된다. 사회적인 부양부담의 증가가 예상되면서 이들의 노후준비에 대한 걱정스런 관심이 본격적으로 수면 위로 오르게 된 것이다.

베이비부머의 노후준비에 대한 필요성은 경제적 차원에서만 논의되는 것은 아니다. 이에 못지않게 노년기의 길어진 시간을 의미 있게 보내는 것에 관한 관심 역시 증가하고 있다. 지난 2012년 가을 보건복지부와 한국노인인력개발원 그리고 한국노인종합복지관의 공동 주최하에 두 번째로 개최된 〈8만 시간 디자인 공모전〉 같은 것이 그 예다. 8만 시간이란 은퇴 후 20년을 산다는 가정을 두고 수면과 식사 등을 제외한 여가 시간이 8만 시간이라는 것으로 가토 히토시라는 작가의 『8만 시간의 비밀』에서 처음 언급된 것이다. 베이비부머들은 은퇴 후 8만 시간 이상을 무엇을 하며 보내야 할지에 관한 고민을 앞두고 있다. 별다른 계획 없이 그 긴 시간을 맞이하는 것은 개인적으로는 무위(無爲)와 고독(孤獨)의 길이며, 사회적으로는 부담의 증가이자 연령차별적 시각의 심화로 이어질 수 있을 것이다. 〈8만 시간 디자인 공모전〉은 이와 같은 문제의식을 바탕으로 한 것이라 볼 수 있다. 이러한 공모전을 통해 노년의 삶을 미리 계획하고 준비하여 삶의 후반기에 할 일을 적극적으로 모색하도록 독려하는 것이다. 나아가 노년기에 대한 인식의 변화를 촉구하고 있다고 볼 수 있다. 평균 수명의 증가로 인해 길어진 노년기는 더 이상 삶을 마감하기 전 잠시 지나는 단계로서만 볼 수 없게 되었기 때문이다.

베이비부머가 보내게 될 호모 헌드레드 시대의 노년기는 이전 세대의 삶과 여러 모로 다를 것이다. 부모 세대보다 훨씬 높은 수준의 교육을 받고 사회 발전의 주역으로 뛰어온 베이비부머들은 이제 인생 후반기의 삶을 어떻게 살아가야 할지에 관해 도전이자 기회의 시간을 맞이하게 된 것이다. 베이비부머의 은퇴에 발맞춰 본격적으로 노후준비에 관한 사회적 관심이 커지고 있는 이유다. 이어서 노후준비에 관해 학계에서는 어떠한 행보를 보여왔는지 살펴보고자 한다.

3. 노후준비에 관한 국내 연구는 그동안 어떤 식으로 진행되었나

1) 선행 연구 동향을 살펴보는 이유

앞에서 살펴본 것처럼 최근 노후준비의 필요성에 대한 공감대가 형성되면서, 개인적 차원의 노후준비뿐 아니라 사회적·국가적 차원에서의 노후준비 방안에 대한 대책 마련이 시급한 시점이다(이소정 외, 2011). 이러한 맥락에서 그동안 이루어진 노후준비 관련 학술적 연구에 대한 검토를 통해 학문적·정책적 근거 기반을 다질 필요가 있다. 이와 같은 문제의식을 바탕으로, 이 장은 노후준비에 관해 어떠한 연구들이 진행되어 왔는지를 정리하고, 기존 연구들에서 나타난 특성과 한계는 무엇인지 살펴봄으로써, 향후 노후준비 연구의 발전방안을 모색하기 위한 지식기반을 마련하는 데 의의를 두고 있다.

2) 자료에 대한 소개

(1) 분석 대상

노후준비 관련 학술 자료를 살펴보기 전에 노후준비에 대한 개념적 정의를 찾고자 하였다. '노후'와 '준비'의 합성어라고 할 수 있는 노후준비는 노후생활에 대비하는 것이라는 의미일 것인데, 놀랍게도 이 단어에 대한 정의를 명확하게 기술한 자료는 찾기가 매우 어려웠다. 제5차 베이비붐 세대 미래구상포럼의 발제문에 의하면, 노후준비는 노년기의 삶을 대비한다는 의미로서 퇴직 준비라는 용어보다는 포괄적이지만 노년기에 겪을 수 있는 어려움에 대한 소극적 대처의 의미를 내포하고 있다. 노후준비와 유사한 개념으로서 보다 적극적으로 노후생활에 대처한다는 차원에서 노후설계라는 단어를 사용할 수도 있다(보건복지부, 2011). 그리고 노후 시기를 보통 은퇴 이후로 여기기 때문에 노후준비는 은퇴 준비와도 거의 유사한 의미로 사용되는 경향이 있다.

관련 학술 자료를 찾기 위해 학술 데이터베이스 검색을 실시하였다. 이 연구에서는 분석의 대상을 학술지에 게재된 국내 논문으로 한정하였는데, 그 이유는 다음과 같다. 국내 논문들의 영문 초록을 살펴본 결과 노후준비 또는 노후설계를 'preparing for old age, preparing for later years'로 번역하고 있었는데, 이와 같은 단어의 조합으로는 은퇴대비 재무설계에 관한 연구 이외의 관련 국외 논문을 찾기가 어려웠다. 이 연구의 한계이며, 노후준비 관련 연구의 한계일 수도 있다. 또는 노후준비라는 개념이 매우 광범위하여 명확하게 정의되지 않은 이유 때문이기도 하다.

이와 같은 한계를 염두에 두고 국내 자료를 살펴보기 위해 RISS, KISS 및 DBPIA 학술데이터베이스를 이용하였다. 주요 검색어로 '노후준비' 그리고 노후준비와 유사하게 사용되는 '노후설계' '노후(생활)대비' '은퇴 준비' '은퇴 계획' '퇴직 준비' '퇴직 계획' 등을 사용하여 검색한 결과 총 222건의 학술 논문이 검색되었다(2013년 2월 24일 기준). 특이한 사항은 '노후준비'라는 주제어를 통해 검색된 논문들이 그 외 주제어를 통해 도출된 자료를 거의 대부분 포함한다는 것이다. 적어도 국내 연구에서는 노후준비라는 용어가 노후설계, 은퇴/퇴직 준비 또는 은퇴/퇴직 후 계획이라는 용어를 포괄하는 의미로 사용되고 있다고 볼 수 있다.

총 222건의 검색물의 초록을 모두 검토하여 이 장과의 적합성 여부를 판단하였다. 초기 검색된 문헌은 발표 연도, 문헌의 종류와 연구 유형을 중심으로 1차 산정 과정을 거쳤다. 분석 대상에서 제외된 문헌의 종류는 재무상담 또는 금융상품 소개 자료, 연구보고서의 요약본, 학술대회 발표자료, 그리고 1~2페이지 미만의 칼럼 등이다. 부가적으로 분석할 문헌으로 선정된 자료의 참고문헌을 검토하여 고찰 대상에 포함되는 문헌은 없는지 확인하는 과정을 거쳤다. 이와 같은 과정을 통하여 최종 100건의 논문을 분석의 대상으로 선정하였다(〈표 9-1〉 참조).

표 9-1 분석 대상 논문

	년도	제목	제 1저자
1	1983	노후안정을 위한 청장년의 준비의식	김태현
2	1985	노후생활 대책에 대한 성년층의 의식 연구: 서울과 안동지방을 중심으로	손선경
3	1988	농가유형별 노후준비 실태분석	이영대

4	1992	중년기의 노후준비에 관한 의식조사	김미
5	1992	도시가계의 경제적 노후준비행동과 관련요인 연구	김성숙
6	1996	청소년의 부모부양의식과 중년기 부모의 노후준비도	이희자
7	1997	노후소득보장의 현실과 정책 방향	박성복
8	1997	주부의 노후생활준비의식·행동 및 경제 대책에 관한 연구: 서울시에 거주하는 30, 40대를 중심으로	이행숙
9	1997	은퇴준비를 위한 재무계획 프로그램 개발에 관한 연구: 가족생활주기적 관점의 재정복지실현을 중심으로	문숙재
10	1998	노후준비수단으로서의 공적·사적 연금 선호에 관한 실증연구	김기원
11	1998	퇴직자의 사회적응에 영향을 미치는 관련변인 탐색을 통한 퇴직준비교육 프로그램 모델 개발	허정무
12	1998	노년기 생활설계 프로그램 개발을 위한 기초연구: 중노년층의 노후생활계획을 중심으로	홍성희
13	2000	노년기준비교육 프로그램: 풍요로운 노후 가꾸기	전길양
14	2002	고령화 사회의 노후소득보장 제도	최성재
15	2002	중년기 농촌여성의 노후준비와 관련 변인 연구	양순미
16	2003	기업구성원의 퇴직에 대한 태도 및 퇴직준비 교육 요구	이주일
17	2004	여성들의 노후준비와 건강에 관한 연구	이동옥
18	2004	중년기 부부의 결혼만족도가 노후준비도에 미치는 영향	김윤정
19	2004	은퇴에 대한 태도 및 은퇴준비에 영향을 미치는 요인	배문조
20	2005	한국중산층 가계의 노후자금 적정성	여윤경
21	2005	한국성인세대의 노후준비에 관한 연구: 30·40·50대 기혼남녀를 중심으로	강유진
22	2006	중년층의 노후준비도 및 실버타운 선호도가 실버타운 입주 의도에 미치는 영향	하춘광
23	2006	중년기 봉급생활자의 노후부양책임의식에 따른 노후 경제적 준비	홍성희

〈계속〉

24	2006	중년기 남녀 봉급생활자의 은퇴계획 비교 분석: 경제적 준비와 건강준비를 중심으로	홍성희
25	2007	한국 가계의 은퇴준비에 관한 연구: 중산층 가계의 은퇴준비 충분성을 중심으로	여윤경
26	2007	남성 직장인의 은퇴계획유형과 경제적 준비에 영향을 미치는 요인	곽인숙
27	2007	직장인의 은퇴기대가 은퇴준비교육요구에 미치는 영향	배문조
28	2007	산업체 남성 근로자를 위한 은퇴준비 프로그램 개발 및 효과성 평가	안기선
29	2008	중·고령자의 경제적 노후준비와 결정요인	박창제
30	2008	한국 중·고령자의 노인교육이 노후준비에 미치는 영향	홍석태
31	2008	노후준비와 우울에 관한 연구	김효신
32	2008	연령별 재무적 노후준비 유형에 관한 연구	박창제
33	2008	중년층의 노후준비수준에 관한 연구	김양이
34	2008	중년의 노후생활준비도 및 요양시설 인식에 대한 연구	김귀분
35	2008	목회자의 경제적 노후준비에 대한 고찰	송창국
36	2008	20·30대 임금근로자의 은퇴재무설계에 관한 연구	차경욱
37	2009	중년 여성소비자의 라이프스타일과 노후생활 준비행동에 관한 연구	고정옥
38	2009	퇴직준비교육이 교원의 성공적 노후에 미치는 영향	박표진
29	2009	목회자의 경제적 노후준비 결정요인	송창국
40	2009	중년기 여성의 노후준비도와 성공적 노후에 대한 인식이 생활만족도에 미치는 영향	안현선
41	2009	중년기 성인의 노인에 대한 태도와 노후준비에 관한 연구	배문조
42	2009	중년층의 노후준비에 영향을 미치는 요인	조추용
43	2009	자녀교육비 및 노부모에 대한 생활비 지원이 둘째 자녀 출산의도와 노후준비에 미치는 영향: 20~45세 기혼여성을 중심으로	이선형
44	2009	중년층을 위한 웹기반 노년기 준비프로그램의 학습 효과	정영미
45	2009	도시거주 노인의 경제적 노후준비에 영향을 주는 요인 연구	이신영

46	2009	광주 · 전남 중장년층의 노년기 인식과 신체적, 경제적, 사회적 노후준비: 성차를 중심으로	이정화
47	2009	노인의 복지서비스 요구도 및 영향요인에 관한 연구	진연주
48	2009	한국의 은퇴준비지수산정에 관한 연구	최현자
49	2009	은퇴에 대한 인식 및 은퇴태도와 은퇴준비 행동의 인과관계 분석	정운영
50	2009	남편의 은퇴준비도와 아내의 결혼만족 관계에 관한 연구: 은퇴자 아내가 인지하는 자원보존감과 스트레스 수준의 영향을 중심으로	양영순
51	2009	원격교육을 통한 e노후생애설계 교육 프로그램에 관한 연구	강인
52	2010	충청남도 예비노인의 경제적 노후준비 실태에 대한 탐색적 연구	박현식
53	2010	라이프스타일이 노후준비도 및 생활만족도에 미치는 영향	김주성
54	2010	결혼해체를 경험한 베이비부머 여성의 경제적 노후준비 여부에 관한 연구	나지나
55	2010	생산직 근로자의 연령별 노후준비와 영향요인	김현미
56	2010	안정적 노후준비 가계의 특성 및 이에 영향을 미치는 요인 분석: 예비노인의 경제적 노후준비를 중심으로	이선형
57	2010	써드에이지 퇴직남성의 퇴직 남성의 퇴직준비학습경험이 성공적 노후에 미치는 요인: 자아정체성을 중심으로	이의수
58	2010	여성 무소득 배우자의 노후준비 현황과 정책적 함의	우해봉
59	2010	노후생활보장을 위한 주택연금 이용의향에 영향을 미치는 요인 연구: 55세 이상 고령자들을 중심으로	김영훈
60	2010	중년층의 사회적 노후준비 결정요인 분석: 성차를 중심으로	김백수
61	2010	기업종사자의 은퇴에 대한 인식 및 준비상식에 대한 연구	이순옥
62	2010	성인기의 노후준비의식과 노후준비행동에 관한 연구	전귀연
63	2011	고등학생의 '성공적인 노후생활 준비교육'을 위한 실천적 문제 중심 가정과 수업의 교수 설계와 개발	이종희
64	2011	인문계와 가사 · 실업 전문계 고등학생의 '성공적인 노후생활 준비교육'을 위한 가정과 수업의 적용과 효과	이종희

〈계속〉

65	2011	베이비부머의 노후를 대비한 시적 재무적 준비에 영향을 미치는 요인	박창제
66	2011	중년기의 성공적 노후생활에 대한 인식 및 노후생활준비의식이 노후생활준비행동에 미치는 영향	배문조
67	2011	한국노인의 노후생활에 관한 인식	이준우
68	2011	노후준비를 위한 경제적 의사결정에 가족이 미치는 영향	이선형
69	2011	베이비붐 세대의 장기요양준비 과정에 대한 근거이론적 접근의 질적 연구	정희원
70	2011	여성 결혼이민자의 라이프스타일, 부부관계만족도, 노후준비의식에 관한 연구	손희란
71	2011	울산광역시 베이비붐 세대의 노후 생산활동에 관한 연구	편상훈
72	2011	베이비붐 세대의 직업만족도와 경제적 은퇴준비 실태 분석	신계수
73	2011	베이비부머의 은퇴준비와 준비유형 결정요인 분석	백은영
74	2011	중년남성의 직장생활과 배우자와의 관계가 성공적인 노후준비에 미치는 영향	조성숙
75	2011	성공적 노후 교육프로그램의 수요도 및 효과성에 대한 실증적 연구	정종보
76	2012	중년층의 노후생활에 대한 인식이 노후준비행동에 미치는 영향: 노인복지제도 인지여부의 조절효과를 중심으로	김혜진
77	2012	노인의 과거 노후준비정도와 준비유형이 성공적 노화에 미치는 영향과 생활만족도의 매개효과	김동배
78	2012	성인들의 노화사실인지에 따른 노후준비의식과 성공적 노화에 대한 인식	배문조
79	2012	중년기 가계의 노후준비에 영향을 미치는 요인	조경진
80	2012	근로자의 개인적·직업적 특성과 노후준비와의 관계	최명화
81	2012	고령자의 노후준비에 따른 삶의 만족도에 대한 연구	이승신
82	2012	베이비부머의 노후준비와 성공적 노후 관계 연구	박현식
83	2012	가족특성과 노후준비의 관계: 베이비붐 세대와 예비노인 세대의 비교	정순둘

84	2012	중년여성의 노후준비에 관한 연구	이여봉
85	2012	베이비부머의 성격특성이 노후준비행동에 미치는 영향	유인순
86	2012	중·고령자들의 노인장기요양보험에 대한 인지여부와 노후준비 간의 관계에 대한 연구	권혁창
87	2012	금융위기 전후 도시근로자가계의 은퇴준비도 변화	최현자
88	2012	병원종사자들의 노후대책준비 내용 및 실행 정도	임정도
89	2012	베이비부머의 건강에 대한 인식 및 노후의료비 준비에 관한 연구	조혜진
90	2012	중년기 가정의 세대 간 경제적 자원이전과 노후생활 준비	김춘미
91	2012	노후생활비 준비에 따른 연금 수급액의 만족도에 관한 연구	이승신
92	2012	베이비부머의 부부관계특성이 노후준비에 미치는 영향 연구: 예비 노인과 비교를 중심으로	김미혜
93	2012	독신의 선택과 노후준비 및 정책적 지원방안 연구	양선정
94	2012	부동산을 활용한 은퇴가구 자산운용에 관한 연구	김재용
95	2012	베이비부머 세대의 성공적 노화	홍성희
96	2012	베이비부머의 노년기 근로지속의사 및 근로형태에 관한 연구	강은나
97	2012	경제수명의 산정을 통한 한국 가계의 은퇴준비도 측정	최현자
98	2012	노후생활인식 및 준비도가 은퇴기 주택규모 선택에 미치는 영향: 부산광역시 거주민을 중심으로	최상일
99	2012	베이비부머의 재정현황과 주택자산이 은퇴준비 정도에 미치는 영향	백은영
100	2012	베이비부머들의 은퇴에 대한 재정적 준비와 건강 준비의 관련 요인 탐색: 심리적 요인과 자원 요인을 중심으로	한경혜

(2) 분석틀 및 자료 분석

이 보고서의 분석틀은 김형수, 허평화(2010) 그리고 나승일, 김강호 (2008)가 사용한 선행 논문 분석의 틀을 참고하여 노후준비 관련 연구 분석에 적합하도록 수정하였다. 다음 〈표 9-2〉에서 보는 것과 같이 분석틀은 다섯 가지 영역으로 구성되었다. ① 연구 시기, ② 연구자 소속은 노후준비 논문의 일반적 특성을 살펴보기 위한 것이며, ③ 조사 대상, ④ 연구 유형은 논문의 방법론적인 면을 분석하기 위한 것이고, ⑤ 연구 목적은 논문의 연구 주제 동향을 살펴보기 위한 것이다. 분석의 대상인 100건의 논문을 분석 틀에 따라 코딩하였으며, 노년학 연구자로부터 코딩 결과를 검토 받는 과정을 거쳤다. 자료 정리와 분석은 Microsoft Excel 2007과 SPSS 14.0 프로그램을 사용하였다.

표 9-2 노후준비 관련 논문의 분석틀

구 분	내 용			
① 연구 시기	1983년~2012년			
② 연구자 소속	연구자의 학문적 배경			
③ 조사 대상	연령별	직업별	성별	기타
④ 연구 유형	조사연구 실험연구	이차분석연구 개별연구	질적연구	
⑤ 연구 목적	노후준비 실태 파악 노후준비 경험 심층이해	노후준비 관련 변인 간 분석 프로그램 개발과 평가	지표 개발	

비고
① 연구 시기에 대한 분석은 해당 논문이 출판된 시점을 정리한 것이다.
② 연구자의 소속에서는 연구자의 학문적 배경을 살펴보고자 하였다. 2인 이상 공동으로 수행한 논문의 경우, 제1저자의 배경을 대상으로 하였다.
③ 연구 대상은 자료 수집을 위해 연구자가 조사한 대상을 의미하며, 연령별, 직업별, 성별 그리고 기타로 분류하였다.
④ 연구 유형의 분석 기준은 자료수집 방법에 따라 다음과 같이 다섯 가지로 분류하였다. a) 전화설문 또는 대면설문을 통해 조사된 자료를 통계적으로 분석한 조사연구, b) 패널 자료 등을 활용하여 분석한 이차분석연구, c) 심층 면담 또는 관찰을 통해 얻은 비수량적 자료를 분석한 질적 연구, d) 프로그램 적용을 통해 개입 전·후의 변화를 조사한 실험연구, e) 프로그램 효과성 평가가 아닌 프로그램 개발이나 척도 개발에 초점을 둔 개발연구

⑤ 연구 목적은 해당 연구의 주요 목적에 관한 것으로 크게 다섯 가지로 분류하였으며, a) 노후준비 실태 파악, b) 노후준비 관련 변인 간 분석, c) 노후준비에 대한 심층 이해, d) 프로그램 개발과 평가, e) 지표개발 등으로 나누었다.

3) 결과

(1) 연구 시기별

학술데이터베이스에서 검색된 결과에 의하면, 1983년 『한국노년학』에 「노후 안정을 위한 청장년의 준비의식」이라는 논문이 처음으로 게재되었다. 뒤를 이어 1985년에 노후생활 대책에 한 성년층의 인식을 연구한 논문이 『한국가정관리학회지』에 실렸다. 1988년 「농가유형별 노후준비 실태」를 조사한 연구가 게재되면서 국민연금 제도의 도입과 함께 본격적으로 사회적 차원에서의 노후준비의 필요성을 언급하는 논문이 출판되었다.

1990년대에는 1992년 두 편의 노후준비 관련 연구가 출판되었으나 이후로는 드물게 진행되어 2000년까지 총 10편의 연구만이 출판되었다. 21세기 초반에도 노후준비 관련 연구는 드물게 이루어지며 2001년도부터 2007년까지 7년간의 기간 동안 15편의 연구가 출간되었다. 2008년을 기점으로 노후준비 관련 연구가 본격적으로 진행된 것으로 보인다. 2008년 8편, 2009년 15편, 2010년 11편, 2011년 13편, 그리고 2012년도에는 총 25편의 노후준비 관련 학술지가 출판되었다.

노후준비 관련 연구의 시기별 동향은 노인문제에 대한 사회적 관심의 증가와 그 맥락을 함께 한다고 볼 수 있다. 우리나라는 1990년대에 들어서면서 노인문제에 대한 사회적 관심이 높아지기 시작했다. 저출산·고령화로 인한 인구사회학적인 변화와 그에 따른 사회적 부담의 문제가 심각해지면서 고령인구 부양 대책에 대한 논의가 필요해졌기 때문이다. 그리고 최근 활발한 연구 진행은 전후 세대인 베이비부머가 은퇴하는 시기가 도래하면서 예비 노년층의 불확실한 미래에 적극적으로 대처할 수 있도록 노후준비의 필요성이 강조되는 사실을 반영하는 결과라고 볼 수 있다.

표 9-3 시기별 연구논문 분석표

년도	건수
1980년대	3
1990년대	10
2000~2007년	15
2008년	8
2009년	15
2010년	11
2011년	13
2012년	25
총계	100

비고:
1990년대: 1992년 2건, 1993년 1건, 1996년 1건, 1997년 3건, 1998년 3건
2000~2007년: 2000년 1건, 2002년 2건, 2003년 1건, 2004년 4건, 2005년 3건,
　　　　　　 2006년 3건, 2007년 4건

(2) 연구자의 학문적 배경

노후준비 논의의 출발은 노인 인구 비율의 증가와 평균 수명의 연장, 그리고 역사상 유례없는 저출산·고령화 현상의 심화로 기존 부양체계의 변화가 예고되면서 경제적 차원의 준비가 필요하다는 인식을 바탕으로 하고

있다. 또한, 노후준비의 중요성이 사회적 관심으로 부각되면서 경제적 차원의 준비를 넘어 여러 각도에서 다학제적으로 노후생활에 대한 준비를 고려할 필요가 있기 때문이다. 결국 노후준비 관련 연구의 궁극적 목적은 사회적, 국가적 차원의 부양부담을 감소시킬 수 있는 방안과 동시에 고령자의 삶의 질 향상에 기여하고자 하는 것이다.

노후준비 관련 연구 분석의 대상인 총 100건의 선행 연구가 어떠한 학문적 배경의 연구자에 의해 수행된 연구인가를 살펴보았다. 한국연구재단의 학문분류 방식을 참고하여 제1저자의 소속 학과(기관 또는 수여받은 학위)에 따라 정리하였다.

〈표 9-4〉에 의하면, 노후준비 관련 연구는 다학문적으로 이루어짐을 볼 수 있다. 과반수에 가까운 연구가 사회복지학자(46%)들에 의해 수행되었는데 사회복지라는 학문의 목적과 특성에 따라 노인문제 해결과 개입이라는 측면에서 연구를 수행한 것으로 이해할 수 있다. 노후준비 연구의 총 27%에 해당하는 논문은 경영학·금융·자산관리학(11%) 및 소비자학(16%) 학자들에 의해 진행되었다. 노후준비가 경제적 차원의 은퇴 준비와 거의 동일시되는 경향을 반영하는 결과라고 보인다. 그 뒤를 이어, 가족상담, 가정관리, 아동가족 등 가족학(14%)의 배경을 가진 연구자들이 노후준비 관련 연구를 수행하였다. 노후준비는 가족부양의식과 깊은 연관이 있으며 가족 전체의 삶과 직결되는 점에서 가족체계적 관점 및 생애주기 관점이 필요한 것이다. 노후준비 연구를 수행한 기타 학문 배경(총 13%)으로는 평생교육, 간호학, 농학, 보건행정, 사회학, 심리학, 여성학, 신학 등이 있었다.

표 9-4 **연구자의 학문적 배경 분석표**

대표저자의 학문적 배경	명수
사회복지(노인복지 포함)	46명
소비자학(소비자인간발달, 소비자정보학 등)	16명
경영 · 금융학 · 자산관리	11명
가족학(가족상담, 가정관리, 아동가족, 등)	14명
기타(평생교육학, 간호학, 행정학, 신학, 사회학, 심리학 등)	13명
총계	100

(3) 조사 대상

조사 대상은 연구자가 조사한 대상을 분석한 것으로 주로 역연령별 또는 직업별로 구분이 되었다. 그러나 명확하게 연령대를 밝혔다기보다는 '청장년' 또는 '중고령'의 식으로 명시하고 있었다. 〈표 9-5〉에서 보는 것처럼 조사 대상을 명확하게 베이비부머라고 제시한 논문은 13편이 있었고, 폭넓은 연령층을 포함한 논문(예를 들어, 성인 또는 청장년, 중고령, 예비노인을 포함하여 조사한 논문)은 40편이 있었으며, 60세 이상 고령자를 대상으로 하여 노후준비를 살펴본 연구도 11편이 있었고, 고등학생과 청소년을 대상으로 부모 부양의식 파악 또는 노후준비 프로그램 개발을 목적으로 하는 연구도 세 편이 있었다(이종희, 2011; 이종희, 조병은, 2011; 이희자, 김영미, 1996).

조사 대상을 연령별이 아닌 직업군으로 조사한 연구들도 있다. 예를 들어, 근로자, 산업체 종사자, 대기업 종사자, 교원, 자영업자, 목회자, 병원 종사자 등의 노후준비 인식과 준비도 등을 살펴보고 있었다. 이상의 연구들이 성별 구분 없이 노후준비에 관해 조사했다면, 다음과 같은 9편의 연구는 여성만을 대상으로 이들의 노후준비 수준 또는 노후준비에 영향을 미치는 요인들을 파악하고자 하였다. 주부의 노후생활준비의식과 행동(이행숙, 1997), 농촌 여성의 노후준비(양순미, 홍숙자, 2002), 여성의 노후준비와 건강(이동옥, 2004), 중년 여성소비자의 노후준비 행동(고정옥, 김정숙, 2009), 기혼 여성의 자녀 교육비 등이 노후준비에 미치는 영향(이선형, 2009), 중년 여성의 노후준비도와 성공적 노후에 대한 인식(안현선 외, 2009), 여성 무소득 배우자의 노후준비 현황(우해봉, 2010), 결혼 해체를 경험한 여성의 경제적 노후준비 여부(나지나 외, 2010), 여성 결혼이민자의 노후준비의식(손희란, 송선의, 2011), 중년 여성의 노후준비 경험(이여봉, 2012) 등이 그 예다.

이와 함께, 부부 또는 가구를 대상으로 노후준비 실태와 관련 영향 요인들을 파악한 연구도 9편이 진행되었다(김성숙, 1992; 김재용, 2012; 김춘미, 2012; 양영순, 2009; 여윤경, 2005, 2007; 정순둘 외, 2012; 조경진, 2012; 최현자, 2012). 이 밖에, 독신가구의 증가를 반영하듯, 독신자의 노후준비 및 정책적 지원에 관한 연구도 진행되었다(양정선, 2012).

표 9-5 조사 대상

(단위: %)

조사대상	빈도			
연령별	청년 포함 일반	40	노인	11
	베이비부머	13	청소년	3
직업별	14			
성별(여성)	9			
부부/가구 단위	9			
기타	1			
총계	100			

비고:
직업별 예: 일반 근로자, 산업체, 대기업, 교원, 자영업자, 목회자, 병원종사자 등

(4) 연구 유형

노후준비 관련 논문의 연구유형은 〈표 9-6〉와 같이 총 100편의 논문 중 설문조사를 통해 얻은 자료를 통계적으로 분석한 조사연구방법을 사용한 논문이 70편으로 가장 많았다. 다음으로 여러 기관에서 대단위로 조사한 자료 또는 패널조사 자료를 활용한 이차분석 연구가 17편 진행되었다. 이 에 비해 문헌연구, 질적 연구 그리고 실험연구는 상대적으로 저조한 것으로 나타났다.

이차자료분석 연구에서 활용한 자료들은 중앙일보 재정칼럼 자료(여윤 경, 2005), 통계청의 사회통계자료(박창제, 2008; 송창국, 2008), 통계청의 도시가계조사(최현자 외, 2009), 여성가족부의 여성가족패널자료(나지나 외, 2010), 한국보건사회연구원의 베이비부머의 생활실태 및 복지욕구(신계수, 조성숙, 2011), 노동연구원의 고령화 연구패널자료(박창제, 2011), 서울시 복지재단의 서울시복지패널자료(김동배 외, 2012), 대구광역시의 노인생활 실태 및 욕구조사(이승신, 2012), 국민연금원의 국민노후보장패널(김혜진, 2012; 우해봉, 2010), 통계청의 가계금융조사자료(백은영, 정순희, 2012; 최현

표 9-6 **연구 유형**

(단위: %)

연구 유형	빈도
조사연구	70
이차분석	17
문헌연구	3
질적 연구	4
실험 연구	6
총계	100

자 외, 2012), 서울대학교 노화·고령화 사회연구소의 한국 베이비부머 패널자료(한경혜 외, 2012), 한국여성정책연구원의 여성가족패널조사(이여봉, 2012) 등이 있었다.

(5) 연구 목적

① 논문의 연구 목적

〈표 9-7〉에서 보는 바와 같이 연구 목적을 크게 다섯 가지로 구분하여 분석하였다. 총 100편의 학술논문 중에서 노후준비 실태 파악 및 노후준비에 영향을 미치는 요인 분석 논문은 8편, 그리고 노후준비에 영향을 미치는 변인 분석 및 관련 변인 간 관계를 검증한 논문은 81편이 있었다. 이는 기존 연구들이 집중적으로 노후준비 관련 영향 요인 분석에 할애하고 있고, 노후준비를 돕는 전략 또는 방법적 접근에 관한 연구는 상대적으로 소홀하게 이루어졌음을 의미한다. 예를 들어, 문헌 조사를 통해 국제적 비교가 가능한 은퇴준비지수를 개발하고자 한 연구가 한 편 있었고(최현자 외, 2009), 노후준비 관련 프로그램 개발 또는 평가를 수행한 연구는 여섯 편이 있었다(예: 노후생활준비교육 프로그램, 은퇴준비 프로그램, 웹기반 노년기준비교육 프로그램, e-노후생애설계 프로그램, 고등학생 대상 성공적인 노후생활준비교육 등).

그 밖에 질적 연구방법을 통하여 노후준비에 대한 심층 이해를 목적으로 한 연구는 네 건이 있었다. 각각 중고령 여성의 건강관리에 초점을 맞추어 노후에 대비하는 경험을 살펴본 연구(이동욱 2004), 노인을 대상으로 노후 생활에 대한 인식을 조사한 연구(이준우 외, 2011), 베이비부머의 장기요양 준비 경험을 이해하고자 한 연구(정희원 외, 2011) 그리고 베이비부머가 생각하는 성공적 노화에 대한 인식과 성공적 노화를 위한 준비 방법을 살펴본 연구(홍성희, 곽인숙, 2012)가 있었다.

표 9-7 연구 목적

(단위: %)

연구 목적	빈도
노후준비 실태 파악 및 노후준비 영향 요인 분석	8
노후준비에 영향을 미치는 변인 분석 및 관련 변인 간 관계 분석	81
국제비교 가능한 은퇴지수 개발	1
노후준비 프로그램 개발 또는 평가	6
노후준비 경험에 대한 심층 이해	4
총계	100

② 노후준비 연구의 개념적 틀 및 주요 변인

바로 위에서 기존 노후준비 연구의 87%는 설문조사 또는 이차자료를 통해 이루어진 연구인 것을 살펴보았다. 그런데 대부분의 연구가 노후준비에 대한 개념적 설명을 하지 않았고, 이론적 논의도 충분히 다뤘다고 보기 어려우며, 노후준비를 거의 은퇴를 대비한 재무준비 차원에서 접근하고 있었다. 현행 노후준비 연구의 개념적 틀은 거의 대부분 성공적 노화를 위해서는 효과적인 노후생활 준비가 필요하다는 것에서 출발하고 있었다. 최근 성공적 노화의 맥락에서 노인의 삶을 조망하는 관점의 영향을 받고 있기 때문일 것이다. 그러나 성공적 노화 개념을 제시하였다 하더라도 이론적 배경 부분에서 언급하는 정도이며, 이론을 기초로 하여 가설 검증을 하기보다는 노후준비 정도와 성공적 노화라는 변인 간의 관계를 설명하고 있는 수준이다(박표진, 2009; 박현식, 2012; 배문조, 2011, 2012; 안현선, 2009; 이종희, 2011; 정종보, 2011; 조성숙, 2011).

성공적 노화라는 개념적 틀 이외에 노후준비 연구에서 검증을 시도한 이론으로는 가족생활주기적 관점(문숙재, 1997), 앤더슨(Anderson) 모형(나지나 외, 2010; 박창제, 2008), 건강신념모델(조혜진, 2012), 생애주기가설(한경혜 외, 2012) 그리고 계획적 행동이론(백은영, 정순희, 2012) 등이 있었다.

 노후준비 실태 조사는 설문지에 기재한 조사 대상자의 응답 또는 패널 자료의 분석을 통해 은퇴 후 필요한 적정 수준의 재무 대비 여부 또는 준비 정도를 조사하고, 대상자의 인구사회학적 특성에 따라 준비 정도가 다르다는 결론을 내리고 있다(박창제, 2008; 박현식, 2010; 신계수, 조성숙, 2011; 이영대, 1988; 여윤경, 2007). 이들 조사에 의하면, 연구에 따라 노후준비 비율에 차이가 나타나지만, 조사 대상자의 44.8%(박현식, 이선형, 최은희, 2010)에서부터 80% 이상이(백은영, 2012) 어떠한 방식으로든 노후준비를 하고 있다고 응답하였다. 대체로 연령이 높을수록, 학력 수준이 높을수록, 건강 상태가 좋을수록 그리고 여성에 비해 남성이, 가족 순 자산이 많거나 주택 소유자가 노후준비에 적극적이며 많이 하고 있는 것으로 조사되고 있다.

 거의 대부분의 노후준비 연구는 노후준비에 영향을 미치는 변인 분석 및 관련 변인 간의 관계를 분석하는 형태로 이루어졌으며, 실제 노후준비행동보다는 노후준비인식에 영향을 미치는 요인들을 분석하였다. 다시 말하면, 노후준비 실태를 살펴본 연구들 이외에는 주로 노후준비인식이라는 대체 개념으로 노후준비에 관해 연구한 것이다. 노후준비인식을 측정하기 위하여 표준화된 도구는 아직 없는 것으로 보인다. 이들 연구들은 기본적으로 조사 대상자의 일반적인 특성 및 노후준비 정도를 살펴보기 위하여 빈도 분석 및 기술통계를 실시하였으며, 보통 각 영역의 노후준비 여부와 준비 도에 따른 조사 대상자들 간의 차이점이 있는지 알아보기 위해 교차분석과 t-test를 실시하였다. 그리고 종속변수(예: 노인에 대한 태도 등)에 따른 노후준비수준을 분석하기 위해 상관관계분석 또는 회귀분석을 실시하였다.

대다수의 연구가 경제적 노후준비에 초점을 맞추고 있는 것에 반해, 노후준비의 영역을 경제적 노후준비, 신체적 노후준비 그리고 사회적 또는 정서적 노후준비 등 보통 세 가지 측면으로 나누어 살펴보거나(김백수, 이정화, 2010; 김양이, 2008; 배문조, 2011, 2012; 안기선 외, 2007; 이정화, 2009; 조추용 외, 2009), 여가와 주거 등의 준비를 포함하여 노후준비 인식 또는 준비를 조사한 연구들도 진행되었다(김귀분 외, 2008; 최상일, 2012).

노후준비 여부 또는 준비도에 영향을 주는 요인들을 살펴보면, 성별, 연령, 결혼상태, 건강상태 등 사회인구학적 변인 외에는 주로 경제 및 재무와 관련된 변수들로서 현 재정 상태에 대한 인식, 소득과 자산 그리고 주택소유 여부 등이었다. 이 밖에, 자녀양육, 노후 또는 은퇴에 대한 태도와 기대, 부부간 결혼만족도, 성인자녀와 노부모의 세대 간 관계, 노후준비에 방해요인 여부(예: 자녀교육비와 노부모 부양비) 등도 노후준비에 영향을 미치는 요인들로 나타났다. 반면, 노후준비 여부 및 준비도가 생활만족도, 결혼만족도, 삶의 질, 우울감에 미치는 영향을 검토한 연구들도 보고되었다(김미혜, 문정화, 신은경, 2012; 김효신, 2008; 손희란, 송선희, 2011; 안현선 외, 2009; 양영순, 2009).

극소수이긴 하지만 노후준비를 돕는 프로그램의 효과를 살펴본 연구들도 진행되었다. 다음과 같은 다섯 편의 연구는 노후준비 교육 프로그램이 참여자의 삶에 미치는 영향을 평가하고자 하였다. 예를 들어, 중고령자들이 노년기 준비교육을 받으면서 사전·사후검사를 하였는데, 노후준비 태도와 인식이 향상되었다고 보고한 연구도 진행되었다(전길양 외, 2000). 중고령 근로자들이 6주간의 은퇴 준비 프로그램에 참여한 후 통제집단에 비해 경제적, 신체적, 정서적 준비도가 향상되었고(안기선, 김윤정, 2007), 웹

기반 노년기 준비 프로그램에 참여한 중장년층은 노인에 대한 지식과 태도
에서 유의미한 변화를 경험하였다고 한다(정영미, 2009). 또한, 성공적 노화
달성이라는 목표를 가지고 e-노후생애설계교육을 실시한 후, 프로그램에
참여한 20대에서 60대의 성인 참여자들은 노년기에 대한 이해, 노후의 인
간관계와 자산관리, 노후심리, 주거준비 및 건강관리 영역에서 모두 향상된
지식을 갖게 되었다고 보고하는 프로그램 평가 연구도 진행되었다(강인 외,
2009). 정종보와 임왕규(2011)가 개발한 성공적 노후 교육 프로그램은 성
공적 노후를 여섯 개의 영역으로 나누어 교육하였고, 프로그램에 참여한 노
인들은 각각 건강관리, 재무, 사회참여, 여가, 관계 및 자아정립 면에서 긍
정적인 변화가 있었다고 한다.

4. 결론

이 장에서는 우리나라에서 진행된 노후준비 관련 학술 연구의 동향을 살
펴보았다. 최근 베이비붐 세대의 본격적인 은퇴가 우리 사회에 미치는 영향
에 대한 논의가 활발히 이루어지고 있는 가운데 학계에서는 어떠한 식으로
노후준비 연구를 진행하였는지를 살펴봄으로써 향후 노후준비 연구의 발전
방안을 모색하고자 하였다.

다음과 같은 분석 틀을 바탕으로 총 100편의 노후준비 관련 논문을 살
펴보았다. 노후준비 논문의 일반적 특성을 살펴보기 위하여, ① 연구시기,
② 연구자 소속을 분석하였고, 논문의 방법론적인 면을 분석하기 위하여,
③ 조사 대상, ④ 연구 유형을 살펴보았으며, 연구 주제 동향을 살펴보기 위
해, ⑤ 연구 목적과 연구의 개념적 틀 및 주요 변인을 정리하였다.

선행 연구 동향 분석에 의하면, 1983년 노후준비 관련 연구가 처음 출판되었으나 이 주제에 대한 연구가 본격적으로 이루어진 것은 비교적 최근의 일이다. 사회복지학을 비롯한 다양한 학문적 배경의 학자들에 의해 수행된 노후준비 연구는 주로 중장년층을 대상으로 이들의 노후준비실태 및 의식을 파악하고 이것에 영향을 미치는 요인들을 검증하고자 하였다. 대부분의 선행 연구는 노후준비를 거의 은퇴를 대비한 재무준비 차원에서 접근하며 성공적 노화를 위해서는 개개인의 효과적인 노후생활 준비가 필요하다는 입장에서 수행한 것으로 파악된다.

베이비부머가 노년기에 진입하는 앞으로의 사회는 길어진 평균 수명과 고령 인구의 증가로 인해 개인적, 사회적, 국가적 차원의 비용 부담이 급격히 증가할 것이기에 노후준비의 중요성이 그 어느 때보다 중요한 현 세태를 반영하는 것이다. 동시에 이들 연구의 배경에는 옛날 노인 세대에 비해 높은 경제력과 교육 수준을 갖춘 신노년층이 많아짐에 따라 노년기를 바라보는 시각이 변한 것도 있다. 최근 노년학 연구의 주요 담론인 '성공적 노화' 또는 '활기찬 노화'의 개념에 따라 노년기의 삶을 보다 주체적이며, 적극적이고, 생산적인 관점에서 전개해 나가고자 하는 요구를 반영하고 있는 것이다.

선행 연구들에 의하면 우리나라 중장년층은 노후에 대한 준비의식은 높으나, 실제 준비는 미흡한 편이다. 노후준비의식과 준비행동은 개인의 인구사회학적 특성 및 경제적 상황, 가족부양의식 등에 따라 달라지며, 노후준비에도 양극화 현상이 나타난다(이소정 외, 2011). 이들 연구의 아쉬운 점은 노후준비에 대한 개념적 정의 및 이론적 적용의 부재로 인해 노후준비와 관련 요인들 간의 설명이 탐색적 수준에 그치고 있는 점이다. 노후준비에 영향을 미치는 것으로 주로 성별과 연령 등 인구사회학적 변인, 즉 개입으로 변화되기 어려운 속성에 초점을 맞추어 검증한 것도 또 다른 한계다. 노후준비의 수준과 현황을 보여 줄 수는 있으나 구체적으로 어떻게 노후준비가 이루어지고 있는지 그리고 베이비부머의 노후준비는 다른 세대와 어떻게 다르게 이루어져야 하는지에 관한 실천적인 함의를 제공해 주지는 않기 때문이다.

이러한 한계점으로 인해, 기존 연구에서 내놓은 대안은 성공적 노년을 보내기 위해서 노후준비는 매우 중요하며 가능한 일찍 시작해야 한다는 점에서 크게 벗어나지 않는다. 또한, 많은 연구가 노후준비가 미흡한 것에 대한 해결책으로 노후준비 교육 프로그램을 제안하고 있다. 노년기를 생애주기의 연속선상에서 보기보다는 단절된 것으로 보며, 노화의 경험을 동질적인 현상으로 보는 시각을 바탕으로 하고 있기 때문이다. 그러나 기존 노후준비 연구가 간과하는 점은 노년기의 삶은 그 어떤 시기보다도 이전 단계의 생활 양식과 삶의 경험 그리고 사회문화적 환경에 따라 다양하게 전개되는 만큼 노후준비에 획일적인 정답은 없다는 것이다. 또한, 노년기에 어떤 모습으로 사는 것이 성공적이라고 전제하거나 규정하기는 것도 쉬운 일은 아니라는 것이다.

이런 점에서 노후준비란 인생의 특정 주기에만 국한하지 않고 전 생애 발달과정을 통해서 지속적으로 쌓여 만들어져 가는 것이라는 주장이 설득력 있게 제기된다(강인 외, 2009). 노후준비란 특정 시기만을 위한 준비라기보다는 더 나이 드는 것에 대비하는 것이라고 접근하는 것이다. 더 나이 드는 것에 대한 방어적 차원이라기보다는 계속 새롭게 바꾸고 적응하면서 인생의 다음 단계로 나아가는 준비를 하는 것이다.

무엇보다 100세 시대 베이비붐 세대는 과거 노인들과 여러모로 다른 노년기를 보내게 될 것이다. 평균 수명의 증가는 단순히 더 오래 살게 된다는 의미만은 아니며 우리 삶의 모습과 방식이 바뀌는 것일 것이다. 노인 인구가 갈수록 증가하면서 사회의 인구 구성이 달라지고 인류의 생활에 근본적인 변화가 일어날 수 있다. 연장된 수명만큼 길어진 베이비부머의 인생은 어떻게 달라질 것이며, 이들의 노년기의 발달과업은 무엇이 될 것인가? 앞으로의 노후준비에 관한 연구는 장기적인 안목과 생각의 전환을 필요로 한다.

후속 연구를 위한 질문을 던지면서 이 장을 마무리하고자 한다. "100세 시대 베이비부머의 노후준비란 과연 무엇을 의미하는 것일까?""과연 100세 시대의 베이비부머는 노후의 삶에 어떠한 기대를 가지고 있을까?""길어진 노년기 또는 '또 다른 인생의 단계'를 소위 '성공적'으로 보낸다는 것은 무슨 의미일까?" 그리고 "다가오는 100세 시대의 사회와 국가는 베이비부머에게 어떠한 기반을 제공할 수 있는가?" 이와 같은 질문에 대한 답을 찾아가면서 베이비부머 세대에 어울리는 다양한 유형의 노후준비가 그 모습을 드러낼 것이다.

📖 참고문헌

강유진(2005). 한국 성인세대의 노후준비에 관한 연구: 30 · 40 · 50대 기혼남녀를 대상으로. 한국지역사회생활과학회지, 16(4), 159-174.

강은나, 김혜진, 김영선(2012). 베이비부머의 노년기 근로지속의사 및 근로형태에 관한 연구. 노인복지연구, 55, 159-182.

강인, 권금주, 이서영, 김동환(2009). 원격교육을 통한 e-노후생애설계 교육프로그램에 관한 연구. 한국가족관계학회지, 14(1), 191-211.

고정옥, 김정숙(2009). 중년여성소비자의 라이프스타일과 노후생활 준비행동에 관한 연구. 소비자정책교육연구, 5(3), 17-39.

곽인숙, 홍성희, 이경희(2007). 남성 직장인의 은퇴계획유형과 경제적 준비에 영향을 미치는 요인. 한국가족자원경영학회지, 11(2), 21-42.

권혁창(2012). 중 · 고령자들의 노인장기요양보험에 대한 인지여부와 노후준비간의 관계에 대한 연구. 보건사회연구, 32(4), 219-248.

김귀분, 박민숙, 석소현(2008). 중년의 노후생활준비도 및 요양시설 인식에 대한 연구. 지역사회간호학회지, 19(3), 480-494.

김기원(1998). 노후준비수단으로서의 공적 · 사적 연금 선호에 관한 실증연구. 장신논
　　단, 14, 216-259.

김동배, 정규형, 이은진(2012). 노인의 과거 노후준비정도와 준비유형이 성공적 노화에
　　미치는 영향과 생활만족도의 매개효과. 노인복지연구, 58, 325-352.

김미(1992). 중년기의 노후준비에 관한 의식 조사. 광주보건대학 논문집, 17, 231-251.

김미혜, 문정화, 신은경(2012). 베이비부머의 부부관계특성이 노후준비에 미치는 영향
　　연구: 예비노인과 비교를 중심으로. 한국가족관계학회지, 17(3), 211-239.

김백수, 이정화(2010). 중년층의 사회적 노후준비 결정요인분석: 성차를 중심으로. 한국
　　지역사회복지학회, 21(3), 411-425.

김성숙, 박운아(1992). 도시가계의 경제적 노후준비행동과 관련요인 연구. 소비자학연
　　구, 3(2), 45-57.

김양이, 이채우(2008). 중년층의 노후준비 수준에 관한 연구. 한국 사회복지조사연구,
　　19, 55-82.

김영훈(2010). 노후생활보장을 위한 주택연금 이용 의향에 영향을 미치는 요인 연구:
　　55세 이상 고령자들을 중심으로. 한국 사회복지조사연구, 24, 31-59.

김윤정, 최윤희(2004). 중년기 부부의 결혼만족도가 노후준비도에 미치는 영향. 노인복
　　지연구, 24, 197-213.

김재용, 장영길(2012). 부동산을 활용한 은퇴가구 자산운용에 관한 연구. 한국주택학회,
　　20(4), 125-155.

김주성, 최수일(2010). 라이프스타일이 노후준비도 및 생활만족도에 미치는 영향. 한국
　　가족복지학, 15(3), 97-119.

김순미, 고선강(2012). 중년기 가정의 세대 간 경제적 자원이전과 노후생활 준비. 한국
　　가족자원경영학회지, 16(2), 59-76.

김태현, 김은선(1983). 노후 안정을 위한 청장년의 준비의식. 한국노년학, 3(1), 16-27.

김현미, 최연희(2010). 생산직 근로자의 연령별 노후준비와 영향요인. 한국직업건강간호
　　학회지, 19(2), 117-127.

김혜진(2012). 중년층의 노후생활에 대한 인식이 노후준비행동에 미치는 영향: 노인복
　　지제도 인지여부의 조절효과를 중심으로. 한국 사회복지조사연구, 32, 53-80.

김효신(2008). 노후준비와 우울에 관한 연구. 벤처창업연구, 3(4), 117-128.

나지나, 백승애, 신은경, 김미혜(2010). 결혼 해체를 경험한 베이비부머 여성의 경제적
　　노후준비 여부에 관한 연구. 보건사회연구, 30(2), 29-54.

문숙재, 김순미(1997). 은퇴준비를 위한 재무계획 프로그램 개발에 관한 기초연구: 가족
　　생활주기적 관점의 재정복지실현을 중심으로. 대한가정학회지, 35(5), 1-15.

박성복(1997). 노후소득보장의 현실과 정책방향. 한국행정논집, 9(2), 295-312.

박창제(2011). 베이비부머의 노후를 대비한 사적 재무적 준비에 영향을 미치는 요인. 사
　　회보장연구, 27(4), 327-351.

박창제(2008). 연령별 재무적 노후준비 유형에 관한 연구. 사회보장연구, 24(4), 139-166.

박창제(2008). 중·고령자의 경제적 노후준비와 결정요인. 한국 사회복지학, 60(3), 275-297.

박표진, 기영화(2009). 퇴직준비교육이 교원의 성공적 노후에 미치는 영향. 평생교육·HRD연구, 5(1), 181-209.

박현식(2012). 베이비부머의 노후준비와 성공적 노후 관계 연구. 노인복지연구, 58, 281-302.

박현식, 이선형, 최은희(2010). 충청남도 예비노인의 경제적 노후준비 실태에 대한 탐색적 연구: 거주 지역 고령화 비율을 중심으로. 한국지역사회복지학, 35, 285-315.

배문조(2012). 성인들의 노화사실인지에 따른 노후준비의식과 성공적 노화에 대한 인식. 노인복지연구, 58, 111-131.

배문조(2011). 중년기의 성공적 노후생활에 대한 인식 및 노후생활준비의식이 노후생활준비행동에 미치는 영향. 한국가족관계학회지, 16(1), 45-61.

배문조(2009). 중년기 성인의 노인에 대한 태도와 노후준비에 관한 연구. 한국노년학, 29(3), 1107-1122.

배문조(2007). 직장인의 은퇴기대가 은퇴준비교육요구에 미치는 영향. 한국가정관리학회지, 25(1), 145-158.

배문조, 전귀연(2004). 은퇴에 대한 태도 및 은퇴준비에 영향을 미치는 요인. 대한가정학회지, 42(7), 89-102.

백은영(2011). 베이비부머의 은퇴 준비와 준비 유형 결정요인 분석. 사회보장연구, 27(2), 357-383.

백은영, 정순희(2012). 베이비부머의 재정현황과 주택자산이 은퇴준비 정도에 미치는 영향. 소비자문화연구, 15(1), 141-160.

보건복지부(2011). 베이비부머를 위한 노후준비서비스 제공방안 모색. 제 5차 베이비붐 세대 미래구상포럼 자료집. 한국보건사회연구원.

손선경, 임정빈(1985). 노후생활 대책에 대한 성년층의 의식 연구: 서울과 안동지방을 중 심으로. 한국가정관리학회지, 3(1), 107-125.

손희란, 송선희(2011). 여성결혼이민자의 라이프스타일, 부부관계만족도, 노후준비의식에 관한 연구: 충청남도지역 여성결혼이민자를 중심으로. 대한가정학회지, 49(10), 57-69.

송창국(2009). 목회자의 경제적 노후준비 결정요인. 한국 사회복지학, 61(3), 20-54.

송창국(2008). 목회자의 경제적 노후준비에 대한 고찰 - 교단은급제도와 국민연금제도를 중심으로. 노인복지연구, 42, 123-149.

신계수, 조성숙(2011). 베이비붐 세대의 직업만족도와 경제적 은퇴준비 실태 분석. 한국엔터테인먼트산업학회논문지, 5(3), 41-50.

신화연(2012). 자영업자의 노후소득준비 실태와 국민연금 가입확대를 위한 정책과제. **보건복지포럼, 194,** 48-61.

안기선, 김윤정(2007). 산업체 남성 근로자를 위한 은퇴준비프로그램 개발 및 효과성 평가. 한국가족관계학회지, 12(1), 93-118.

안현선, 김효민, 안진경, 김양희(2009). 중년기 여성의 노후준비도와 성공적 노후에 대한 인식이 생활만족도에 미치는 영향. 한국가족자원경영학회지, 13(3), 137-155.

양순미, 홍숙자(2002). 중년기 농촌여성의 노후준비와 관련변인 연구. **한국가정관리학회지, 20(6),** 141-149.

양영순(2009). 남편의 은퇴준비도와 아내의 결혼만족 관계에 관한 연구: 은퇴자 아내가 인지하는 자원보존감과 스트레스 수준의 영향을 중심으로. 한국가족복지학, 27, 5-34.

양정선(2012). 독신의 선택과 노후준비 및 정책적 지원방안 연구. **한국가족자원경영학회지, 16(1),** 123-148.

여윤경(2005). 한국 중산층 가계의 노후자금 적정성. **한국노년학, 25(1),** 21-36.

여윤경, 정순희, 문숙재(2007). 한국가계의 은퇴준비에 관한 연구 - 중산 가계의 은퇴준비 충분성을 중심으로. 소비문화연구, 10(3), 129-155.

우해봉(2010). 여성 무소득 배우자의 노후준비 현황과 정책적 함의. **사회복지정책, 37(1),** 311-338.

유인순, 최수일(2012). 베이비부머의 성격특성이 노후준비행동에 미치는 영향. 한국콘텐츠학회논문지, 12(4), 245-262.

이동옥(2004). 여성들의 노후준비와 건강에 관한 연구. **여성건강, 5(2).** 139-161.

이선형(2009). 자녀교육비 및 노부모에 대한 생활비 지원이 둘째 자녀 출산의도와 노후준비에 미치는 영향: 20~45세 기혼여성을 중심으로. **한국가족자원경영학회지, 13(2),** 442-463.

이선형(2010). 안정적 노후준비 가계의 특성 및 이에 영향을 미치는 요인 분석: 예비노인의 경제적 노후준비를 중심으로. **한국가족자원경영학회지, 14(4),** 193-212.

이선형, 김영훈(2011). 노후준비를 위한 경제적 의사결정에 가족이 미치는 영향. 한국가족자원경영학회지, 15(4), 169-188.

이소정(2011). 베이비붐 세대의 노후준비 실태와 노후설계 지원서비스의 방향. Issue & Focus, 98, 1-8.

이소정(2009). 우리나라 중장년층의 노후준비에 관한 인식과 정책적 함의. **보건복지포럼,** 72-80.

이소정(2008). 목회자의 경제적 노후준비에 대한 고찰: 교단은급제도와 국민연금제도를 중심으로. **노인복지연구, 42,** 123-149.

이소정, 정경희, 오영희, 정홍원, 박지승, 박보미, 이금룡(2011). 노후준비 종합진단 프로그램 연구 · 개발. 국민연금공단, 한국보건사회연구원 정책보고서 2011-87.

이소정, 정경희, 김경래, 이은진, 강인, 이금룡, 한정란(2010). 노후설계서비스 지원체계 구축 및 운영방안. 한국보건사회연구원. 정책보고서 2010-103.

이순옥, 강정애(2010). 기업종사자의 은퇴에 대한 인식 및 준비상식에 대한 연구. 한국항공경영학회 추계학술대회, 2010, 293-310.

이승신(2012). 고령자의 노후준비에 따른 삶의 만족도에 대한 연구. 소비문화연구, 15(4), 43-61.

이승신(2012). 노후생활비 준비에 따른 연금 수급액의 만족도에 관한 연구. 한국가정관리학회지, 30(2), 137-152.

이신영(2009). 도시거주 노인의 경제적 노후준비에 영향을 주는 요인 연구. 사회과학논총, 28(1), 205-224.

이여봉(2012). 중년여성의 노후준비에 관한 연구. 가족과 문화, 24(1), 31-70.

이영대, 정명채(1988). 농가유형별 노후준비 실태분석. 농촌경제, 11(2), 67-78.

이의수, 기영화(2010). 써드 에이지 퇴직 남성의 퇴직준비학습경험이 성공적 노후에 미치는 요인: 자아정체성을 중심으로. 평생교육 · HRD연구, 6(3), 115-130.

이정화(2009). 광주 · 전남 중년층의 노년기 인식과 신체적, 경제적, 사회적 노후준비: 성차를 중심으로. 한국지역사회생활과학회지, 20(2), 275-289.

이종희(2011). 인문계와 가사 · 실업전문계 고등학생의 '성공적인 노후생활 준비교육'을 위한 가정과 수업의 적용과 효과. 한국가정과교육학회지, 23(4), 105-124.

이종희, 조병은(2011). 고등학생의 '성공적인 노후생활 준비교육'을 위한 실천적 문제 중심 가정과 수업의 교수 설계와 개발. 한국가정과교육학회지, 23(3), 161-183.

이주일(2003). 기업구성원의 퇴직에 대한 태도 및 퇴직준비 교육 요구. 한국심리학회지: 산업 및 조직, 16(1), 57-79.

이준우, 이현아, 황준호(2011). 한국 노인의 노후생활에 관한 인식. 한국노년학, 31(3), 711-732.

이행숙(1997). 주부의 노후생활준비의식 · 행동 및 경제 대책에 관한 연구(서울시에 거주하는 30 · 40대를 중심으로). 한국가정관리학회지, 15(3), 107-125.

이희자, 김영미(1996). 청소년의 부모 부양의식과 중년기 부모의 노후준비도. 대한가정학회지, 34(2), 117-128.

임정도(2012). 병원종사자들의 노후대책 준비내용 및 실행정도. 보건의료산업학회지, 6(3), 53-66.

전귀연, 배문조(2010). 성인기의 노후준비의식과 노후준비행동에 관한 연구. 한국가정관리학회지, 28(1), 13-24.

전길양, 송현애, 고선주, 김일명(2000). 노년기 준비교육 프로그램: 풍요로운 노후 가꾸기. 한국노년학, 20(1), 69-91.

정순둘, 이현희(2012). 가족특성과 노후준비의 관계: 베이비붐 세대와 예비노인 세대의 비교. 노인복지연구, 58, 209-231.

정영미(2009). 중년층을 위한 웹기반 노년기 준비프로그램의 학습효과. 한국노년학, 29(3), 1025-1041.

정운영, 백은영(2009). 은퇴에 대한 인식, 은퇴태도와 은퇴준비 행동의 인과관계분석. 사회보장연구, 25(2), 115-139.

정종보, 임왕규(2011). 성공적 노후 교육프로그램의 수요도 및 효과성에 대한 실증적 연구. 한국콘텐츠학회논문지, 11(9), 335-351.

정희원, 장경호, 황명진(2011). 베이비붐세대의 장기요양 준비 과정에 대한 근거이론접근의 질적연구. 한국 사회복지질적연구, 5(2), 127-161.

조경진, 김순미(2012). 중년기 가계의 노후준비에 영향을 미치는 요인. 한국가족자원경영학회지, 16(4), 131-152.

조성숙, 서훈(2011). 중년남성의 직장생활과 배우자와의 관계가 성공적인 노후준비에 미치는 영향. 노인복지연구, 54, 211-235.

조추용, 송미영, 이근선(2009). 중년층의 노후준비에 영향을 미치는 요인. 노인복지연구, 43, 135-156.

조혜진(2012). 베이비부머의 건강에 대한 인식 및 노후의료비 준비에 관한 연구. 한국가족자원경영학회지, 16(2), 123-143.

주소현, 정순희, 최혜경(2010). 성인지적 예산분석사례: 여성의 노후소득 안정화 방안 연구. 한국여성개발원 연구부고서, 2010(2), 1-177.

진연주(2009). 노인의 복지서비스 요구도 및 영향요인에 관한 연구. 노인복지연구, 43, 227-245.

차경욱, 박미연, 김연주(2008). 20, 30대 임금근로자의 은퇴재무설계에 관한 연구. 한국가정관리학회지, 26(1), 149-163.

최근하(1993). 성공적인 노후를 위한 재산형성과 관리. 한국노년학, 13(2), 183-191.

최명화(2012). 근로자의 개인적·직업적 특성과 노후준비와의 관계. 한국콘텐츠학회논문지, 12(6), 249-264.

최상일, 강정규(2012). 노후생활인식 및 준비도가 은퇴기 주택규모 선택에 미치는 영향: 부산광역시 거주민을 중심으로. 대한부동산학회, 30(2), 167-185.

최성재, 김태성(2002). 고령화 사회의 노후 소득보장 제도. 한국 사회과학, 24(2), 1-41.

최숙희(2010). 베이비붐 세대를 위한 정책 우선순위 분석. 한양고령화 사회논집, 1(1), 1-40.

최현자, 김민정, 이지영, 김민정(2012). 경제수명의 산정을 통한 한국 가계의 은퇴준비도 측정. Financial Planning Review, 5(4), 47-71.

최현자, 주소현, 조혜진, 김민정(2012). 금융위기 전후 도시근로자가계의 은퇴준비도 변화. 소비자정책교육연구, 8(1), 45-71.

최현자, 주소현, 김민정, 김정현(2009). 한국의 은퇴준비지수산정에 관한 연구. 소비자학연구, 20(3), 189-214.

편상훈, 정영자(2011). 울산광역시 베이비붐 세대의 노후 생산활동에 관한 연구. **한국지방자치연구**, 12(4), 155-184.

하춘광(2006). 중년층의 노후준비도 및 실버타운 선호도가 실버타운 입주의도에 미치는 영향. **사회복지정책**, 24, 201-224.

한경혜, 김주현, 백옥미(2012). 베이비부머들의 은퇴에 대한 재정적 준비와 건강 준비의 관련 요인 탐색: 심리적 요인과 자원 요인을 중심으로. **노인복지연구**, 58, 133-162.

허정무(1998), 퇴직자의 사회적응에 영향을 미치는 관련변인 탐색을 통한 퇴직준비교육 프로그램 모델 개발. **한국노년학**, 18(3), 1-18.

홍석태, 양해술(2008). 한국 중고령자의 노인교육이 노후준비에 미치는 영향. **한국콘텐츠학회논문지**, 8(5), 287-299.

홍성희(2006). 중년기 봉급생활자의 노후부양책임의식에 따른 노후 경제적 준비. **계명대학교생활과학연구소 과학논집**, 32, 135-152.

홍성희, 곽인숙(2012). 베이비부머 세대의 성공적 노화: 중산층을 중심으로. **한국가족자원경영학회지**, 16(4), 69-92.

홍성희, 곽인숙(2006). 중년기 남녀 봉급생활자의 은퇴계획 비교 분석: 경제적 준비와 건강준비를 중심으로. **한국가정관리학회지**, 24(1), 193-207.

홍성희, 이경희, 곽인숙, 김순미, 김혜연, 김성희(1998). 노년기 생활설계 프로그램 개발을 위한 기초연구: 중노년층의 노후생활계획을 중심으로. **대한가정학회지**, 36(10), 1-22.

베이비부머의 노후보장을 위한
신복지 모형

1. 서론

우리나라는 2000년 65세 이상 인구비율이 7.2%에 이르러 '고령화 사회'에 진입하였고, 향후 2018년에는 14.3%로 '고령화 사회'에, 2026년에는 20.8%가 되어 '초고령 사회'에 도달할 것으로 전망되고 있다. 한국은 급속한 속도로 고령화 사회를 맞이하게 됨에 따라 노인의 삶과 노인문제에 대한 관심이 높아지고 있으며 개인과 사회 차원에서 고령화 사회를 맞을 준비의 필요성이 커지고 있다. 최근 노인복지정책 수립과 관련하여 베이비붐 세대에 대한 관심이 증가하고 있는데 이는 한국전쟁 후 급격한 출산 붐을 타고 1955년부터 산아제한 정책이 도입되기 직전인 1963년까지 9년에 걸쳐 태어난 약 712.5만 명(전체 인구의 14.6%)에 달하는 거대한 인구 집단의 은퇴 러시가 한국 사회에 미치는 영향이 클 것으로 전망되기 때문이다(통계청, 2010). 베이비붐 세대는 소비와 생산의 주도 세력이었고 부동산, 예금, 주식 등의 보유자산에서도 다른 세대를 압도해 온 집단이지만 이들 가운데 노후를 제대로 준비하지 못한 사람들은 국가 재정에 부담이 될 뿐만 아니라 개인적으로도 불확실하고 불안한 노후를 맞이할 가능성이 높다(한국경제연구원, 2009). 베이비붐 세대가 정년 연령(55세)에 진입함에 따라 2010∼2018년 임금근로자 311만 명이 노동시장에서 은퇴할 것으로 전망되며, 급속한 인구 고령화와 함께 이들의 노동시장 퇴장은 숙련 인력의 부족을 야기하고 지속가능한 성장에 부정적 효과를 미칠 것으로 예상되고 있다.

베이비붐 세대는 현재의 노인 세대와 다른 성장배경, 노동시장 경험 그리고 문화적 특징을 갖고 있음에도 불구하고 이들 세대의 특성을 반영한 국내 연구는 아직 미흡하다. 한국에서는 주로 현재의 노인 세대에 초점을 두고 인구 고령화 및 인구학적 변화 요인, 퇴직 및 은퇴, 노후소득보장, 자원봉사 및 여가활동을 중심으로 한 사회참여 그리고 노인학대 및 노인폭력 등의 다양한 주제를 중심으로 논의가 진행되어 왔다. 최근에 와서야 베이비붐 세대가 은퇴 시점에 도달함에 따라 이들의 은퇴가 가져올 사회·경제적 파급효과로 인해 세대적 특성을 반영한 논의가 이루어지기 시작하였다.

국내의 경우 베이비붐 세대가 본격적으로 은퇴를 시작하는 시점에 직면하여 이들에 대한 관심이 고조되고 있으며, 최근 이들이 갖는 세대 특성들에 대한 기초 연구가 본격적으로 시작된 상황이다(정경희 외, 2010; 한경혜 외, 2010). 이들의 특징은 무엇보다도 현재 진행 중인 인구 고령화의 급속한 진행을 초래하게 하는 주체 세대이며, 현재의 노인 세대에 비해 높은 교육수준, 자산소득 그리고 다양하고 전문적인 경력을 가지고 있는 점 등이 긍정적 특성으로 지적되고 있다. 반면, 이질적 구성으로 인한 높은 노후 불평등 및 노후소득대책 마련의 미흡 그리고 이중적 역할 기대에 따른 자아정체감 부족 및 정신건강의 악화 등과 같은 부정적 특성도 동시에 지적되고 있다.

이에 이들의 이러한 특성을 반영하여 대상 적합성을 갖는 은퇴 후 노후 대책 마련이 필요한 상황이다. 아직 베이비붐 세대에 관한 심층적인 연구는 미흡하지만, 이들의 인구 규모나 특징을 고려하였을 때 기존의 사회제도나 사회복지 접근 방식으로는 양적으로나 질적으로 효과성이 미흡할 것이라는 문제의식이 확산되고 있다. 이에 이 글은 베이비붐 세대의 인구사회학적 특성, 베이비부머의 복지욕구, 고령사회 정책 동향 등을 파악함으로써 베이비붐 세대의 소득, 건강, 사회참여, 돌봄 등의 복지 욕구에 대응하기 위한 새로운 노후생활보장의 개념과 발전 방향을 제시하였다.

2. 베이비부머의 특성과 복지 욕구[1)]

통계청 자료에 의하면 베이비붐 세대(1955~1963년에 태어난 47~55세)는 6 · 25 전쟁이 끝난 직후 출산율이 이전보다 크게 높아지던 시기에 태어나 급격한 경제성장과 IMF 외환위기, 최근의 글로벌 금융위기를 경험한 세대이다. 2010년 현재 전체 인구의 14.6%를 차지하며, 지금까지 사회의 중심에서 활동하여 왔으나 2010년부터 본격적인 은퇴가 시작되었다.

---

1) 이 글에서 복지 욕구 관련 각종 통계 수치는 통계청과 정부출연 연구소 등에서 발표한 보고서의 자료를 인용하였다.

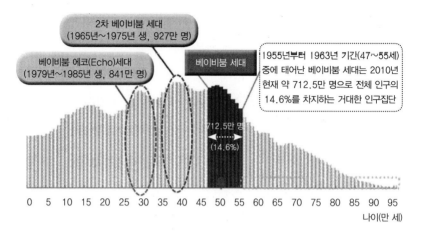

2차 베이비붐 세대
(1965년~1975년 생, 927만 명)

베이비붐 에코(Echo)세대
(1979년~1985년 생, 841만 명)

베이비붐 세대

1955년부터 1963년 기간(47~55세) 중에 태어난 베이비붐 세대는 2010년 현재 약 712.5만 명으로 전체 인구의 14.6%를 차지하는 거대한 인구집단

712.5만 명
(14.6%)

0 5 10 15 20 25 30 35 40 45 50 55 60 65 70 75 80 85 90 95

나이(만 세)

그림 10-1 한국 베이비붐 세대 인구 구조 현황

출처: 통계청(2010), 사회조사를 통해 본 베이비붐 세대의 특징

1) 베이비부머 집단의 다양성

베이비부머들과 관련하여 주목해야 할 사항은 이들 특성의 '다양성'이다. 베이비붐 세대 인구의 성별 분포를 보면 여성이 49.7%, 남성이 50.3%로 남성이 여성에 비해 약간 더 많다(한국여성정책연구원, 2010). 그러나 2030년경에는 남녀 평균수명의 차이로 여성이 전체의 53.5%가 될 것으로 전망된다. 베이비붐 세대의 혼인상태는 유배우 87%, 이혼 6.5%, 사별 3.9%다. 성별 혼인상태는 여성의 유배율이 84.6%로 남성의 87.0%보다 낮다.

지역별 베이비붐 세대의 분포를 보면, 경기 22.4%, 서울 20.5%, 부산 8.0%, 경남 6.5%, 인천 5.8% 순으로 나타나 절반 정도가 수도권 지역에 밀집되어 있다. 정경희 외(2011)의 「중년층(46~59세)의 생활실태 및 복지욕구 조사」 분석 결과에 의하면 베이비부머의 17.7%인 약 126만 명이 읍면부(농어촌 지역)에 거주하고 있다.

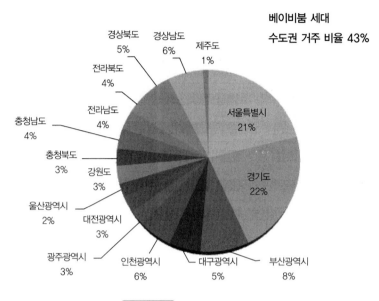

그림 10-2 베이비부머 지역별 분포

출처: 통계청(2010), 사회조사를 통해 본 베이비붐 세대의 특징

베이비붐 세대의 교육수준은 전체적으로 고졸이 45.3%로 가장 많으며, 전체의 69.9%가 고등학교 이상 진학함으로써 현 노인 세대에 비해 학력이 높은 편이다. 여성은 61.2%가 고졸 이상 학력이고, 남성은 78%가 고졸 이상으로 여성 베이비부머의 교육수준이 남성에 비하여 더 낮다.

통계청의 「경제활동인구조사」(2009)에 의하면 베이비붐 세대의 경제활동 참가율은 77.3%로 여성은 62.9%, 남성은 91.4%로 나타났다. 베이비붐 세대의 직업 분포는 서비스종사자와 장치기계조작조립종사자가 각각 14.6%로 가장 많고, 다음은 단순노무종사자 14.3%, 판매종사자 13.5%, 기능원 및 관련기능종사자 12.3%의 순이다. 한편 종사상 지위 분포는 상용근로자 32.9%, 자영업자 21.9%이며, 임시근로자 17.7%, 고용주 10.4%, 일용근로자 10.4%다.

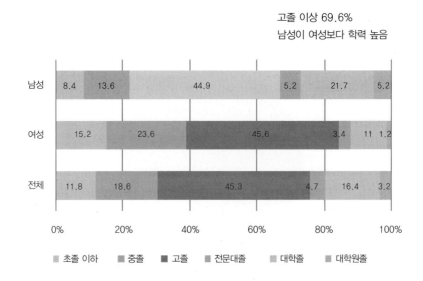

그림 10-3 베이비부머의 성별 학력

출처: 한국여성정책연구원(2010), 베이비붐 세대 남녀 특성 비교 연구

    한국여성정책연구원(2010)의 통계청 자료 분석에 의한 베이비붐 세대의 가족 상황을 살펴보면 혼인상태는 유배우 87%, 이혼 6.5%, 사별 3.9%를 차지한다. 성별 혼인상태는 여성의 유배율이 84.6%로 남성의 87.0%보다 낮으며, 사별은 여성이 6.6%로 남성의 1.3%보다 높다. 이혼도 여성이 7.1%로 남성의 5.9%보다 높지만 미혼은 남성이 3.5%로 여성의 1.7%보다 높다. 한경혜 외(2011)의 「한국의 베이비부머 연구」에서는 베이비붐 세대에게 가장 중요한 것은 결혼과 가족생활, 자녀들에게 좋은 기회를 제공하는 것, 자녀의 성취 등 가족과 관련된 사안으로 밝혀졌다. 한국보건사회연구원의 「중년층(46~59세)의 생활실태 및 복지욕구 조사」 결과에서도 베이비붐 세대의 가장 큰 관심사는 자녀의 취업 및 결혼, 자녀 교육, 본인의 건강, 생계비 마련, 노후준비 순으로 나타났다. 그러나 베이비붐 세대의 가족

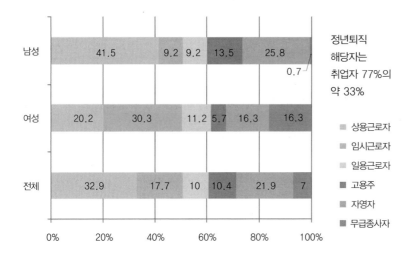

정년퇴직
해당자는
취업자 77%의
약 33%

- ■ 상용근로자
- ■ 임시근로자
- ■ 일용근로자
- ■ 고용주
- ■ 자영자
- ■ 무급종사자

그림 10-4 베이비붐 세대의 성별 종사상 지위

출처: 한국여성정책연구원(2010), 베이비붐 세대 남녀 특성 비교 연구

관계 만족도는 배우자를 포함하여 자녀, 본인 부모, 배우자의 부모 등 모든
관계에 대해 전체 인구보다 '만족' 비율은 낮고, '불만족' 비율은 높은 것으
로 나타났다. 한편 베이비붐 세대는 자녀양육과 부모부양의 부담은 당연시
하는 반면 자신들은 자녀에게 의존하지 않으려는 경향을 보여 베이비붐 세
대의 85%가 자녀와 따로 살겠다는 입장을 보인다(정경희 외, 2010).

2) 베이비붐 세대의 미흡한 노후준비

베이비붐 세대의 또 다른 특징은 '미흡한 노후준비'다. 한국 베이비붐 세
대의 가장 큰 관심사는 자녀의 교육, 취업 및 결혼으로 자신들을 위한 노후
준비는 매우 부족한 상황이다. 이들이 희망하는 노후생활은 젊어서 하지 못
한 취미생활(42.3%), 소득창출을 위한 일(18.8%), 자원봉사와 같은 의미 있

는 일(16.8%), 종교활동(9.1%), 학습 등 자기계발을 위한 활동(7.5%)의 순으로 나타났다.

2011년 전국의 성인 남녀(만 35세 이상 64세 이하) 약 1,000명을 대상으로 실시한 설문조사 결과에 따르면 일반 국민의 노후준비 점수는 55.2점으로 전반적으로 노후준비가 미흡한 것으로 나타났다(보건복지부, 2012). 영역별로는 건강한 생활습관에 대한 노후준비도가 68.2점으로 가장 높고 소득과 자산 노후준비도가 40.5로 가장 취약한 것으로 나타났다. 한편 보건복지부가 2012년 개발한 노후준비 진단지표에 따라 3,700명의 중장년층을 대상으로 노후준비 실태를 조사한 결과에 의하면 총 점수 100점 만점에 재무영역은 평균 47점, 여가영역 46.1점, 대인관계영역 60.5점, 건강영역 75점으로 나타났다.

통계청 조사에 의하면 베이비부머의 80.0%가 노후준비를 하고 있는 것으로 밝혀졌고, 그 방법은 국민연금(38.5%), 예금·적금(24.3%)이 가장 큰 비중을 차지하였다. 그러나 향후 소득이 동일하거나 감소할 것으로 생각하는 비율이 69.5%인 점을 감안하면 실제 응답결과와 달리 노후준비가 덜 되어 있을 가능성이 높다(통계청, 2010). 교육 정도가 높을수록 노후준비 비율도 높아지는 경향을 보이며, '대졸 이상'인 경우는 10명 중 9명이 노후준비를 하고 있지만, '초졸 이하'는 6명에 불과하였다. 노후준비를 하고 있지 않은 베이비부머 인구 중, 50.3%는 '준비능력이 없다'고 응답하였다. 「중년층(46~59세)의 생활실태 및 복지욕구 조사」에서는 베이비붐 세대의 절반만 공적 연금을 납입 중이며, 11.4%는 가입하였으나 보험료를 내지 못하고 있고, 35.8%는 연금에 가입하지 않은 것으로 밝혀졌다.

3) 베이비붐 세대의 복지 욕구

한국의 베이비붐 세대는 빠른 경제성장과 더불어 핵가족화와 가치관의 변화로 자신의 노후는 준비하지 못한 채 부모 부양과 비독립적인 자녀 부양에 대한 부담을 모두 짊어져야 하는 샌드위치 세대로 불리고 있다. 통계청의 가계금융조사(2010)에 의하면, 베이비부머의 부동산 자산은 82.4%, 금융자산은 14.8%로 부동산 자산에 편중되어 있는 것으로 나타났다.

한국보건사회연구원의 중년층 생활실태 및 복지욕구 조사 대상의 28.3%에 해당하는 베이비부머들이 현업의 안정성에 대해 불안감을 느끼고 있으며, 소득 및 교육수준이 낮고 단독 가구주인 경우 불안 정도가 더 높아지는 것으로 나타났다(정경희 외, 2010). 한편 베이비부머의 63.9%는 노후에도 지속적으로 일하기를 희망하는 것으로 나타났다. 우리나라 중고령 근로자들은 대부분의 경우 생애 주된 일자리에서의 퇴직 시점(연령)이 빨라 최종적으로 노동시장에서 은퇴하기 전까지 여러 경로와 형태로 재취업을 할 수밖에 없게 되고, 재취업을 하더라도 대부분 임금 및 근로조건이 악화된 일자리로 하게 되는 것으로 나타나고 있다. 현재 고령자를 대상으로 한 취업지원 정책들은 베이비부머들의 학력, 직업력, 직업능력 등 여러 측면에서 큰 차이를 보이고 있어 베이비부머 세대를 위한 정책적 대안으로는 부족하다. 한국 고령자의 빈곤률은 높은 편이다. 현 시점에서의 베이비부머들은 이전 세대의 노인 인구에 비해 빈곤률이 낮지만 부모부양과 자녀부양을 동시에 책임지고 있는 상황과 중년에 경제위기를 경험하면서 계층 간의 소득 및 자산에서의 차이가 벌어짐으로써 이들이 노인이 되었을 때 베이비붐 세대 내 소득불평등의 차이가 더욱 벌어질 것으로 예상된다.

베이비부머의 27.1%는 의사로부터 만성질환 진단을 받은 경험이 있으며 대체적으로 교육수준이 낮고, 무배우자이거나, 1인 가구주인 경우, 그리고 저소득층일수록 만성질환의 유병률이 높은 것으로 나타났다(정경희 외, 2010). 이들은 자신이 노인이 되었을 때 국가와 사회가 가장 우선적으로 수행해야 할 과제로 44.5%가 건강보호 및 장기요양서비스 제공이라고 응답하였으며 다음은 노후소득보장(33.1%), 고용연장/기회 확대(16.5%), 여가문화 지원(4.7%), 평생교육(1.1%)의 순으로 응답하였다. 또한 통계청 자료에 따르면 향후 가장 필요하거나 늘려야 한다고 생각하는 복지서비스로 베이비부머의 절반 이상이 노인 돌봄 서비스(52.6%)를 지적하였다.

베이비붐 세대의 69.4%는 현재 삶에서, 83.7%는 노후의 삶에서 여가가 중요하다고 인식하는 것으로 밝혀졌다(정경희 외, 2010). 베이비붐 세대의 27.7%가 40대 이후에 새로운 활동을 시작했고, 34.2%가 다른 나라의 음식, 예술 · 문화상품, 여행상품 등에 관심을 갖고 있는 것으로 밝혀졌다(통계청, 2010). 그러나 베이비붐 세대 응답자 가운데 자원봉사단체에 참여하는 비율은 7.3%로 낮은 편이다(정경희 외, 2010). 이들 가운데 44%는 향후 자원봉사 활동에 참여할 의사가 있는 것으로 밝혀졌다. 베이비붐 세대의 정보화 능력과 관련해서는 46.8%가 일상생활에서 무리가 없는 실력을 보유하고 있으나, 전혀 사용할 줄 모르는 사람도 25.3%인 것으로 밝혀졌다(정경희 외, 2010).

최근 한국 사회에서 베이비부머들이 정책 대상으로 부각된 것은 50대 중반에 은퇴하기 시작하여 준비가 미흡한 노년기를 맞이해야 하는 베이비부머가 증가하기 때문이다. 한국 사회는 앞으로 약 15년 뒤에는 초고령 사회에 진입하고, 베이비부머들은 60대 이상의 연령대로 진입할 것이다. 오늘날 한국의 베이비부머는 이전의 노인집단과 인구사회학적인 측면뿐만 아니라 생애 경험이 다르기 때문에 은퇴 이후의 노후생활도 차이가 있을 것으로 전망된다. 그러나 이들이 안고 있는 노후 소득보장, 건강한 노후생활, 돌봄 지원 및 활동적 사회참여 등에 관한 복지욕구를 살펴보면 현재의 사회시스템과 사회보장제도는 베이비붐 세대를 모두 수용하기에는 인프라가 매우 부족하고 특히 이들은 '복지 정책의 사각지대'에 놓여 있음을 알 수 있다.

베이비부머들은 대부분 은퇴 직후부터 만 65세가 되기 이전까지의 약 10년 동안 공적 소득보장제도 및 「노인복지법」에 기반을 둔 노인복지 서비스 전달체계의 대상자들이 아니다. 그러나 한국 사회에서 40대 후반에서 50대의 중년들이 활용할 수 있는 복지시설이나 프로그램은 매우 제한적이다. 베이비붐 세대가 별도의 정책 대상 집단으로 부각되고, 이들의 복지 욕구에 대응하는 시스템을 설계해야 하는 이유는 한국의 베이비붐 세대가 양적으로 거대한 인구 집단임에도 불구하고 이들의 노후준비 및 활동적 노후생활을 보장해 줄 수 있는 사회적 안전망이 취약하기 때문이다. 따라서 평균적으로 50대 중반 전후하여 은퇴하는 중고령자들과 그 가족들이 노인복지 시스템 진입 이전 단계에서 이용할 수 있는 복지 인프라를 신설할 필요가 있다.

3. 베이비부머의 노후생활 보장을 위한 신복지 모형 개발 방안

1) 기본방향

한국의 베이비붐 세대는 최근 '장수는 축복인가 또는 재앙인가'라는 논의가 진행되고 있는 '100세 시대'의 주인공들이다.[2] 베이비붐 세대의 본격적

---

2) 한국 사회는 급속히 고령화되어 가고 있으나 국가와 사회시스템은 80세 시대에 맞추어져

인 은퇴가 시작됨에 따라 보건복지부는 2010년 「베이비부머정책기획단」을 신설하고, 「베이비부머를 위한 미래구상포럼」 운영을 통해서 베이비붐 세대의 복지증진을 위한 정책 아젠다를 발굴해 나가고 있다. 이와 같은 맥락에서 '베이비부머의 은퇴 후 생활지원을 위한 신복지 모형' 개발의 필요성이 대두되었으며, 이 글에서는 초고령 사회에서 노후를 보내게 될 베이비부머들을 지원하기 위한 신복지 모형 개발과 관련하여 '활동적 노후보장을 위한 적극적 조치(Affirmative Actions for Active Ageing)'를 기본 방향으로 제시하고자 한다([그림 10-5] 참조). 이것은 베이비부머의 활동적 노화를 위한 '노후소득 보장' '건강한 노후생활' '돌봄 지원' '사회참여'의 4대 복지 영역을 중심으로 은퇴 준비기, 은퇴 직후 생애전환기 및 노년기의 3단계에 걸쳐, ① 노후생활설계 시스템을 확충하고, ② 위기개입·노후준비 시스템을 신설하며(은퇴 직후 노인복지 시스템 진입 이전 단계의 생애전환기 지원 인프라 신설), ③ 노인복지 시스템을 '활동적 노화'의 패러다임으로 재설계하는 추진전략 및 정책과제를 포함한다.

세계보건기구가 2002년 제2차 세계고령화회의를 준비하면서 천명한 '활동적 노화'라고 하는 개념은 노화 과정에서 삶의 질을 높이기 위하여 건강(health), 참여(participation), 안전(security)을 위한 기회를 최대화하는 과정을 뜻한다. 이 개념은 고령화 사회 정책 및 프로그램 개발을 위한 하나의 패러다임으로 구체적으로 노인들이 그들의 욕구에 따라 사회활동에 참여하며 전 생애주기를 통한 신체적, 정신적 그리고 사회적인 안녕을 위해 그들

있기 때문에 연금제도, 보건의료제도, 직업정년 등 노동시장제도와 관행, 사회참여와 여가문화 인프라 등을 100세 시대에 맞도록 지금 바꾸지 않으면 100세 시대는 축복이 아니라 재앙이 될 수밖에 없다는 진단이 나오고 있다("호모 헌드레드 10대 아젠다", 매일경제, 2011.8.16.). 총리실 산하의 '100세 시대 프로젝트 태스크포스(TF)'에서는 100세 시대 정책을 개발하였다.

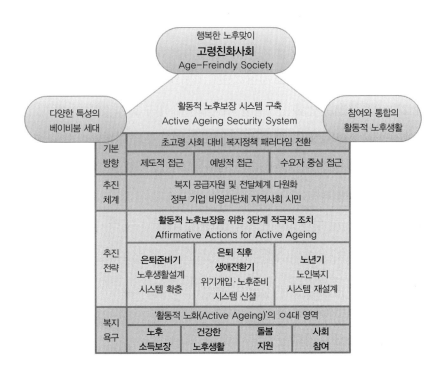

그림 10-5 베이비부머의 은퇴 후 생활지원을 위한 신복지 모형 개념도:
활동적 노후보장을 위한 적극적 조치(Affirmative Actions for Active Ageing)

의 잠재력을 인지할 수 있도록 지원해 주는 접근방법이다. 활동적 노화 접근
방법은 노인의 인권과 유엔의 노인을 위한 다섯 가지 원칙(독립, 참여, 보호,
자아실현과 존엄성)에 기초하고 있으며, 이는 과거 정책이 노인의 욕구(need)
중심 전략에 기반하고 있었다면 이제는 노인의 권리(rights)를 기본으로 하
는 전략을 채택하도록 요구한다. 정부와 민간단체, 시민단체의 다양한 분야
에서의 참여를 통해 건강한 고령화 사회를 만들기 위한 국제적인 정책 기준
이다. '활동적 노화'는 '모든 세대가 함께 어울려 살며 행복한 노후를 맞이
하는 고령친화사회(Age-friendly society)' 실현의 비전을 담고 있다. 이 장
에서는 고령화 사회 정책의 국제적인 표준인 '활동적 노화'를 베이비부머들

의 은퇴 후 생활지원 및 노후준비를 위한 복지 인프라 구축의 기본 방향으로 설정하고, 기존 노인복지 시스템의 재설계를 제안하고자 한다.

한국은 지난 반세기 동안 산업사회의 사회적 위험에 대응하는 사회보장제도를 구축해왔으나 최근 저출산·고령화, 가족 구조 및 기능의 변화, 노동시장의 유연화 등 급속한 사회 변화로 인해 새롭게 대두되고 있는 복지 수요에 맞추어 사회보장제도를 재설계하는 과정에 있다. 정부는 '경제·사회 전반적 파급효과를 갖는 종합적 문제 해결을 위해 정부 중심이 아닌 정부-기업-개인의 협력을 기반으로 둔 문제 해결' '사후적·시혜적 복지를 지양하고 예방적·자립적 복지 체계를 구축하여 장기적으로 지속가능한 복지구조 마련'을 정책 기조로 제시한 바 있다. 베이비붐 세대의 활동적 노후 생활을 지원하기 위한 노인복지 시스템 재설계 작업은 다음 세 가지의 전략적 관점에서 추진될 필요가 있다([그림 10-6] 참고).

① 기존의 '저소득 무의탁 노인보호 중심의 잔여적 접근'에서 '고령자의

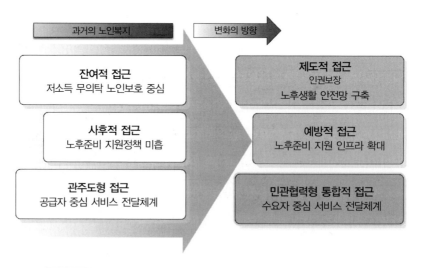

그림 10-6 '활동적 노화(Active Ageing)' 지원 정책의 새로운 전략

인권보장 및 노후생활 안전망 구축을 위한 제도적 접근'으로의 전환

② '노후준비 지원이 미흡한 사후대책 접근'에서 '노후준비 인프라를 확충하는 예방적 접근'으로의 전환

③ '공급자 중심의 관주도형 접근'에서 '수요자 중심의 민관협력형 통합적 접근'으로의 전환

2) 정책 과제

(1) 적극적 조치를 통한 베이비부머 은퇴 준비 및 생애전환기 지원 시스템 도입

베이비부머가 은퇴 후 생애전환기에 활동적인 생활을 하면서 노년기에 진입할 수 있도록 다양한 서비스 및 프로그램을 확충해 나갈 필요가 있다. 먼저 직장에서의 퇴직교육 확대, 사회교육 인프라를 활용한 노년기 준비 교육 등 다양한 프로그램을 통해서 은퇴 이후의 생활에 미리 대비하도록 지원할 필요가 있다.

베이비부머들을 위한 위기개입 및 노후생활 지원 서비스는 수요자 중심으로 설계되어야 한다. 기존의 사회복지서비스 전달체계는 관이 주도하는 공급자 중심의 서비스 제공이 큰 비중을 차지하였다. 그러므로 최근 복지서비스의 양적 팽창이 이루어졌음에도 불구하고, 서비스 이용자들의 접근성이나 만족도는 제한적인 것으로 지적되어 왔다. 현행 사회복지서비스 전달체계는 저소득층의 요보호 대상 베이비붐 세대를 위해서도 매우 제한적인 수준의 급여를 제공하고 있다. 초고령 사회에 대비하는 미래의 서비스 전달체계는 베이비부머 당사자들의 의견을 충분히 반영하여 각자 처해 있는 상황에서 서비스 선택의 자율성을 보장하는 방향으로 구축될 필요가 있다.

즉, 수요자 중심의 노후생활 지원체계를 구축해 나감에 있어서 이용자 만족 및 서비스 효과성 제고를 위한 접근성 보장 및 품질관리 방안 등을 마련해야 한다.

다음은 노인복지 시스템 진입 이전 단계에 놓여 있는 베이비붐 세대를 위한 새로운 서비스 인프라를 구축할 필요가 있다. 소득창출, 건강관리, 요양, 봉사활동, 여가문화 활동 등과 관련된 다양한 프로그램을 개발하고, 이와 관련된 정보 및 서비스에 대한 통합창구를 신설하여 수요자 중심의 서비스 전달체계를 구축한다.

① 노후생활설계 서비스 확대(재취업 및 훈련지원, 소득보장, 건강관리, 봉사 활동, 취미생활 등 욕구 파악 및 통합 서비스 제공)
② 베이비부머 데이터 베이스 구축(베이비부머 연구, 노후생활 정보 제공 등)
③ 베이비붐 세대 단체 지원
④ 노후생활 마일리지 제도 도입[예: 베이비붐 세대 전용 액티브 에이징 패스 (Active Ageing Pass, 가칭) 등]: 건강관리, 자원봉사활동 등을 열심히 하는 베이비부머에게 마일리지를 제공하여 교육, 문화생활, 여행 등 참여 시 인센티브 제공
⑤ 정보화 교육 확대(Digital aging, Smart aging 프로젝트)

(2) 베이비부머의 활동적 노후생활 보장 인프라 확대

베이비붐 세대의 노년기 진입에 대비하여 현행 노인복지 시스템의 역할 및 기능을 재정립하도록 한다. 현재의 노인복지 서비스 전달체계는 65세 이상 노인들을 수용하는 데에도 시설이나 인력 등 인프라의 한계가 있다. 따라서 향후 713만 명의 베이비부머가 노인이 되었을 때를 대비하여 '활동

적 노화'의 관점에서 노인복지시설의 양적 확대는 물론 서비스의 질적 향상을 위한 전면적인 개편이 요구된다.

① 노후 소득보장 체계 개선
 - 저소득층 베이비붐 세대의 노후소득보장을 위한 공적연금 사각지대 해소 및 공적소득보장 제도 기능 강화
 - 베이비붐 세대의 이질적 구성을 반영하고 현행 공적 노후소득보장 제도의 기능을 보강할 수 있는 다층적 노후소득보장체계 마련
 - 베이비붐 세대 욕구를 반영한 세제 개선 방안 마련
 - 재취업 지원 서비스 확대

② 건강한 노후생활을 위한 노년기 질환 통합 관리체계 구축
 - 지역중심의 예방적 보건복지 사례관리서비스 모형 개발
 - 직장 스트레스 예방프로그램의 확대
 - 스포츠 활동 등 건강 관련 수강을 위한 비용 지원 바우처 개발
 - 중장년계층 대상 특정 검진 및 보건교육프로그램 개발
 - 노년기 정신보건 관리 체계 구축

③ 노인장기요양 인프라 강화
 - 장기요양보험제도의 내실화
 - 지역사회 중심의 연속형 돌봄(continuum of care) 시스템 구축
 - 가족 돌봄 지원 프로그램 확대(정보제공, 교육, 휴식 서비스, 통합 서비스, 자조집단, 네트워크 등)
④ 수요자 중심의 베이비부머 사회참여 통합 인프라 확대

- 사회공헌 및 자원봉사 프로그램(베이비붐 세대의 인적 자원 개발 연계)

- 여가문화 활동 기회

- 질병예방 및 건강관리 프로그램

- 평생교육 프로그램(한국형 제3기 인생대학 등): 평생교육 – 자원봉사 – 취업연계 통합 프로그램(노후생활설계, 정보화 교육, 재취업 훈련, 직무 교육, 지역 봉사활동 등)

- 베이비부머 사회참여 기회에 대한 접근성 제고(비용부담 완화, 프로그램 다양성, 홍보 기능 강화, 소외집단을 위한 아웃리치 노력, 세대통합, 다문화, 지역연계 등의 원칙 반영)

(3) 베이비부머의 활동적 노후생활 보장을 위한 법적 근거 마련

오늘날 베이비붐 세대의 복지욕구는 새로운 사회적 위험으로 대두되고 있다. 그러나 65세 이전 이들의 복지욕구에 대응할 수 있는 제도적인 장치가 마련되어 있지 않은 상황이다. 베이비붐 세대의 노후준비를 지원할 수 있는 법적 근거가 없기 때문이다. 아울러 1981년 제정된 「노인복지법」에 기반하고 있는 현행 노인복지시스템은 베이비부머들의 65세 이후 노후 생활을 지원하기 위한 인프라로서 양적인 측면과 질적인 측면 모두 취약한 실정이다. 지난 30년 동안 「노인복지법」은 시대별로 새로운 노인복지 이슈가 대두되면서 여러 차례 개정되었다. 노인복지와 관련된 법률은 「노인복지법」 외에도 「공적연금법」, 「저출산 · 고령화 사회기본법」, 「국민기초생활보장법」, 「국민건강기본법」, 「평생교육법」, 「노인장기요양보험법」, 「기초노령연금법」, 「고령자고용촉진법」, 「농어촌지역주민의 보건복지증진을 위한 특별법」 등 다양하다. 베이비붐 세대의 노후준비 및 노후생활 보장을 위한 법적 근거를 마련하기 위해 「노인복지법」 개정 또는 신규 법률의 제정, 관련 법

의 제정 또는 개정 등을 검토할 필요가 있다.[3]

(4)수요자 중심의 균형 잡힌 민관 파트너십 실현: 고령친화산업 활성화
   및 지방자치단체와 비영리단체의 참여 확대

약 15년 이후 초고령 사회에 진입할 한국은 베이비붐 세대의 고령화에
대비하여 총체적인 사회시스템의 전환이 요구된다. 고령인구의 증가에 따
라 폭증하는 복지 욕구에 효과적이고 효율적으로 대응하기 위해서는 사회
구성원 모두가 상생할 수 있는 파트너십을 구축할 필요가 있다. 특히 베이
비붐 세대가 건강하고 행복한 노후생활을 할 수 있는 권리를 보장하는 사회
보장제도를 갖추기 위해서는 국가와 시장 그리고 개인의 역할과 관계의 재
정립을 통해 지속발전 가능한 대안들을 모색해나가야 한다. 아울러 지역 중
심의 공동체 형성을 위한 뉴거버넌스 구축 등이 요구된다. 선진국들의 경
우, 고령화 사회 문제에 대응하기 위하여 민간단체 중심으로 전문적인 서비
스를 발전시켜 왔으며 지방자치단체들도 창의적인 프로그램을 운영하고 있

---

3) 출처: 보건복지부(2012). "베이비붐 세대를 위한 새로운 기회 창출 관계부처 합동 계획
수립 및 발표." 보도자료(2012. 7.5.).
- 정부는 2012년 7월 「베이비붐 세대를 위한 새로운 기회 창출 – 상생형 일자리 확대 및 사
  회참여 촉진방안」을 발표하고, '스스로 인생후반기를 준비해 자립할 수 있는 시스템 구축
  과 사회적 여건 조성'을 목표로, 5개 분야에 걸쳐 총 35개 과제를 제시함
  - 베이비붐 세대의 생애 후반기 자립 기반 조성을 위해 「후생활지원에 관한 법률(가칭)」
    제정
  - 개인의 욕구와 경력 분석을 토대로 한 맞춤형 노후설계 서비스 지원
  - 신규 취업 및 창업 등 생애전환기 노후설계교육 이수 유도
  - 국민연금 실버론 신청자, 퇴직연금 담보 대출자 등 재무 위험이 높은 계층에게 노후설계
    교육 지원
  - 기업은 '더 고용하고', 개인은 '더 일할 수 있는' 여건 마련
  - 베이비붐 세대의 사회공헌 활동 지원(해외봉사 활동 포함)

다. 한국도 베이비부머 당사자들의 보다 적극적인 참여와 지방자치단체 및 민간단체들의 변화가 필요하다.

「새로마지 플랜 2015」등 정부의 고령화 사회정책에는 고령친화산업 활성화 과제가 포함되어 있다. 고령친화산업 분야는 2006년 「고령친화산업 진흥법」제정 이후 다양한 사업이 추진되어 왔으나 관계자들의 이해부족 정책 개발 미흡, 기업의 취약한 역량 등으로 아직 발달 초기 단계에 놓여 있는 실정이다. 베이비붐 세대의 활동적 노후생활을 지원하기 위한 효과적이고 효율적인 시스템을 구축하기 위해서는 고령친화산업을 활성화시키기 위한 정부와 민간의 협력관계 구축이 선행되어야 한다.

고령친화산업은 사회시장과 준시장 및 자유시장의 결합에 의해 진행된다. 그러나 정부, 공공기관 및 민간 3자는 아직까지 고령친화산업이 전적으로 자유시장 경제 원리에 의해 공급되는 것으로 인식하고 있으며, 민간의 수익창출을 위한 경제활동 자체에 대한 부정적인 관점으로 바라보는 경향이 있다. 민간은 더 많은 수익을 올리기 위해 노력하는 가운데 일부 영역에서 부적절한 서비스 공급이 이루어진 경우가 발생하였으며, 이와 같은 사례들은 고령친화산업을 복지 영역에서 배제시키는 데 영향을 미쳤다. 이런 맥락에서 고령자의 보호 측면에서 고령친화산업 관련 법과 제도의 규제내용이 더욱 강화되는 실정이다.

이 글은 필자가 보건복지부의 용역과제로 수행한 「베이비부머 은퇴 후 생활지원을 위한 신복지 모형 개발 연구」(박영란, 홍백의, 심우정, 부가청) 보고서의 내용을 요약 · 발췌하고, 최근 자료를 보충하였음.

참고문헌

대통령자문 고령화 및 미래사회위원회, 보건복지부(2005). 고령친화산업 활성화 전략. 서울: 대통령자문 고령화 및 미래사회위원회.

대통령자문 고령화 및 미래사회위원회, 보건복지부(2006). 고령친화산업 활성화 전략(Ⅱ). 서울: 대통령자문 고령화 및 미래사회위원회.

미래포럼(2010). 고령친화산업발전을 위한 정책제안.

박영란, 홍백의, 심우정, 부가청(2011). 베이비부머 은퇴 후 생활지원을 위한 신복지 모형 개발 연구. 보건복지부.

보건복지부(2009). 2008년도 전국 노인생활실태 및 복지욕구조사.

보건복지부(2011). 제2차 저출산·고령화 사회 기본계획(2011~2015년).

보건복지부(2012). "베이비붐 세대를 위한 새로운 기회 창출 관계부처 합동 계획 수립 및 발표." 보도자료(2012. 7. 5.).

보건복지부(2012). "보건복지부-국민연금공단, 민간과 공동으로 노후준비지표 개발." 보도자료(2012. 7. 16.).

선우덕, 김동진, 송양민, 김나영, 이윤경(2010). 신노년층(베이비붐 세대)의 건강실태 및 장기요양 이용욕구 분석과 정책과제. 서울: 한국보건사회연구원.

이소정, 정경희, 이윤경, 유삼현(2007). 우리나라 노인의 사회참여 유형분석 및 정책적 함의. 서울: 한국보건사회연구원.

이윤경(2013). 경제적 노후준비 실태 및 정책과제, 보건복지포럼, 통권 제204호, 15-20.

정경희, 오영희, 석재은, 도세록, 김찬우, 이윤경, 김희경(2004). 2004년도 전국 노인생활실태 및 복지욕구조사. 서울: 한국보건사회연구원.

정경희, 손창균, 박모미(2010). 신노년층의 특징과 정책과제. 서울: 한국보건사회연구원.

정경희, 이소정, 이윤경, 김수봉, 성우덕, 오형의, 김경대, 박보미, 유혜영, 이은진(2010). 베이비부머의 생활실태 및 복지욕구. 서울: 한국보건사회연구원.

통계청(2009). 2009 고령자 통계.

통계청(2009). 2009 경제활동인구 조사.

통계청(2010). 가계금융조사.

통계청(2010). 사회조사를 통해 본 베이비붐 세대의 특징.

한경혜, 최현자, 은기수, 이정화, 주소현, 김주현(2011). 한국의 베이비부머 연구. 서울대학교 노화·고령 사회연구소.

한국경제연구원(2009). 베이비붐 세대의 은퇴와 정책적 대응방안.

한국여성정책연구원(2010). 베이비붐 세대 남녀 특성 비교 연구.

World Health Organization(2002), Active Ageing: A Policy Framework.

〈인 명〉

〈내 용〉

김미령(Kim Miryung)

University of Wisconsin-Madison 사회복지학과 석사(MSSW), 박사(Ph.D)
현) 대구대학교 지역사회개발·복지학과 교수
〈대표 논문〉
베이비붐세대, X세대 준고령세대 여성의 삶의 질 구성요소 비교연구(노인복지연구, 51, 2011)
베이비부머의 자원봉사활동 특성 및 참여동기가 자원봉사 역할정체성 및 자원봉사 만족도에 미치는 영향(노인복지연구, 64, 2014)

김주현(Kim Juhyun)

서울대학교 사회학과 석사, 박사(Ph.D)
현) 서울대학교 연구교수
〈대표 논문〉
연령주의(Ageism) 척도의 개발 및 타당성연구[한국인구학, 35(1), 2012]
Social Activities and Health of Korean Elderly Women by Age Groups
(공동연구, Educational Gerontology, 39(9), 2013)

김정근(Kim Jeongkun)

University of Wisconsin-Madison 사회복지학과 박사(Ph.D)
현) 삼성경제연구소 수석연구원
〈대표 논문〉
배우자 사별과 중고령층의 소득수준: 성별영향분석을 중심으로[한국 노년학, 34(3), 2014]
Differences in Economic Well-being among Korean Babyboomers
(Self-employee Vs. Regular employee, at IAGG, 2013)

양흥권(Yang Heungkwon)
서울대학교 교육학과 교육학(평생교육전공) 박사
현) 대구대학교 지역사회개발·복지학과 교수
〈대표 논문〉
신자유주의적 세계화와 평생교육의 과제(평생교육학연구, 2012)
메찌로우 관점전환학습이론의 관점전환 학습에 관한 연구(평생교육학술지. 영남평생교육학회, 2012)

이현기(Lee Hyungi)
University of Florida 노인복지학 전공 석사(MA), 박사(Ph.D)
현) 중부대학교 노인복지학과 교수
〈대표 논문〉
일반노인 시간자원봉사의 특징: 평균시간과 개인자원을 중심으로(노인복지연구, 54, 2011)
노년기 생활환경과 중 고령자의 자원봉사활동: 현금기부 자원봉사활동을 중심으로 [사회복지정책, 39(4), 2012]

이기영(Lee Kiyoung)
Ohio State University 사회복지학 박사(Ph.D)
현) 부산대학교 사회복지학과 교수
〈대표 논문〉
사회복지분야의 국가직무표준 개발현황의 분석과 논의(한국사회복지교육, 27, 2014)
흔들리는 다문화주의(공역, 박영사, 2014)

조선영(Cho Sunyoung)
Austrailian National University 심리학과 학사
부산대학교 사회복지학과 석사
현) 부산대학교 사회복지학과 박사과정
부산MBC 보도국 앵커

홍승연(Hong Seungyoun)

University of Illinois at Chicago 노인보건학 박사(Ph.D)

현) 강남대학교 실버산업학부 부교수

〈대표 논문〉

치매 노인의 복합운동실시와 중지 후 재 실시가 기능체력 및 인지기능에 미치는 영향[Korean J Health Promot, 14(1), 2014]

An Investigation of the Validity of Thirty-second Chair Stand Test as a Measure of Lower Body Strength in Korean Older Adults[INTERNATIONAL JOURNAL OF HUMAN MOVEMENT SCIENCE, 6(1), 2012]

서혜경(Seo Hyekyuong)

The Ohio State University Doctor of Philosophy(Ph.D)

현) 한림대학교 사회복지대학원 원장

〈대표 논문〉

재가노인의 낙상사고와 관련된 변인들에 관한 연구(한국노년학회지, 2008)

노인복지시설에 대한 후원노력과 지속기간에 영향을 미치는 요인(한국사회복지행정학, 제6호, 2002)

김유진(Kim Yujin)

Loyola University of Chicago, MSW, Ph.D.

현) 경북대학교 사회복지학과 조교수

〈대표 논문〉

베이비부머의 노후준비에 대한 이해: "8만 시간 디자인 공모전"에세이 분석[공동연구, 한국콘텐츠학회논문지, 14(2), 2014]

Discussion of late-life suicide: How social workers perceive and intervene in elderly suicide[Educational Gerontology, 39(7), 2013]

박영란(Park Yeongran)

University of Washington 사회복지학 박사(Ph.D)

현) 강남대학교 실버산업학부 교수 · 사회복지학부 겸임교수

〈대표 논문〉

노인일자리사업 실무자들의 성역할태도에 관한 탐색적 연구(공동연구, 한국지역사회복지학, 32, 2010)

초고령 사회 대비 EU의 '활동적 노화'(active ageing) 정책 패러다임[유럽연구, 31(1), 2013]

베이비붐 세대의 노후준비와 삶의 질

2015년 3월 10일 1판 1쇄 인쇄
2015년 3월 20일 1판 1쇄 발행

지은이 • 김미령 · 김주현 · 김정근 · 양홍권 · 이현기 · 이기영
　　　　조선영 · 홍승연 · 서혜경 · 김유진 · 박영란
펴낸이 • 김진환
펴낸곳 • (주) 학지사
　　　　121-838 서울특별시 마포구 양화로 15길 20 마인드월드빌딩
대표전화 • 02)330-5114　　팩스 • 02)324-2345
등록번호 • 제313-2006-000265호

홈페이지 • http://www.hakjisa.co.kr
커뮤니티 • http://cafe.naver.com/hakjisa

ISBN 978-89-997-0625-7 93330

Copyright ⓒ 2015 by Hakjisa Publisher, Inc.

정가 17,000원

인터넷 학술논문 원문 서비스 **뉴논문** www.newnonmun.com

이 도서의 국립중앙도서관 출판시도서목록(CIP)은 서지정보유통지
원시스템 홈페이지(http://seoji.nl.go.kr)와 국가자료공동목록시스템
(http://www.nl.go.kr/kolisnet)에서 이용하실 수 있습니다.
(CIP제어번호: CIP2015003772)